KB061864

무조건 이기는

부동산
경매
수업

저축만큼 쉽고 안전한 경매 따라하기

무조건 이기는 부동산 경매 수업

신종승(신과장) 지음

원앤원북스

현장에 부동산 경매의 답이 있습니다!

공부를 즐기진 않았으나 책을 읽는 것은 좋아했던 어린 시절, 도서관에서 우연히 읽게 된 경제 서적과 재테크 서적이 제 인생의 가장 큰 터닝포인트가 되었습니다. 그 이후로 종잣돈을 모으기 위해 노력했고, 24살이 되는 해 부동산 투자에 입문한 후 현재까지 꾸준히 투자를 해오고 있습니다.

지금은 너무나도 당연하고 간단한 일이지만 처음 투자를 시작했던 당시에는 물건을 검색하는 방법, 부동산의 가치를 판단하는 방법 등 실질적으로 필요한 정보들을 찾기 어려웠습니다. 책을 통해서는 배울 수가 없어서 하나하나 몸으로 부딪쳐가며 좌절하기도 했고, 우연히 새로운 방법들을 발견하기도 했습니다.

　그렇게 투자를 하면서 주변에 뜻을 함께하는 좋은 사람들이 생겼고, 정보를 공유하기 시작하면서 현재의 커뮤니티가 만들어졌습니다. 그리고 더 많은 사람들에게 어려운 길 대신 조금은 안전한 길로 안내하고 싶어 강의를 시작했고 마침내 이 책을 쓰게 되었습니다. 책을 쓰는 도중에도 '과연 내가 책을 써도 될까?'라는 고민을 많이 했지만 저의 경험들이 누군가에게 도움이 되었으면 하는 마음으로 열심히 글을 써보기로 마음먹었습니다.

　같이 공부를 했던 지인 중 A는 6년이 지난 지금도 권리분석 공부를 하고 있는 반면, 권리분석 공부는 대충 했지만 현장으로 바로 나갔던 B가 있었습니다. 6년이 지난 지금, 결과는 어떻게 되었을까요?

　현장으로 무작정 나갔던 B는 벌써 많은 부를 축적하고 있는 반면 권리분석에만 목을 맸던 A는 여전히 권리분석 공부를 하면서 부동산 투자를 할 기회만 기다리고 있습니다. 현장보다 더 좋은 스승은 없습니다. 당신은 어떤 사람이 되고 싶은가요? 선택은 본인의 몫입니다.

　이 책은 제가 다년간 실전에서 투자를 하면서 얻은 노하우와 경매 초보자들이 공통으로 궁금해하는 점을 과정별로 최대한 자세히 설명해두었습니다. 자신에게 맞는 물건을 검색하는 방법에서부터 권리분석을 쉽게 하는 방법, 현장에 나가서 확인해야 할 사항, 입찰가를 정하는 방법, 그리고 원하는 투자물건에 따라 실패하지 않는 투자 포인트를 제시함으로써 부동산 경매의 가장 기본적이면서도 가장 어렵기도 한 내용을 최대한 초보자의 입장에서 이해하기 쉽도록 풀었습니다.

이 책은 늘 경매에 관심은 있었지만 권리분석이 어려워 시작을 못 하는 분, 부동산을 살펴보기 위해 현장에 갔지만 무엇을 해야 하는지 고민이신 분, 부동산 경매에 대해서 알고는 있지만 투자 직전에 망설이는 분들을 위한 책입니다. 경매가 처음이라도 쉽게 경매를 배우고 투자를 할 수 있는 '부동산 경매의 정석'처럼 언제 어디서든 휴대하며 물건을 검색할 때, 현장답사를 갔을 때, 명도를 할 때마다 이 책을 펴서 궁금증을 해결할 수 있을 것입니다.

이 책에는 다음과 같은 내용을 담았습니다. 1장에서는 경매를 본격적으로 시작하기 전에 경매를 해야 하는 이유와 초저금리 시대의 대안으로써 부동산 경매의 가치에 대해 설명했습니다.

2장에서는 모든 부동산 투자의 기본이 될 경매 기초 지식을 배워보도록 하겠습니다. 또한 경매의 전체적인 진행과정을 한눈에 파악할 수 있도록 경매신청부터 명도까지의 과정을 알기 쉽게 설명해두었습니다.

3장에서는 경매정보 사이트의 구성과 보는 방법을 배우고 수많은 경매물건 중에서 자신과 맞는 물건을 고르는 방법과 수익률 좋은 물건을 선별하는 법을 배워보도록 하겠습니다.

4장에서는 권리분석의 핵심 3요소인 등기사항전부증명서와 말소기준권리, 그리고 매각물건명세서에 대해 알기 쉽게 설명했습니다. 권리분석의 기초인 등기사항전부증명서(구 등기부등본)의 구성과 보는 방법, 등기부를 스스로 정리하고 말소기준권리를 찾아내는 방법, 그것을 매각물건명세서를 통해 확인하는 방법과 더불어 임차인을 보호하는 법까지 담아 입찰자 입장에서 투자가 가능한 물건인지 쉽게 판단할 수 있도록 했습니다.

5장에서는 앞에서 배운 이론을 바탕으로 인터넷으로 임장을 하는 방법, 현장에서 정보를 손쉽게 얻을 수 있는 방법과 수익률 분석 및 입찰 시 주의사항까지 실전에서 꼭 필요한 저만의 특급 노하우를 담았습니다.

6장에서는 다양한 부동산의 종류와 각 부동산에 투자할 때의 유의사항, 중점적으로 조사해야 하는 부분, 입찰 시 고려해야 할 점들에 대해 설명하고, 투자금액에 따라 투자대상 물건을 선별하는 방법을 간략하게 소개했습니다.

7장에서는 낙찰을 받은 후 필요한 자금 대출과 집을 비우는 명도 과정에 대해 자세히 설명합니다. 명도의 기본 절차와 첫 만남에 주도권을 잡아 명도를 쉽게 이끄는 방법, 협의가 되지 않을 때 강제집행을 활용해 명도를 하는 방법, 좋은 조건으로 경락잔금대출을 받아 수익률을 높이는 방법 등을 담았습니다.

그리고 부록에서는 경매 초보자들이 가장 궁금해하는 질문들에 대한 대답, 경매용어, 경매 투자에 도움이 되는 사이트와 법원별 입찰시간표를 담았습니다.

『1%금리시대, 부동산경매로 승부하라』 출간 이후 많은 분들로부터 격려와 감사의 인사를 받았던 것 같습니다. 현업에 계신 공인중개사분들, 시작이 막막했던 초보 투자자분들부터 투자를 시작한 지 오래되었지만 뚜렷한 기준이 없어서 고민이던 분들에게까지 책이 많은 도움이 되었다는 이야기와 응원을 들었을 때 저자로서, 또 한 사람의 개인 투자자로서도 보람을 느꼈습니다.

최근 4년간의 부동산 시장에는 참으로 많은 변화들이 있었고 앞으로도 더 많은 변화가 있을 것으로 보입니다. 많은 부동산대책들과 규제 등이 현재 부동산 시장에 어떤 영향을 미치고 있는지 눈여겨볼 필요가 있습니다. 세금과 대출에 관한 규제가 실행되기 시작한 후 여러 채보다는 똘똘한 한 채를 찾아 서울 중심지로 투자자들이 대거 몰리며 부동산의 가파른 상승기를 만들어냈고, 그 이후 추가 규제가 나올 때마다 시장은 정부의 바람과 다르게 움직였습니다.

2019년 11월 6일 분양가 상한제 적용 지역과 청약조정지역 해제 발표가 있었습니다. 부동산 관련 커뮤니티들과 여러 투자자들의 반응을 살펴보면 규제로 인한 공포나 두려움보다는 오히려 규제를 즐기고 있는 듯한 모습을 보이고 있습니다. 흡사 축제 같은 분위기라고 느껴질 정도로 들떠 있거나 규제에 아랑곳하지 않고 투자처를 물색하는 모습을 보았습니다. 지속적인 규제로 인한 마음의 준비를 하고 있었던 것인지 생각보다 시장에 큰 영향을 주지 못한 정책과 규제 때마다 부동산 가격의 상승을 지켜봐온 분들이 규제에 대한 내성이 생긴 탓인지 모르겠으나 조금은 혼란스러운 상황인 것은 틀림이 없습니다. 많은 전문가들이 수도권 부동산 시장이 과열양상을 보이고 있음에도 불구하고 부동산 가격이 적게는 1%에서 많게는 5% 이상 상승할 것이라고 전망하는 것을 보면, 수도권 부동산 시장은 앞으로도 상승여력이 남아 있다고 볼 수 있습니다.

부동산 경매 낙찰가를 살펴보면 부동산 매매 시장에 비해 약 3개월 정도 빠르게 움직이는 느낌을 받습니다. 전국의 현장을 돌아다녀야만 알 수 있는 해당지역 현재 부동산 시장의 분위기를 경매 낙찰 결과만 보더라도 어느 정도 가늠할 수 있습니다. 그렇기 때문에 저는 부동산 투자를 하시는 분들이라면 반드시 경매 공부를 통해 기초를 닦고 투자의 흐름을 읽을 수 있어야 한다고 생각합니다.

경매 투자를 하지 않는 분들 중에서는 '경매는 어렵다.' 또는 '낙찰받기 힘들다.' '과열된 시장이라 먹을 것이 없다.'라는 이유로 경매를 배울 생각조차 안 하시는 분들이 많습니다. 부동산 시장에도 많은 변화가 찾아왔듯이 경매 시장에도 새로운 방식으로의 접근이 필요한 시점입니다. 예전처럼 '싸게 사서 싸게 팔자'라는 식의 투자는 정말 극히 드문 일이 되어버렸습니다.

서점에는 경매 관련 책들이 수없이 많지만 대부분 오래된 책이라 최신 법을 못 따라가고 있거나, 일반적인 투자자가 아닌 자본금이 큰 법인이나 공동투자자들이 투자할 법한 특수한 물건들의 해결법을 다루고 있는 어려운 책들입니다. 경매를 시작하는 분들 또는 투자를 하고 있지만 방향성을 못 잡은 분들을 위한 책이 필요하다는 생각이 들었고, 최신 법과 투자방향성을 제시해줄 수 있는 책을 쓰고자 노력했습니다.

경매의 기본기와 투자방향성을 설정하는 방법에 초점을 맞춘 책이지만, 많은 분들의 의견을 수렴해 경매 투자 시 드는 많은 의문점들을 해소해드림과 동시에 금액대별 투자방식 등을 담아 투자를 하며 언제든지 꺼내보고 싶은 책이 될 수 있기를 바라며 집필했습니다. 경매의 과정별로 카테고리를 나누어놓았기 때문에 자신이 진행하는 단계에 따라 관련 지식을 바로바로 적용할 수 있도록 구성했습니다. 경매의 전체적인 투자과정에서 항상 이 책을 소지하며 그때그때 궁금증을 해소할 수 있기를 바랍니다. 초심자들은 처음부터 차근차근 기초를 닦고, 이미 입문단계를 지난 분들은 필요한 부분만 읽어보셔도 좋을 것 같습니다.

책에서 해소되지 못한 궁금증들은 오프라인 강의나 네이버 카페 '신과장의 부동산 플렉스'를 통해 지속적으로 업데이트를 해드릴 예정입니다. 현재 거의 운영이 중단된 것과 같은 느낌인 카페에서도 꾸준히 활동해주시는 소수의 회원분들에게 감사드리고, 개정에 많은 의견 내주시고 도움을 주신 회원분들과 짧게는 1년에서부터 길게는 10년 가까이 저를 믿어주고 꾸준히 연락주시는 수강생 투자자분들에게도 감사드립니다.

저에게 부지런함과 성실, 정직함을 일깨워주시는 부모님과, 건축과 관련해 막히는 부분이 있을 때 언제든지 많은 가르침을 주시고 아껴주시는 장인어른, 장모님, 그리고 JYP 항상 감사드리고 사랑합니다.

　마지막으로 첫 책 출판 당시는 배 속에 있었지만 어느덧 훌쩍 커서 이젠 나와 싸울 정도로 커버린 예쁜 딸 소윤이, 그리고 이 모든 것을 가능하게 해주는 단 하나뿐인 든든한 내 편 지혜, 앞으로도 지금처럼 서로 아끼고 사랑하며 지내자!

신종승

 네이버 카페 '신과장의 부동산 플렉스'
cafe.naver.com/shinjiha2

| 차례 |

1장 · 초저금리 시대, 돈 버는 방법은 따로 있다

2장 · 부동산 경매, 제대로 알고 시작하기

3장 · 무조건 성공하는 경매물건 찾는 법

4장 · 누구나 쉽게 따라하는 경매 권리분석

5장 · 현장에서 꼭 필요한 실전 노하우

6장 · 부동산 경매물건별 투자 포인트

7장 · 모르면 손해 보는 명도와 대출의 기술

부록
⋮

1장에서는 경매를 본격적으로 시작하기 전에 경매를 해야 하는 이유와 초저금리 시대의 대안으로써 부동산 경매의 가치에 대해 설명했습니다.

1장

초저금리 시대,
돈 버는 방법은 따로 있다

초저금리 시대,
경매가 답이다

2015년 3월 12일 한국은행은 기준금리를 연 2%에서 0.25%나 낮춘 1.75%로 인하했고, 같은 해 6월 11일 기준금리를 추가적으로 0.25% 낮추면서 1.50%가 되었습니다. 이는 사상 첫 1%대 기준금리입니다. 이후 1.25%까지 떨어졌던 기준금리가 2018년 11월 30일 1.75%까지 올라 2%를 넘어가나 했더니 채 1년이 지나기 전인 2019년 10월 16일 1.25%로 떨어졌습니다. 2020년 세계적으로 확산되고 있는 신종 코로나바이러스 감염증(코로나19)으로 인해 소상공인부터 대기업까지 많은 손실을 보고 있는 상황에서 정부는 긴급 추경 편성을 발표하고, 경제성장률 전망치를 하향 조정 했습니다. 그리고 인하될

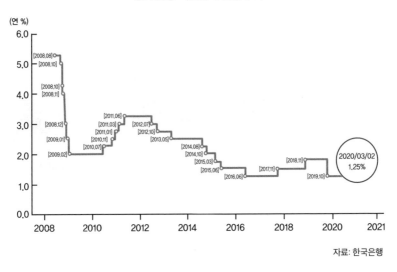

•한국은행 기준금리 변동추이•

자료: 한국은행

것으로 예상했던 기준금리는 1.25%로 유지하기로 했습니다. 하지만 미국 중앙은행인 연방준비제도(Fed)가 금리 인하를 시사하고 있어 한국은행도 기준금리를 추가 인하할 가능성이 높은 상황입니다. 기준금리가 떨어져 대출금리가 낮아지는 만큼 더 많은 유동성이 부동산으로 흘러들어올 것으로 보입니다.

한국은행 금융통화위원회는 물가 동향, 국내외 경제 상황, 금융 시장 여건 등을 종합적으로 고려해 연 8회 기준금리를 결정합니다. 이렇게 결정된 기준금리는 초단기금리인 콜금리에 즉시 영향을 미치고, 장단기 시장금리, 예금 및 대출 금리 등의 변동으로 이어져 궁극적으로는 실물경제 활동에 영향을 미치게 됩니다.

일반적으로 투자자금은 은행의 예금과 증권 시장의 주식, 그리고 부동산 시장의 부동산 투자 등 크게 세 가지로 구분됩니다. 그런데 본격적인 저금리 시대가 도래하면서 시중의 투자자금들은 갈 곳을 찾지 못하고 방황하고 있습니다.

현 기준금리는 글로벌 금융위기 때보다 낮은 금리로 역대 최저수준이고, 연 1%대 이자가 만연한 '초저금리 시대'로 완전히 접어들어 '마이너스 금리 시대'를 눈앞에 두고 있습니다. 2020년 2월 한 은행에서 연 5%대 적금상품을 단 3일간 내놓았는데, 첫날에만 20만 명이 넘는 고객이 몰렸다고 합니다. 시중금리가 낮으니 조금만 금리가 높은 특판상품이 나오면 인기를 끄는 것입니다.

시세보다 저렴하게 낙찰받는
부동산 경매 시장

한국은행의 기준금리 인하로 인해 자연스럽게 주식 시장과 부동산 시장으로 투자자금이 유입되고 있습니다. 부동산은 주식 시장처럼 매 시간마다 가격이 급등락하거나 예측할 수 없는 미래에 투자를 하는 것이 아니므로 투자금의 손실 위험이 적은 편입니다.

그러나 어떤 투자이건 투자자금의 전부 또는 일부를 잃을 수 있습니다. 모든 투자의 손실은 본인에게 책임이 있습니다. 투자사기를 당한 경우에도 잘 알아보지 않고 투자한 본인에게 책임이 있습니다. 주식은 아무리 기업을 잘 분석한 후에 투자했다고 하더라도 100%

안전한 투자라고 하기에는 힘든 분야입니다. 다양한 외부 요인들로 인해 투자자가 예측할 수 없는 변수가 존재하기 때문입니다.

부동산 경매도 권리관계에 문제가 있는 물건들이 있습니다. 안전한 투자를 위해서는 권리분석을 반드시 공부해야 합니다. 경매로 진행되는 부동산 중 80~90%는 간단하게 권리분석이 끝나는 안전한 물건들입니다. 그러나 나머지 10~20%는 아주 복잡한 권리관계로 인해 위험한 물건들이지요. 우리는 권리분석이 쉽고 안전한 80%에 해당하는 부동산 중 수익률이 높은 곳에 투자해야 합니다.

기존의 부동산 경매는 주로 전문 투자자들의 재테크 시장이었다고 해도 과언이 아닙니다. 하지만 최근에는 내 집을 마련하기 위해 실수요자들까지 부동산 경매에 관심을 가지고 있습니다. 부동산 경매는 시세보다 저렴하게 낙찰받아 시세차익이나 임대수익을 얻을 수 있기 때문이지요. 일반매매보다 통상 10~20% 저렴하게 살 수 있을 뿐만 아니라 간혹 분양가 7억 원의 아파트를 50% 가격인 3억 5천만 원에도 낙찰받을 수 있는 곳이 바로 부동산 경매 시장입니다.

저렴하다고 무작정
투자해서는 안 된다

2018년 기준 전국의 주택 수는 2,082만 호에 이르며 그중 약 3%가 경매로 진행될 정도로 한 해에 경매를 통해 낙찰되는 부동산은 적지 않은 편입니다. IMF 이후 경매 진행 건수가 연간 30만 건에 달하기도 했으나, 매년 경매 건수가 줄어들고 있어 경쟁률이 높아지는 경향이 있습니다.

경매를 통해 저렴하게 낙찰받는다고 해서 무조건 성공하는 것은 아닙니다. 그렇다면 이렇게 많은 부동산 중에서 과연 어떤 부동산에 투자해야 성공적인 투자를 할 수 있으며 부자가 될 수 있을까요?

보통 경매를 처음 시작하는 사람들은 은행의 예금을 빼 투자처를 알아보고 있던 중 부동산 경매가 좋은 투자처라는 말만 듣고 제대로 된 지식도 없이 무턱대고 입찰했다가 남들이 기피하는 10%에 해당하는 부동산을 덜컥 낙찰받는 경우가 많습니다. 특히 권리분석도 제대로 하지 않고 '가격이 너무 저렴해서'라는 이유만으로 낙찰받고 좋아하는 사람들을 법정에서 심심치 않게 만나볼 수 있습니다. 그러다 결국 수백만 원에서 수천만 원에 이르는 입찰보증금을 포기하는 사례들도 많이 있지요.

제가 해본 다른 투자들에 비해 부동산 경매가 안전한 것은 사실입니다. 하지만 관련 지식이 없는 상태에서 무작정 투자한다고 해서 수익을 올릴 수 있는 것은 아닙니다. 권리분석을 배워서 본인 스스로 위험성 여부를 판단할 수 있는 지식을 쌓은 후에 투자하는 것이 실패를 줄이는 길입니다.

부동산 경매로
안정적인 임대수익 만들기

부동산 투자에 성공하고 싶다면 자신만의 확실한 기준을 세워야 합니다. 투자를 할 수 있는 지역, 투자를 하고 싶은 물건, 투자가능한 금액, 투자의 목적, 개발 가능성이 있는 지역인지 등을 고려해 물건을 검색한다면 빠르고 정확하게 자신이 원하는 물건을 찾을 수 있습니다.

제가 처음 경매를 시작했을 때는 하루 종일 경매정보지만 들여다봤지만 지나고 나면 머릿속에 남아 있는 것이 없었습니다. 특별한 기준 없이 그저 많은 물건을 검색하기만 했습니다. 하지만 몇 년간 투자를 하며 꾸준히 물건을 보다 보니 저에게 필요한 물건들을 골라내는 몇 가지 노하우를 습득하게 되었습니다. 연간 7만 건이 넘는 부동산과 동산들이 경매로 진행되고 있는데 모든 물건을 다 보려고 한다면 투자는 하지도 못하고 물건만 검색하다 끝날 것입니다.

저는 결혼하기 전 안정적인 임대수익을 만들어놓아야 한다고 생각해서 열심히 물건을 찾고 분석하고 임장(臨場)을 다녔습니다. 2008년 투자를 시작했을 당시 미국의 부동산 시장이 무너지면서 그 파장이 세계 시장으로 번져나가고 있었고, 그로 인해 투자자들의 관망세가 이어지면서 기존의 주택은 소외받았습니다. 또한 2008년 대선과 정부의 미분양 아파트 해결을 위한 방안이 논의되면서 신규 분양주택에 많은 관심이 쏠리고 있었습니다. 하지만 저에게는 분양권도 없었으며 신규 분양주택을 취득할 만한 자금도 없었습니다. 이러한 상황 속에서 저는 저만의 기준을 세워 투자하기 시작했습니다.

주변 환경과 향후 가능성을 보고 투자하라

부동산 매입 예상 금액은 3천만~5천만 원선으로, 당시 투자한 부동산에 많은 돈이 들어가 있는 상황이라 대출을 최대한 활용했을 때 투자가능한 금액이었습니다. 직접 거주가 목적이 아니었기 때문에 투자자금 대비 50% 이상의 임대수익이 나는 물건을 찾아다녔습니다.

저는 투자를 할 때 지역에 따라 투자하지는 않았습니다. 단지 제가 낙찰받을 수 있는 금액 대비 임대수익이 얼마가 나오는지를 확인한 후 예상한 임대수익이 나오면 그 후 주변 환경과 향후 가능성을 보았습니다. 투자를 시작한 처음부터 지금까지 이런 방식으로 접근해왔지만 임대가 잘나가는 곳은 주변 환경도 좋고 향후 가격 상승이 빨라 다행히도 아직까지 손해를 본 적은 없습니다.

수도권에서 소액으로 투자를 하려는 많은 분들이 그렇듯 인천에 있는 빌라들이 먼저 제 눈에 들어왔습니다. 인천의 빌라는 가격이 저렴한 데다 거의 매일 수십 채씩 경매가 진행되고 있어 패찰을 하더라도 쉽게 다시 투자할 수 있다는 장점이 있었습니다. 2천만~4천만 원 사이의 빌라들이 상당히 많았고, 대다수의 물건들이 제가 예상한 만큼 임대수익도 받쳐주었기 때문에 거의 매일같이 인천 지역의 빌라들을 임장하며 돌아다녔습니다.

그러면서 점유자들과 대화도 자주 나누고 소유자와 공인중개사들, 대출 관련 종사자들과도 만나 많은 정보를 들을 수 있었습니다. 임대수익은 충분히 만족스러운 물건들이 많았으나 향후 시세 상승 가능성과 추후 매매가 쉽지 않을 것이라고 판단해 인천 지역의 빌라 투자는 우선 보류하기로 했습니다.

지금까지 매입을 하고 팔았던 많은 부동산 중에 빌라에 투자했던 것은 단 2개뿐이었습니다. 그렇다고 빌라를 아예 입찰하지 않은 것은 아닙니다. 고급형 빌라나 목동·강남·청담동 등의 학군과 주변 환경이 좋은 지역은 꾸준히 입찰했습니다. 당시 빌라는 "매입하면 골치다."라는 반응이 대부분이었고 주변에 투자를 같이 하던 사람들도 같은 이유로 만류했습니다.

일각에서는 '싸다'는 이유만으로 빌라에 투자하라는 사람들이 종종 있습니다. 하지만 부동산은 저렴하다고 해서 무조건 투자했다가는 이때까지 열심히 일해서 모은 돈을 한 방에 날릴 수도 있습니다. 부동산 투자는 절대 저렴한 가격만 보고 투자해서는 안 됩니다. 부동산 가격이 저렴하다면 그 이유는 무엇인지, 저가에 사서 수익은 얼마나 낼 수 있는지를 철저히 분석해야 합니다. 저는 저렴한 부동산을 취득할 때 오히려 더 많은 노력을 기울이고 더 많은 정보를 얻으려고 합니다.

또한 많은 사람들이 놓치는 부분이 부수적으로 들어가는 비용입니다. 부동산 매입가격만 생각해서 자금운용에 차질이 생기는 경우가 많은데 이 비용 또한 만만치 않습니다. 대출을 받게 되면 법무사비, 이자비용, 명도비용 등이 추가로 들어가는데, 싼 맛에 수익성이 없는 빌라를 하나둘 낙찰받다 보면 세금과 이자비용을 감당하기 힘들어집니다.

부동산 경매의 목적은 투자이지 부동산 수집이 아닙니다. 부동산 투자 관련 상담을 하다 보면 부동산 수집으로 고민을 토로하는 사례가 적지 않습니다. 결과적으로 제가 과거 빌라에 투자를 하지 않았던 것은 좋은 선택이었습니다. 현재까지도 큰 가격변동이 없었으며, 만약 투자했더라면 연간 임대수익보다 수리비가 더 많이 나갔을 것이기 때문입니다.

지방의 부동산으로
눈을 돌리자

2020년 현재 투자를 고민하는 분들은 어떤 부동산을 눈여겨봐야 할까요? 개인적인 투자관점에서 보았을 때 지방은 수익형 부동산과 주거용 부동산, 수도권은 대형평수의 아파트와 규제가 예상되는 지역과 붙어 있는 비규제지역(추가 규제가 될 때 규제를 피해갈 것으로 보이는 지역)을 예의 주시하시고, 서울은 재건축·재개발을 앞둔 진행이 빠른 매물 또는 신축(3년 이내) 아파트 매입을 추천드립니다.

특히 서울의 주요 아파트들이 지속적으로 가파른 상승세를 보이며 수도권과 격차가 상당히 벌어져 있는 상태라 수도권의 각 지역을 대표하는 부동산들이 그 갭을 메우려는 상승세가 무서울 것으로 예측됩니다. 그러니 이번 상승세에 올라타지 못하신 분들은 꼭 서울을 고집하기보다는 수도권을 넓게 보는 것도 중요한 시기가 되겠습니다.

지방의 부동산을 추천하는 이유는 교통과 통신이 발전함에 따라 전국이 일일생활권이 되어버린 지금, 지방에 대한 접근성이 좋아져 수도권에 거주하는 투자자가 지방에 있는 부동산을 쉽게 매입할 수 있는 환경이 형성되었기 때문입니다.

또한 세종시를 대표로 하는 지방도시 개발과 정부부처의 지방 이전의 영향으로 광주·대전·대구 등 지방 대도시의 부동산 가격이 큰 폭으로 올랐고 상승세는 지금도 이어지고 있습니다. 이와 더불어

2020년에는 서울 중심지의 가파른 상승세로 인한 피로누적과 각종 규제들로 인해 풍선효과로 수도권에서 광역시와 그 외 중소형 도시들까지 부동산 가격이 상승할 전망입니다. 규제지역이 아니라면 양도세 중과나 대출 규제 같은 제약이 상대적으로 덜하기 때문에 많은 유동성이 몰리고 있습니다.

또한 같은 면적의 수도권 부동산을 구입할 돈이면 지방의 부동산 2개를 구입할 수 있는 것이 가장 큰 장점입니다. 현재 수도권의 25평형 아파트는 위치에 따라 12억~13억 원대를 호가합니다. 하지만 지방의 25평형 아파트는 3억~6억 원 사이의 가격이 형성되어 있기 때문에 임대수익률로만 따진다면 지방에 투자하는 것이 훨씬 좋습니다. 거기에 지방을 털고 똘똘한 한 채를 노리는 투자자들의 움직임으로 인해 수도권 부동산이 너무 가파르게 올라 다시 지방으로 눈을 돌리는 투자자들이 많이 늘어나서 시세차익까지 볼 수 있는 상황이 만들어졌습니다.

수도권의 대형평수는 큰 자금이 운용되어야 하고 매매가 잘되지 않았을 때 이자부담 등 여러 가지 문제점이 있기 때문에 비교적 낮은 낙찰가를 유지하고 있습니다. 그러나 최근에는 부동산 경매의 대중화로 낙찰가가 조금 올랐지만 여전히 유망한 투자처임에는 분명합니다. 부동산 투자 시 이를 참고해 물건을 검색해보시길 바랍니다.

2008~2010년 투자 당시 전남 지역은 주택보급률이 140%에 육박해 미분양이 속출하고, 글로벌 경제위기로 부동산 가격이 많이 하

락하면서 많은 사람들이 소유하고 있던 집을 팔고 전세로 옮겨가던 시기였습니다. 제가 지방에 투자를 하겠다고 했을 때 주변에서는 미분양이 많고 수도권에서 거리도 상당히 먼 데다 관리도 어렵다는 이유로 투자를 만류했지만 예상임대수익이 매우 좋았기 때문에 입찰하기로 결심했습니다. 임대료가 잘 나온다면 시세차익에 대해서는 생각하지 않고 만약 오른다면 보너스 정도의 개념으로 여기기로 하고 입찰했습니다.

입찰 전략으로 저는 입찰금액을 정할 때 최종적으로 들어가는 투자금 대비 임대수익률이 최대 50% 이상 나오는 금액으로 산정했습니다. 많은 분들이 입찰가를 정하는 것을 어려워하지만 본인이 원하는 임대수익률이 있다면 입찰가를 정하는 것이 그렇게 어려운 일만은 아닙니다.

임대수익률 계산 공식

$$\frac{(월\ 임대수익 - 월\ 이자비용) \times 12 = 연\ 임대수익}{낙찰금액 + 세금\ 및\ 부대비용 - 대출금 - 임대보증금 = 실투자금} \times 100 = 임대수익률$$

$$\frac{(30만\ 원 - 14만\ 원) \times 12 = 192만\ 원}{4,100만\ 원 + 100만\ 원 - 3,300만\ 원 - 500만\ 원 = 400만\ 원} \times 100 = 48\%$$

임대수익률을 계산하는 공식은 위와 같습니다(내용의 이해와 계산의 편의를 위해 반올림한 금액으로 표기했습니다). 낙찰가격의 80%를 5% 이자로 대출을 받고 보증금 500만 원에 월세 30만 원을 임대료로 받는다고 가정했을 때, 실투자금은 400만 원 남짓이고 연간 임대수익은 192만 원으로 투자금 대비 48%의 수익률입니다. 엄청난 수익률이라고 생각되지 않습니까? 은행금리가 3~4%인 것을 생각하면 대단한 수익이 발생하는 것입니다.

최근에는 부동산 경매의 대중화로 인해 50%의 임대수익률을 올리기가 힘들어졌지만 여전히 부동산 경매 시장에 기회는 있고 실현 가능성도 충분합니다. 이 수익률은 만들어낸 수익률이 아니라 실제로 제가 투자했던 물건의 수익률을 정리해놓은 것입니다.

결과적으로 저에게는 월 16만 원의 자유소득이 생겼습니다. 한 달에 16만 원이라고 하면 조금 적게 느껴질지도 모르겠지만 당시 부동산 2개를 동시에 낙찰받아 월 32만 원이 매달 자유소득으로 들어오고 있었습니다. 이런 물건들을 하나둘 늘려나가면서 총 10개를 보유했다고 가정하면, 월 160만 원의 임대수익이 발생하고 이는 직장인의 한 달 월급과도 맞먹는 금액입니다.

임대수익이 좋은 부동산을 늘려가면서 시세가 올라간 부동산들은 계속 보유할지 팔아야 할지를 판단해 시세차익을 얻게 되면 그것으로 또 다른 부동산에 투자해 자유소득을 꾸준히 늘려가야 합니다.

무조건 이기는
경매 투자 비법

부동산 투자에 성공하기 위해서는 반드시 자신만의 기준이 있어야
합니다. 제가 겪어본 부동산 투자는 고도의 심리전이 필요한 재테크
입니다. 그런데 대부분의 사람들은 자신만의 계획과 기준 없이 주변
의 조언에 따라 쉽게 투자를 합니다. "누가 어느 지역에 투자를 했는
데 대박이 났다더라." 하는 말에 너도나도 우르르 돈을 좇아가기 바
쁩니다. 하지만 제대로 투자할 줄 아는 사람은 자신만의 기준과 계
획을 토대로 침착하게 본인의 투자를 꾸준히 해나갑니다.

　'역세권이 최고다.' '미래 발전 가능성이 있는 지역이 좋다.' '대형
산업단지 인근이 좋다.' '신도시에 투자를 하는 것이 좋다.' 등 기준

을 세울 때 개인적인 차이는 있겠지만 무엇보다도 가장 기본적인 사항은 무조건 시세보다 저렴하게 취득하는 것입니다. 그 후 개인적인 투자 성향과 기준에 맞춰 투자물건을 선정하면 됩니다.

좋은 부동산을 찾는
자신만의 기준을 세워라

다음은 수익성이 좋은 부동산을 찾는 저의 기준입니다.

- 매매가격에 비해 전세가격이 높거나 70% 이상인 물건
- 현재 등록매물보다 싸게 살 수 있는 물건
- 최종 투자금이 1천만 원 미만으로 들어가는 임대수익형 물건
- 임대수익이 연 30% 이상, 또는 15만 원 이상 나오는 물건
- 미래가치가 뛰어나 시세차익이 예상되는 물건

매매가격보다 전세가격이 높은 물건은 일반매매로는 쉽게 만날 수 없습니다. 하지만 부동산 경매를 통해서는 전세가격과 똑같거나 더 저렴한 가격으로 부동산을 취득할 수 있습니다. 만약 전세가격보다 낮은 금액으로 부동산을 취득했다면, 임대를 주고 여유롭게 시세차익이 발생하기를 기다렸다가 적당한 가격에 매도하는 것이 가능해집니다. 가격이 오르지 않았다면, 계속해서 세를 주고 있어도 충

분한 수익이 나오기 때문에 조급하지 않게 매도 타이밍을 기다릴 수 있습니다.

꼭 경매로만 투자해야
한다는 생각은 버리자

현장을 다니다 보면 급매물을 간간이 만날 수 있습니다. 하지만 그렇게 만난 급매물은 사실 급한 물건이라서 싸게 나와 있다기보다는 현재 등록된 물건 중에 단순히 가장 저렴한 물건을 급매물로 소개하는 경우가 대부분입니다.

매물의 위치, 인테리어 상태, 층, 향 등등 부동산 가격을 결정하는 요소가 다른 물건들에 비해 상대적으로 좋지 않기 때문에 시세보다 싸게 나온 물건이 급매물로 소개되는데, 실제로 해당 매물을 매입해서 리모델링을 하면 시세와 비슷한 가격에 매입했다는 것을 알 수 있습니다.

진정한 급매물은 잔금일이 굉장히 짧고 빠른 처리를 요구합니다. 부동산 시장이 안 좋을 때는 급매물로 정말 좋은 물건을 저렴하게 매입할 수 있지만, 부동산 시장이 좋을 때는 급매물을 만나기 힘들고 협의도 쉽지 않습니다. 급매물은 많지 않기 때문에 누구보다 발 빠른 정보력이 필요합니다. 그러기 위해서는 꾸준히 현장을 다니면서 공인중개사분들과 친분을 쌓아두는 것이 큰 도움이 될 것입니다.

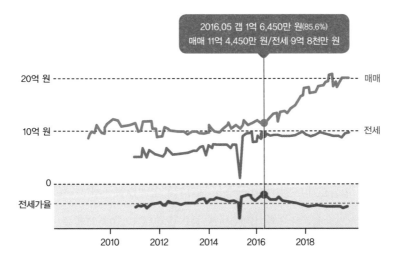

•강남 A아파트의 전세가율 추이•

2016.05 갭 1억 6,450만 원(85.6%)
매매 11억 4,450만 원/전세 9억 8천만 원

20억 원

10억 원   매매

0   전세

전세가율

2010   2012   2014   2016   2018

자료: 호갱노노

2015년은 부동산 시장이 달아오르기 시작할 때라 정보력이나 판단력이 빠른 투자자들이 선진입을 하던 시기였습니다. 강남에 위치한 A아파트의 매매가와 전세가 차이가 1억 원 언저리였기 때문에 10억 원 초반으로 9억 원 정도의 전세가 들어가 있는 물건을 매입할 수 있던 사례가 있었습니다. 그리고 불과 5년이 지나 해당 아파트는 호가 21억 원을 넘었습니다.

위 사례처럼 때로는 경매보다 수익이 더 좋은 매매 또는 급매가 있기 때문에 경매를 배웠다고 해서 꼭 경매로만 수익을 내려고 하는 것은 투자에 독이 되는 생각입니다. 경매로 부동산의 기초를 닦고 일반매매와 급매를 동시에 살펴보는 부지런함이 반드시 필요합니다.

구체적이고 확실한
투자기준을 만들자

임대수익형 물건에 투자할 때 상가가 아닌 일반 주거용 부동산은 금액과 부피가 작은 물건에서 높은 수익률이 발생합니다. 대표적인 예로 지방의 소형 아파트와 인천 지역의 빌라 등이 있습니다. 전국적으로 원룸을 제외한 투룸 이상의 부동산 평균 임대료는 '보증금 300만 원에 월세 20만 원~보증금 500만 원에 월세 30만 원' 선입니다. 그렇기 때문에 4천만 원가량의 물건에 투자를 한다고 가정할 때 경락잔금대출(법원경매나 공매로 낙찰받은 부동산에 대해 부족한 잔금을 대출해주는 제도)을 활용해 잔금을 납부한 후 임대를 놓게 되면 최종적으로 들어간 투자금액이 500만 원 미만인 경우도 자주 발생합니다.

500만 원 미만의 투자금으로 35%의 수익률과 매달 15만 원 이상의 순수 임대수익이 나온다면 얼마나 행복할까요? 우리가 자고 있는 와중에도 돈이 나를 위해 돈을 만들어내고 있는 것, 이것이 바로 자유소득입니다. 제가 임대수익형으로 투자한 물건들은 대부분 위에 나열한 기준에 적합한 4천만~6천만 원 사이의 물건이었습니다. 그리고 임대수익이 충분히 나고 있는 와중에 생긴 시세차익은 보너스라고 생각하면 됩니다.

이처럼 투자를 하기 위해서는 막연하게 '부동산을 사서 팔면 돈이 남겠지.'라고 생각하기보다는 조금 더 구체적이고 확실한 투자기준점을 만들어놓는 것이 좋습니다. 자신의 눈에 좋아 보이는 물건은 다른 사람 눈에도 좋은 물건입니다. 하지만 마음에 쏙 들지는 않더라도 본인이 정해놓은 기준에 맞는 물건이라면 투자를 해보는 것이 좋습니다. 물론 내 집 마련이 목적이라면 자신의 마음에 쏙 드는 부동산을 찾아야겠지만 투자수익을 바라며 경매를 하는 것이라면 자신의 마음에 쏙 들지는 않더라도 높은 수익률을 낼 수 있는 부동산을 찾아야 합니다. 그런 부동산을 찾으려면 지금부터라도 자신만의 투자기준을 확실하게 세우고 투자에 임해야 합니다.

제가 부동산 투자를 하거나 상담을 진행할 때 중요하게 제시하는 투자기준은 '미래가치'와 '출구전략'입니다. 제가 투자 자문을 해드렸던 사례를 하나 살펴보겠습니다. 2019년 하반기 경기도 하남의 아파트에 투자한 사례입니다. 양도세 부담이 적어지는 입주 2년 차 신축 아파트였습니다. 거래 사례가 없는 신축 아파트의 경우는 비교 대상이 없기 때문에 통상적으로 가장 먼저 거래되는 물건이 가장 저렴한 경우가 많습니다. 그런 의미로 이 아파트도 저렴하게 매입할 수 있었습니다. 아파트 인근에 두 차례에 걸쳐 지하철이 개통될 예정이라 추가 상승여력이 있다고 판단했고, 인근 3기 신도시의 분양 대기자들의 전세수요 등을 고려해 당시 매입금액에서 최소 1억 원의 시세차익을 예상했습니다. 그리고 실제로 예상했던 금액에 도달하기까지 오랜 시간이 걸리지 않았습니다. 이처럼 투자를 할 때는 몇 가지 포인트를 가지고 시세 변동에 맞춘 매도시기, 매도금액 등을 정해서 본인만의 투자기준을 마련하는 과정이 꼭 필요합니다.

2장에서는 모든 부동산 투자의 기본이 될 경매 기초 지식을 배워보도록 하겠습니다. 또한 경매의 전체적인 진행과정을 한눈에 파악할 수 있도록 경매신청부터 명도까지의 과정을 알기 쉽게 설명해두었습니다.

2장

부동산 경매,
제대로 알고 시작하기

부동산 경매
기초부터 다지자

부동산 경매 공부를 본격적으로 시작하기에 앞서 경매의 전체 흐름을 이해하고, 경매로 투자할 수 있는 물건은 무엇인지, 경매의 장단점은 무엇인지 알아보도록 하겠습니다. 경매 투자에 실패한 사람들의 공통점을 통해 리스크 관리법을 배우고, 경매는 위험하고 하자 있는 물건이라 생각하는 일부 투자자들의 오해에 대해 법원이 합법적으로 진행하는 안전한 투자처라는 것도 알려드리고자 합니다. 여러 투자 방법 중에서 부동산을 가장 저렴하게 취득할 수 있는 방법이기도 하며, 부동산 시장을 읽어내는 중요한 참고자료가 되는 등 모든 부동산 투자의 기본이 될 경매 기초 지식을 배워보도록 하겠습니다.

부동산 경매
A to Z

'묻지마 투자' '낙찰가 고공행진' '과열경쟁이 불러온 비정상적인 낙찰가' 이 자극적인 문구의 기사들은 모두 부동산 경매를 다루는 내용입니다. 경매를 해보지 않은 사람들이 관련 기사들만 보면서 하는 말은 대부분 "경매 이제 먹을 거 없네." "저럴 거면 왜 경매를 해." 같은 부정적인 반응들입니다. 하지만 이런 기사들은 통계나 특수한 낙찰가를 보고 작성되는 것들이 대부분이기 때문에 실제 경매 시장을 반영하지 못합니다. 우리가 아는 부동산 경매는 '싸게 사서 싸게 파는 것'인데 왜 100%가 넘어가는 낙찰가가 나오는지, 그럼에도 불구하고 왜 여전히 많은 사람들이 경매법정을 찾는지 그 이유에 대해서 알아보도록 하겠습니다. 부동산 경매의 전반적인 진행과정을 이해하게 되면 감정가의 100%가 넘어가는 낙찰가도 이해할 수 있을 것입니다.

부동산 경매란?

부동산 경매란 경매청구권자(채권자)의 신청에 의해 법원이 주체가 되어서 채무자의 부동산을 매각하는 과정입니다. 조금 더 이해하기 쉽게 풀어보겠습니다.

개인사업을 하고 있던 I씨는 올해 사업성과가 좋아서 사업의 규모를 더 키우기로 마음먹고 본인이 살고 있던 집을 담보로 은행에서 대출을 받습니다. 이 과정에서 은행은 I씨의 집에 근저당을 설정하고 그에 상응하는 담보대출을 해주게 됩니다. 담보대출을 통해 추가 사업자금을 확보한 I씨는 사업규모를 늘리고 승승장구하는 듯 보였습니다. 그러나 얼마 지나지 않아 무리한 사업 확장으로 인해 경영 악화에 시달리게 되면서 담보대출의 원금은커녕 이자도 못 내는 상황까지 발생했습니다.

은행에서는 원금과 이자가 들어오지 않으니 채권회수를 위해 두 가지 선택을 할 수가 있습니다. 첫 번째는 민사소송을 통한 채권회수, 두 번째는 우리가 지금 배울 부동산 경매신청입니다. 민사소송을 통한 채권회수를 선택한다면 길게는 1년 이상의 기간과 복잡한 절차를 거쳐야 하지만, 부동산 경매를 선택한다면 근저당 설정을 해둔 내용으로 법원에 신청서만 제출하면 바로 경매 진행 준비를 하게 됩니다. 금융권에서는 부동산 경매라는 빠른 채권회수 절차가 있기 때문에 대출을 좀 더 적극적으로 실행할 수 있습니다. 만약 절차도 복잡하고 채권회수에 오랜 시간이 걸리는 민사소송만 있었다면 지금처럼 담보대출이 많이 나오지 않을 것입니다. 그래서 부동산 경매를 자본주의 시대의 혈액순환제 같은 역할을 한다고 합니다.

그렇게 경매신청서가 접수되면 제일 처음 감정평가사에게 해당 물건의 감정평가를 요청하고 평균 4~6개월간의 준비과정을 거쳐 경매 투자자들에게 본격적으로 노출되기 시작합니다. 여기서 중요한 포인트는 많은 사람들이 투자할 때 기준으로 삼는 감정평가 금액의 감정평가 시기입니다.

2019년 1월에 강남의 한 아파트를 8억 원으로 감정평가를 했고, 6개월간의 준비과정을 거쳐 8월경에 첫 경매가 진행된다고 했을 때 부동산 가격이 꾸준히 상승했던 2019년 8월의 같은 아파트의 가격은 어떻게 되어 있을까요? 현장에 등록된 매물은 10억 원을 호가하며 9억 원을 넘어가는 선에서 실거래가 이루어지고 있습니다. 하지만 경매의 첫 번째 입찰 가격은 2019년 1월에 감정평가를 한 금액인 8억 원에 진행되죠. 그 결과 많은 사람이 입찰에 참여하고 낙찰가는 9억 원을 살짝 넘어가는 수준에서 낙찰됩니다. 낙찰가율로만 보면 110%를 넘어간 수치지만 앞선 기사들의 내용처럼 비정상적인 낙찰가라고 할 수도 없습니다. 반대로 감정평가일보다 시세가 떨어져 7억 원 선에서 거래되고 있다면 당연히 투자자들은 8억 원 이상 입찰해야 하는 1회차에 입찰을 하지 않을 것이고, 그 결과 유찰이 되어 약 한 달 뒤인 다음 기일에 감정가 대비 20~30% 떨어진 금액으로 투자자들을 기다릴 것입니다.

입찰가 관련 상담을 하다 보면 대다수의 분들이 "입찰가는 감정가격 대비 몇 퍼센트에 써야 할까요?"라는 질문을 하십니다. 그러나 위에서 살펴본 것처럼 감정평가 금액은 경매가 진행되고 있는 당시의 부동산 시세를 정확히 반영하지 못하고 있기 때문에 감정평가를 기준으로 삼는 것은 상당히 안 좋은 습관입니다. 항상 현장에서 거래되는 시세와 분위기, 동향 등을 파악해서 입찰가를 정하는 것이 좋습니다.

다시 본론으로 돌아와서 입찰일에 최고가매수신고인(낙찰자)이 되어 정해진 기일까지 경락잔금대출 등을 활용해 잔금을 치르면 부동산의 소유권은 최고가매수신고인에게로 넘어오게 되고, 법원에 낸 잔금은 배당이라는 절차를 통해 각종 채권자들에게 돌아가게 되면서 부동산 경매의 절차는 모두 끝나는 것입니다. 소유권이전을 받은 이후는 명도과정을 제외하면 일반 부동산 매매와 같은 과정을 거치게 됩니다. 목적에 맞는 리모델링 그리고 공인중개사를 통한 임대 및 매매 등 수익을 올릴 일만 남은 것이죠.

주거용 vs. 비주거용

경매로 투자할 수 있는 부동산은 주거용 부동산과 비주거용 부동산으로 나눌 수 있습니다. 주거용 부동산에는 아파트, 빌라, 다가구, 주거용 오피스텔, 단독주택 등이 있고, 비주거용 부동산에는 상가, 빌딩, 주유소, 토지, 공장 등이 있습니다. 투자를 시작하기 전에 가장 먼저 해야 하는 것이 있는데 그것이 바로 투자의 방향성(콘셉트)을 잡는 것입니다. '나는 얼마의 투자금액으로 어디에 있는 아파트 또는 상가를 사서 임대수익 또는 시세차익용으로 투자를 할 것이다.' 하는 투자방향을 설정하는 게 그 첫 번째 단계입니다.

대부분의 사람들이 주거용 중에서도 아파트나 빌라를 선호하지만 자영업을 오래 하신 분들은 상가를, 목욕탕을 운영해보신 분들은 목욕탕을, 농지에 관심이 많으신 분들은 토지를 주력으로 첫 투자를 시작하는 경우들도 보았습니다. 이처럼 본인이 자신 있는 분야에 투자를 해야 안정·지속적으로 투자할 수 있기 때문에 주거용 부동산으로 투자할지 비주거용 부동산으로 투자할지를 먼저 선택하는 것이 중요합니다.

주거용 부동산의 대표주자인 아파트는 시세파악과 조사가 쉬운 반면 엄청난 경쟁률을 뚫어야 한다는 단점이 존재합니다. 다세대주택(빌라)은 소액으로 투자가 가능하고 아파트에 비해 경쟁률이 낮아 낙찰이 쉬우며, 임대료 대비 낙찰가격이 낮아 임대수익용으로 좋다는 장점이 있지만 매도가 쉽지 않아 시세차익을 보지 못하는 것, 내부 하자가 많아 유지·보수비용이 생각보다 많이 들어간다는 단점이 있습니다. 다가구주택(원룸)은 임대수익이 좋아 많은 분들이 노후준비를 위해 찾는 물건입니다. 하지만 보통 다가구주택들은 밀집되어 있기 때문에 공실률에 대한 신경을 써야 하고, 임차인이 자주 바뀌는 것도 건물을 관리하는 입장에서는 상당한 스트레스로 다가올 수 있습니다.

비주거용 부동산의 대표주자인 상가는 상권분석을 해야 하고 임대료도 천차만별이라 시세를 정확하게 파악하는 것이 힘들다는 단점이 있습니다. 하지만 초기에 분양하는 상가와 숙성기에 있는 상가는 일반매매로는 도저히 임대수익이 나오지 않기 때문에 경매를 통해 싼값에 낙찰받을 수 있다는 것이 가장 큰 장점입니다. 이처럼 각 물건에는 장단점이 명확하게 존재하기 때문에 자신의 성향과 잘 맞는 부동산을 선택해서 투자하는 것이 중요합니다.

부동산 외에도 차량, 중장비, 선박 등 동산 경매도 있으니 참고하시길 바랍니다.

부동산 경매의 장점은 무엇인가?

부동산을 취득하는 방법은 여러 가지가 있습니다. 우리가 흔히 알고 있는 일반매매부터 급매, 경매, 공매, 증여, 상속 등 다양한 취득 방법이 있는데 각각의 장단점을 알아보도록 하겠습니다.

매매: 매매는 가장 일반적인 부동산 매입 방법입니다. 매물이 많기 때문에 내가 원하는 향, 층, 단지 등을 골라서 투자할 수 있다는 점과, 매입을 하는 즉시 사용·수익을 할 수 있다는 장점이 있는 반면, 다른 투자들에 비해 매입 가격이 가장 높은 경우가 많습니다.

급매: 급매는 바로 사용·수익 할 수 있다는 것, 그리고 비교적 싸게

부동산을 취득할 수 있다는 점이 큰 장점입니다. 경매나 공매보다도 저렴한 가격으로 매입이 가능한 경우들도 있어 물건은 많지만 빨리 거래되기 때문에 쉽게 만날 수 없다는 단점이 있습니다.

공매: 한국자산관리공사에서 주관하는 공매는 경매와 비슷하면서도 다른 점이 많은 투자 방법입니다. 채무불이행으로 진행되는 경매와는 다르게 세금체납으로 진행되는 공매는 온라인으로 입찰을 하기 때문에 직장인들에게 인기가 좋습니다. 광업권, 어업권, 골프회원권, 세관공매까지 종류도 많고 물건도 다양하기 때문에 경매만큼이나 매력적인 투자처입니다. 하지만 경매에는 있는 인도명령 제도가 없어 점유자를 명도하는 일이 상당히 까다롭다는 단점 때문에 경매에 비해 낙찰가가 조금 낮게 형성된다는 장점도 있습니다. 그래서 공매 투자를 할 때는 명도의 난이도를 미리 확인하고 입찰에 참여하는 게 좋습니다.

경매: 경매는 복잡하고 위험해 보이지만 실제로는 그렇지 않고 장점이 많은 투자 방법입니다. 경매의 장점을 알아보도록 하겠습니다.

경매의 장점①
가격이 싸다

주식에 비해 부동산 시장의 진입장벽이 높은 이유 중 하나가 바로 투자금액이 크기 때문이지 않을까 생각합니다. 하지만 부동산 경매에는 1천 원짜리 땅부터 수백억 원에 이르는 건물까지 투자금액의 폭이 넓은 편이라 소액으로 투자를 시작할 수도 있습니다.

한때 전국의 100만 원 미만의 부동산을 다 낙찰받아서 수익을 내보면 어떨까 싶어서 준비를 했었는데 3만 원짜리 땅을 낙찰받기 위해 소요되는 경비와 시간 등을 고려했을 때 투자한 만큼 수익이 나지 않을 것 같아서 포기한 적이 있습니다. 우스갯소리로 "전국 어디든 본인 앞으로 등기를 쳐보고 싶은 분들에게 경매를 추천드립니다."라고 할 정도로 소액으로 투자를 해볼 수 있는 좋은 기회입니다. 가격이 저렴하다는 장점도 있지만 그보다 경매가 매력적인 이유는 바로 시세보다 싼 가격에 낙찰을 받을 수 있다는 점입니다.

특히 토지의 경우는 정해진 시세가 없어 저렴하게 낙찰받은 평당 10만 원짜리 땅을 평당 50만~100만 원에 팔 수도 있습니다. 1천만 원 미만으로도 투자가능한 물건이 많고, 빠르면 한 달 안에 수익을 낼 수 있습니다. 시세가 상승했을 땐 주거용 부동산에 비해 더 많은 차익이 생기기도 합니다.

최근에 과열된 일부 지역의 경우는 시세와 비슷한 가격으로 낙찰이 되고 있지만 일반적으로 주거용 부동산의 낙찰가는 시세 대비 10~20% 저렴한 수준입니다. 명도비용 등이 들어가기도 하지만 매매와 비교해본다면 중개수수료가 빠지는 셈입니다. 시세 3억 원짜리 아파트를 2억 7천만 원에 낙찰받았다면 일반매매보다는 3천만 원 저렴하게 취득했다고 볼 수 있는 것입니다.

다만 평일 오전에 법원에서 직접 경매에 참여해야 하기 때문에 매력적인 투자처라고 하더라도 직장인들은 시간을 내서 법원을 방문하는 것이 쉽지 않습니다. 부동산 시장이 그렇듯 경매도 시장의 분위기가 좋을 땐 낙찰가가 점점 높아지고 시장이 좋지 않으면 경매 매물이 쌓이고 낙찰가도 자연스레 떨어집니다. 하지만 그럼에도 불구하고 변하지 않는 경매의 매력은 바로 싸게 낙찰받는 것에 있기 때문에 이것을 기본으로 삼고 시장의 상황에 맞게 유연하게 대응하며 투자전략을 세우는 것이 좋습니다.

경매의 장점②
대출을 활용해 수익률을 극대화할 수 있다

투자를 할 때는 대출을 적극적으로 활용하는 것이 좋습니다. 경매의 첫 번째 장점은 싼 가격에 낙찰을 받을 수 있다는 것이었습니다. 싸게 낙찰을 받고 이와 더불어 대출을 최대한 활용해 투자금액까지 줄어든다면 수익률은 극대화될 것입니다. 투자를 하지 않는 분들이나 일부 투자자들은 대출을 기피하거나 대출을 최대한 적게 받고 투자를 하고 싶어 합니다. 그러나 사실 투자자금이 많이 들어가게 되면 수익률은 그만큼 떨어지게 되고 많은 기회비용을 날리게 되어 좋은 투자라고 할 수 없습니다. 투자는 적은 투자금액으로 높은 수익률을 내는 레버리지 효과(지렛대 효과)를 통해 자본금을 불려나가는 과정입니다.

경매로 낙찰을 받으면 '경락잔금대출'을 활용하게 되는데 이는 담보대출의 일종으로 경매 전용 특별상품이라고 보면 됩니다. 부동산을 낙찰받아 소유권 이전을 받게 되면 기존의 등기부가 모두 깨끗하게 정리된 상태에서 첫 번째 근저당을 설정할 수 있기 때문에 금융권에서는 안심하고 더 많은 금액과 낮은 이율로 대출을 실행해줄 수 있는 것입니다.

최근 지속되는 저금리 상황으로 대출에 대한 이자가 크게 부담스럽지 않다는 점이 더 많은 투자자들을 부동산 시장으로 유입시키는 요인 중 하나로 작용하고 있습니다. 같은 5천만 원의 투자금을 가지고 있어도 대출을 최대한 적게 쓰고자 하는 분은 1억 원 미만의 집을 투자대상으로 알아보겠지만 레버리지 효과를 극대화하려는 분들은 2억 원 안팎의 물건에 투자하게 될 것입니다. 무리한 대출은 문제가 되겠지만 본인의 상황에 맞게 컨트롤이 가능한 정도의 금액이라면 대출을 적극적으로 활용해 수익률 극대화를 노려보는 것이 좋습니다.

경매의 장점③
시장 상황에 상관없이 투자하기 좋다

경매는 부동산을 담보로 받은 대출의 원금 또는 이자를 갚지 못했을 때 진행되기 때문에 경기가 좋지 않을 때 많은 경매물건들이 등록되기 시작합니다. 진행되는 경매의 건수가 늘어나면 경쟁률이 줄어들게 되고 투자 심리가 위축되어 있기 때문에 더 낮은 금액으로 낙찰이 가능하기도 합니다. IMF 때도 그랬고 2008년 금융위기에도 경매로 수익을 올린 분들이 여럿 있습니다. 아마도 그런 시기에 경매로 집을 날리는 분들에게는 낙찰자가 집을 뺏으러 온 사람처럼 보였을 것입니다. 그래서 부동산 경매의 인식이 안 좋아졌을 수도 있습니다. 하지만 앞에서도 말씀드렸듯이 경매는 법원이 주체가 되어 진행하는 합법적인 절차이고, 낙찰자는 그 경쟁 사이에서 가장 높은 입찰가를 쓴 사람일 뿐입니다. 그로 인해 채무변제에 조금 더 도움이 되는 결과로 이어질 것입니다.

반대로 부동산 시장이 호황기일 때는 경매 감정가가 현장의 시세를 따라가지 못하기 때문에 이미 경매로 진행 중인 부동산들을 시세보다 저렴한 가격으로 매입할 수 있습니다. 현장을 다녀보신 분들은 아시겠지만 가격이 전반적으로 올라갈 때는 이미 호가가 수천만 원이 올라 있어 매입이 쉽지 않고 물건도 많지 않아서 매도자 우위 시장이 형성됩니다. 그럴 때는 빠르게 경매로 눈을 돌려 진행 중인 물건을 적극적으로 입찰하는 것이 좋습니다. 현장 호가와 실거래 내역이 아직 실거래가 사이트에 반영되지 않아 소식이 빠른 분들은 최근 실거래가보다 낮은 가격에 매입을 할 수 있는 것이죠.

침체되어 있다던 지방 부동산을 다녀온 적이 있었는데 실제 현장의 분위기는 뉴스와 전혀 달랐습니다. 빈집과 빈 상가들이 늘어나고 있다는 지역에 방문했을 땐 매물이 자취를 감추고 거래도 잘되고 있다는 이야기를 들었습니다. 하지만 해당 지역 관련 기사들은 여전히 안 좋은 이야기만 쏟아내고 있었고, 각종 커뮤니티에서도 부정적인 시선이 대부분이었습니다. 그럼에도 당시 경매의 낙찰가는 이미 시세를 반영해서 올라가고 있었던 걸 보면, 경매는 현재 부동산 시장의 분위기를 가장 빠르게 반영해 모든 부동산 재테크의 바로미터 같은 역할을 하고 있다고 생각됩니다.

불황일 때나 호황일 때 그 어느 때나 경매는 매력적인 투자처임이 틀림없습니다. 그렇기 때문에 지금도 많은 투자자들이 경매를 배우려 하고 좋은 재테크 수단으로써 투자자들에게 꾸준히 거론되고 있는 것입니다. 부동산 시장의 상황도 중요하지만 어떤 상황이건 자신만의 기준을 가지고 투자에 임하는 자세가 더 중요하다는 점을 잊어서는 안 됩니다.

경매의 장점④
위험률이 낮다

부동산 경매는 위험률이 상당히 낮은 재테크 수단이라고 할 수 있습니다. 가장 많이 비교가 되는 주식과 비교해본다면 말이죠. 물론 주식 투자도 안전하게 하자면 할 수 있다고는 합니다. 하지만 아무리 안전하게 투자를 한다고 해도 외부적인 요인에 크게 요동치는 것이 바로 주식입니다. 그와 다르게 부동산은 우리가 어느 정도 예상 가능한 범위 내에서 위험을 컨트롤할 수 있습니다. 경매로 손해를 많이 본 유형들을 분석해보면 경매의 위험요소는 크게 세 가지로 정리할 수 있습니다.

첫 번째는 권리분석 실수에 의한 위험입니다. 전체 경매물건 중약 80%에 해당하는 물건은 권리분석이 아주 간단하게 끝나지만 그로 인해 권리분석 기본기를 소홀히 하게 되는 경향이 있어 오히려투자 경험이 있는 분들이 권리분석에서 실수를 많이 하고 있습니다. 안전하다고 생각했던 물건을 낙찰받고 나니 추가로 인수해야 하는권리가 있어 보증금을 포기하는 경우가 없도록 해야 합니다.

두 번째는 시세조사를 잘못한 경우입니다. 세 가지 위험요소 중에서 가장 높은 빈도로 발생하는 시세조사 실수는 주로 아파트 낙찰 결과에서 나타납니다. 아파트 시세조사가 뭐가 어렵겠냐고 하시겠지만 실제로 낙찰을 잘못 받았다고 도움을 요청하는 분들 10명중 8명은 시세조사를 잘못하신 분들입니다. 단지 내에서도 동, 층, 향, 리모델링, 확장 여부에 따라 시세가 많게는 1억 원까지 차이가나는데 최근 실거래가만 기준으로 삼아 문제가 생기는 것입니다.

예를 들어보겠습니다. H씨는 감정가가 5억 원인 아파트를 입찰하기 위해 실거래가를 찾아봤더니 옆 동이지만 같은 면적에 같은 층인 물건이 가장 최근에 5억 4천만 원에 거래된 것을 확인했습니다. 이를 참고해서 신건에 입찰했고 5억 원에 낙찰을 받았습니다. 하지만 H씨가 입찰 전 확인했던 실거래가에 등록된 매물은 흔히 말하는'RR(로얄동, 로얄층)매물'로 남향에 내부 리모델링까지 잘 되어 있는 단지 내 최상급 물건이었습니다. 그런데 낙찰을 받은 물건은 기본형에 남향도 아닐뿐더러 리모델링을 한 번도 한 적이 없으며, 바로 옆으로는 고속도로가 지나가고 있어 평균 시세보다 낮은 가격인 4억 8천만 원 정도에 매매되고 있는 물건이었습니다. 결국 시세보다 높은 가격에 낙찰을 받아 손실이 생긴 이런 경우가 바로 시세조사에 실패한 대표적인 사례입니다.

마지막 세 번째는 전국에서 하루에 한 명꼴로 발생하는 입찰 실수입니다. 입찰표 작성 시 입찰금액에 '0' 하나를 더 쓰는 실수가 상당히 많고 보증금을 부족하게 넣는 경우, 필요한 서류를 준비하지 않은 경우 등 입찰 무효처리가 되는 경우도 상당히 많습니다. 그렇기 때문에 입찰표 작성에도 각별한 주의가 필요합니다.

권리분석 실수, 시세조사 실수, 입찰 실수 세 가지 모두 투자자의 실수로 인한 결과입니다. 반대로 이야기하면 부동산 경매는 본인이 투자기준을 잘 잡고 실수만 하지 않는다면 외부적인 요인으로 인해 투자금을 손해 볼 상황은 일어나지 않는다는 뜻입니다.

경매를 시작하면서 부동산 관련 법과 등본을 보는 방법 등 모든 부동산의 기초 지식을 배울 수 있는 것 또한 부동산 경매의 장점입니다.

무조건 성공하는
투자계획서 만들기

투자를 시작하면서 가장 먼저 해야 할 일은 투자로 이루고자 하는 목적이 무엇인지 명확하게 하는 것입니다. 사람마다 투자를 하는 목적이 다를 것입니다. '노후 준비를 위해' '임대소득을 만들기 위해' '내 집 마련을 위해' '주식 투자를 주력으로 하면서 부동산으로 투자 범위를 넓히기 위해' '재건축·재개발 물건을 잡아 새로운 집을 소유하기 위해' '농사 지을 땅을 찾기 위해' '직접 운영할 공장을 찾기 위해' 등 삶의 최종적인 목표를 가지고 그에 한 걸음 두 걸음 더 빨리 다가가기 위한 구체적인 계획을 세워야 합니다. 그러기 위해서는 이 부분에서 명확히 짚고 넘어가야 할 것이 몇 가지 있습니다. 바로 본인의 자본금이 얼마인지, 투자 또는 실거주 목적인지, 투자라면 임대수익 또는 시세차익인지, 원하는 수익률의 기준은 얼마인지, 마지막으로 최종적인 목표가 무엇인지 등입니다. 이 질문에 대한 답이 명확하면 명확할수록 투자의 콘셉트를 잡는 것과 물건을 선별하는 것이 쉬워집니다. 자기 자신조차 파악하지 못한 상황에서 섣불리 투자에 임한다면 큰 손실로 이어질 수 있습니다. 이후에도 계속 강조하겠지만 투자를 위한 기초 지식보다도 더 우선시되고 더 꼼꼼하게 확인해보아야 할 부분이 바로 '투자계획'입니다. 투자의 목적을 명확하게 설정하는 방법을 조금 더 자세히 알아보도록 하겠습니다.

자기자본금
정확히 파악하기

투자 상담을 하다 보면 본인의 정확한 자본금도 모르는 상태에서 대략적인 금액으로 투자 상담을 받는 분들을 여럿 만날 수 있습니다. 몇 번이고 되물어보았지만 그 정도는 가능하다는 말에 상담을 진행해보면, 결국 물건을 둘러보고 마음에 드는 물건을 만났을 때 자기자본금이 생각한 것보다 적거나 잔금 시기에 맞춰 자금융통이 안 되는 경우가 대부분이었습니다.

수도권에서 전세로 거주 중인 사회초년생 J씨는 서울에 투자 겸 실거주 목적의 부동산을 구입하기 위해 상담을 요청했습니다. 투자를 위한 자본금이 얼마냐는 질문에 2억 원이라고 대답했고 좀 더 자세히 알려달라고 했더니 지금 살고 있는 곳의 전세금 1억 5천만 원, 현금 2천만 원, 마이너스통장 3천만 원으로 총 2억 원을 융통할 수 있다고 했습니다. 전세는 아직 1년 정도 남아 있긴 하지만 전세가 워낙 귀한 동네라 금방 뺄 수 있다고 자신했습니다.

J씨의 자본금에 맞는 물건을 찾아 현장답사를 여러 번 한 끝에 마음에 드는 아파트를 찾았고 계약금을 보내며 순조롭게 마무리되는 듯 했으나 잔금일이 다가오자 문제가 생겼습니다. 새로운 전세 임차인을 찾아서 집주인에게 연락을 했는데, 집주인이 전세금을 주변시세보다 1천만 원이 높은 가격으로 재계약을 하겠다고 하는 바람에 계약이 불발된 것입니다. 다시 임차인을 구해보려 노력했지만 전세 가격이 너무 높아 생각대로 자금융통이 되지 않았고, 결국 계약금을 포기해야만 했습니다.

위 사례처럼 자본금을 잘못 생각하는 경우들이 많습니다. 본인이 깔고 앉아 있거나 현금화가 불확실한 자산들까지 모두 포함해서 자본금이라 생각하게 되면 이와 같은 돌발상황에 속수무책으로 손해를 보게 됩니다. 투자를 위한 자본금은 현금으로 보유하고 있는 것과 마이너스통장 등이 기준입니다. 그 외에 "친구에게 얼마 빌려달라고 말해놓았다." 또는 "며칠 있으면 돈이 조금 생기는데…." 등 불확실한 자본금을 가지고 투자계획을 세우면 손실로 이어지는 경우가 많습니다. 그렇기 때문에 투자를 실수 없이 하기 위해서는 자신의 자본금 상황을 꼼꼼하게 조사해두어야 합니다.

실거주 vs. 투자
목적을 정하기

경매를 하려는 목적은 실거주 또는 투자로 나눌 수 있는데, 투자라고 한다면 임대수익을 목적으로 하는 투자와 시세차익을 노리는 투자로 나눠볼 수 있습니다. 여러분의 목적은 무엇인가요? 목적에 따라 조사를 하는 방식과 투자대상의 물건이 바뀌기 때문에 이 부분을 명확히 해야 합니다.

친구가 지방 소형 아파트에 투자해서 시세차익을 올렸다는 말을 들은 G씨는 투자를 하고 싶어 경매 공부를 하며 투자할 물건을 찾았습니다. 그러나 직장인의 신분으로는 지방까지 임장을 다니는 것이 불가능하다는 생각에 가까운 수도권에 위치한 빌라를 시세차익을 목적으로 낙찰받게 됩니다. 빌라는 시세가 8천만 원이었는데 낙찰가는 2천만 원 남짓으로 첫 투자부터 엄청난 시세차익을 올렸다 생각하니 기분이 좋았습니다. 첫 낙찰을 기분 좋게 받고 아주 좋은 자재들로 리모델링을 한 다음 8,500만 원에 매물등록을 했는데 9개월이 지나도 집은 팔리지 않았습니다. 매매가를 내렸지만 보러오는 사람조차 없어 골치를 썩고 있다가 결국 4천만 원에 매도했습니다.

여기서 G씨는 한 가지 실수를 했습니다. 현재 최저가격이 시세보다 아주 저렴하다는 것에 빠져 시세차익의 가장 기본이라고 할 수 있는 '매매가 잘되는지' 여부를 대충 조사했던 것입니다. 만약 애초부터 임대수익을 목적으로 낙찰을 받아 적당한 비용을 들여 리모델링을 한 다음 임대를 놓았다면 아주 만족할 만한 수익을 얻었을 것입니다. 하지만 시세차익이 목적이었기 때문에 결과적으로는 실패한 투자가 되었습니다.

이처럼 같은 부동산이라도 시세차익에 맞는 물건이 있고 임대수익에 맞는 물건이 있습니다. 조금 더 세부적으로 들어가면 단기 시세차익은 무조건 현재 거래되는 금액보다 일정금액 이상 싸게 낙찰받아야 하고, 전세를 놓고 장기적인 시세차익을 원한다면 짧게는 2년 뒤 또는 4년 이상의 상황도 대략적으로 예상하고 입찰을 해야 합니다. 마지막으로 임대수익을 원하는 것이라면 낙찰가 대비 임대수익이 가장 높은 지역을 찾아 투자를 해야 합니다.

자신에게 맞는
수익률 정하기

투자계획서의 마지막은 수익률의 기준을 정하는 것입니다. 모든 과정이 다 중요하지만 제가 특히나 강조하는 부분이 바로 '자신만의 수익률을 정하는 것'입니다. 투자 대비 수익률이 높으면 좋겠지만 무작정 수익률을 높게 잡는다고 해서 좋은 것이 아니며, 다른 투자자들을 따라 정하는 것은 더더욱 좋지 않습니다. 투자자들마다 원하는 수익률의 기준이 모두 다르기 때문에 자신의 성향에 맞는 수익률을 정해야 합니다. 수익률과 더불어 수익금도 기준을 정해두는 것이 좋습니다. 수익률은 입찰가격의 기준, 수익금은 파는 가격과 시점의 기준이 되어줄 것이기 때문이죠.

저금리가 지속되고 있어 은행에 저축을 하자니 금리가 너무 낮아서 은행이자보다 약간 높은 수준의 수익률을 원하는 Y씨는 6%의 수익률을, 낙찰확률도 높이고 적당한 수익도 얻기를 바라는 S씨는 10%의 수익률을, 낙찰확률은 낮더라도 높은 수익률을 기대하는 전업 투자자 H씨는 20%의 수익률을 정했습니다. 이처럼 제각기 다른 수익률을 기준으로 투자에 임하게 됩니다.

임대료는 큰 변수가 없는 금액이기 때문에 우선 수익률을 정해놓고 그에 맞춰 수익률 계산을 반대로 해나가보면 내가 얼마에 낙찰을 받아야 원하는 수익률을 달성할 수 있는지가 나옵니다. 이렇듯 경매에서 가장 어렵다고 하는 낙찰가를 산정하는 부분이 아주 간단해지는 효과도 있죠. 또한 2천만 원의 수익을 기준으로 잡은 투자자는 2억 원에 매입한 부동산을 2억 4천만 원에 팔아야 각종 공과금과 세금 등의 비용을 지불하고도 2천만 원을 남길 수 있기 때문에 시세가 2억 4천만 원이 되는 순간 매도를 준비하거나 시세가 올라갈 때까지 기다릴 수 있는 것처럼 매도 타이밍을 정하는 데도 도움이 됩니다.

내가 집을 사면 가격이 떨어지고, 집을 팔면 오른다는 분들이 많습니다. 이는 자신만의 기준을 정해 타이밍을 잡는 것이 아니라 통계에 따른 정보에만 의존하거나, 주변인의 조언에 의존하는 투자를 하는 분들에게 많이 일어나는 현상입니다. 어떤 투자를 하든 자신만의 기준을 명확히 가지려는 노력을 기울이길 바랍니다.

※아래의 표에 본인의 수익률을 작성해보세요.

낙찰금액	연 수익률	월 순수익금	매매수익
1억 원 미만	예) 35%	예) 15만 원 이상	예) 1천만 원
3억 원 미만			
5억 원 미만			
10억 원 미만			
10억 원 이상			

〈수익률표 작성법〉
- 낙찰금액: 실제로 부동산을 매입하는 금액
- 연 수익률: 본인이 원하는 투자금 대비 연간수익률
  예) 투자금 1천만 원에 연 24% 수익률을 원한다면 순수익이 월 20만 원이 나오는 입찰가격을 적어내야 합니다.
- 월 순수익금: 수익금의 기준을 정해두는 것은 수익률의 함정에 빠지지 않기 위해서입니다. 수익률이 높다고 무조건 좋은 것이 아니기 때문에 반드시 수익금의 기준을 충족하면서 연수익률을 만족하는 물건을 찾아 입찰하는 것이 실패하지 않는 투자의 가장 중요한 원칙 중 하나입니다.
- 매매수익: 부동산 투자를 할 때 사는 것보다 더 어려운 것이 언제, 얼마에 팔아야 하는지 결정하는 것입니다. 하지만 목표수익이 정해져 있다면 크게 망설일 필요가 없습니다. 그런 의미에서 내가 만족할 수 있는 최소한의 수익을 미리 정해두는 것도 출구전략에 상당한 도움이 됩니다.

부동산 경매로
부자가 되기 위한 조건

부동산 경매를 통해 부자가 되기 위해서는 세 가지 조건이 필요합니다. 여기서 세 가지 조건이란 시간과 자금, 그리고 정신력입니다. 투자할 물건을 검색하고 현장을 방문해 꼼꼼히 조사를 할 수 있는 현실적인 시간과 경매로 낙찰이 되어 점유자 명도를 할 때 서두르지 않는 마음의 여유가 반드시 필요합니다. 그리고 수익률이 좋은 물건을 찾아냈을 때 투자를 할 수 있는 투자자금이 필요합니다. 물론 투자자금이 많으면 더 많은 물건을 볼 수 있고 투자를 그만큼 많이 할 수 있지만, 준비된 투자자금이 적다고 해서 투자를 못 하는 것은 아닙니다. 마지막으로 제일 중요한 것이 바로 초심을 잃지 않고 투자를 할 수 있는 정신력입니다. 시간과 투자자금은 다양한 방법을 통해 얻을 수 있지만 큰돈이 오고 가는 부동산 투자에서 정신력이 약하다는 것은 그만큼 큰 손실을 볼 수 있다는 것을 뜻하기 때문입니다.

투자자금이 적어도
좋은 투자를 할 수 있다

투자를 할 수 있는 여유자금이 많다는 것은 그만큼 많은 물건을 볼 수 있다는 뜻입니다. 가령 투자자금이 3천만 원인 사람은 투자가능한 부동산이 100개인 반면 투자자금이 3억 원인 사람은 투자가능한 부동산이 2천 개가 됩니다. 100개 중에서 좋은 물건을 고르는 것과 2천 개 중에서 좋은 물건을 골라내는 것의 차이는 분명합니다. 하지만 선택의 폭이 좁은 것일 뿐 투자자금이 적다고 해서 실망할 필요는 없습니다. 저의 경우에도 500만 원을 가지고 부동산 경매를 시작했기 때문입니다.

연간 진행되는 부동산 경매의 수는 약 7만 건에 달합니다. 이 중 상당수의 물건은 소액으로도 충분히 투자할 수 있습니다. 2천 원짜리 토지에서부터 4천만 원 미만의 아파트까지 가격은 천차만별입니다. 물론 가격이 저렴하다고 해서 반드시 투자하기 좋은 물건이라고 할 수는 없습니다. 반대로 가격이 비싸다고 해서 무조건 투자하기 좋은 물건만 있는 것도 아닙니다. 중요한 것은 부동산의 가치를 정확하게 판단하고 권리분석과 수익률까지 종합적으로 분석한 다음 입찰을 하는 것입니다.

"부동산 투자를 하려면 최소 얼마가 있어야 하나요?"라고 질문하시는 분들이 많습니다. 대법원 경매정보 사이트에서 지난 낙찰 결과들을 살펴보면 2천만 원 미만의 임대수익형 부동산이 많다는 것을 쉽게 알 수 있습니다.

대학생 A씨와 정년퇴직을 앞둔 회사원 B씨는 부동산 경매 수업을 수강한 후 투자를 시작했습니다. 대학생 A씨는 투자자금이 600만 원 정도였고, 회사원 B씨는 3억 원의 투자자금을 가지고 시작했습니다. A씨는 투자자금에 적합한 지방에 위치한 소형 아파트에 투자했고, B씨는 경기도에 위치한 아파트에 투자했습니다.

A씨의 투자는 성공적이었습니다. 300만 원의 투자금으로 아파트 한 채를 소유하게 되었고, 이자를 제외한 임대수익이 매달 20만 원씩 발생하게 되었습니다. 그리고 2~3개월에 한 번씩 부동산 가격이 오르는 것을 보고 기뻐했지요.

반면에 경기도 아파트에 투자를 한 B씨는 낙찰받은 부동산을 매매하기 위해 부동산에 들렀을 때 충격을 받을 수밖에 없었습니다. 낙찰을 받은 시점보다 매매가격이 3천만 원이나 더 떨어져 있었으며, 매매나 임대도 되지 않아 매물이 많이 쌓여 있어 가격이 더 떨어질 수도 있다는 소식을 들었기 때문입니다. 그렇게 6개월 동안 공실로 있는 아파트의 이자 부담이 큰 탓에 B씨는 살고 있는 집을 정리하고 직장과 멀리 떨어진 곳으로 이사를 하게 되었습니다.

이처럼 투자자금이 적더라도 기본을 지키면서 투자물건을 꾸준히 검색한다면 성공할 가능성이 높은 투자방식이 바로 부동산 경매입니다. 주변의 여러 사례를 보아도 1천만 원 미만으로 투자를 시작하는 분들이 꽤 많고 대부분 좋은 수익을 올리고 있습니다. 투자자금이 적기 때문에 오히려 더 많은 노력을 쏟기 때문이 아닐까 생각합니다. 중요한 것은 꾸준히 관심을 가지면서 투자자금을 열심히 늘려가는 것입니다.

성공 투자는
시간과 정신력으로 결정된다

많은 사람들이 부동산 경매에 관심을 보이고 투자를 하고 싶어 합니다. 그러나 주변 지인들에게 "좋은 물건이 나왔으니 한번 투자를 해보는 건 어떻겠느냐?"라고 물었을 때 대부분의 대답은 "관심은 있지만 시간이 없어서 못 한다."였습니다.

물론 부동산 투자를 하기 위해서 시간이 필요한 것은 사실이지만 주식 투자와 같이 일분일초를 다투는 방식이 아니기 때문에 직장인, 주부, 학생 또는 자영업자들도 충분히 투자할 수 있습니다.

대부분의 투자자들은 전업 투자자가 아닌 본업이 따로 있는 상태에서 노후 준비를 위해, 내 집 마련을 위해, 안정적인 수입원을 만들기 위해, 더 큰 사업을 하기 위해서 등 각자의 목표를 위해 투자를 하고 있습니다. 본업으로 바쁜 일상 속에서 시간을 내어 투자대상 물건을 골라내야 하고, 물건에 하자가 없는지 확인하기 위해 현장답사를 다녀와야 하며, 입찰일에는 아침부터 법원에 참석해 입찰을 해야 하고, 낙찰이 되면 명도를 하는 일까지 경매로 부동산을 취득하는 과정에는 많은 시간이 필요합니다.

그렇기 때문에 직장인들에게는 투자하기 위한 시간을 할애하는 데 큰 어려움이 있는 것이 사실입니다. 하지만 우리는 대한민국에 살고 있지 않습니까? 대한민국은 인터넷 강국입니다. 인터넷으로도 얼마든지 많은 정보를 얻을 수 있습니다. 본인의 자투리 시간을 100% 활용한다면 충분히 투자가 가능하며, 그렇게 투자를 실천하고 있는 분들도 많습니다.

시세조사는 실거래가 사이트와 부동산 매물정보 사이트를 참고하고, 주변 환경은 로드뷰와 위성사진을 통해서 확인할 수 있습니다. 이런 사전 작업 후에 현장답사를 가게 되면 현장에서만 확인할 수 있는 건물의 하자 부분, 점유관계의 확인 등에 집중할 수 있어 현장답사 시간을 절약할 수 있습니다.

입찰일 당일에 본인이 참석하는 게 어렵다면 주변 지인을 적극 활용해 대리 입찰을 맡기면 됩니다. 부모님께 용돈도 드릴 겸 부탁을 하는 분들도 많습니다. 최근에는 가족과 함께 여행을 다니면서 투자물건을 확인하는 사람들도 늘어나는 추세입니다. 이처럼 본인의 시간을 100% 활용할 수 있는 방법을 모색해야 합니다.

부동산 경매에서의 시간은 낙찰받기 전과 낙찰받고 난 후의 시간으로 구분할 수 있습니다. 낙찰받기 전의 시간은 물리적인 시간이고, 낙찰 이후의 시간은 마음속의 시간(여유)입니다. 자신이 원했던 부동산을 낙찰받았을 때의 기쁨은 생각보다 오래가지 않습니다. '내가 왜 낙찰을 받았지?' '내가 못 본 인수사항이 있었나?' 등으로 시작해서 차차 이후의 과정이 걱정되기 시작합니다.

다음으로는 낙찰된 부동산의 점유자와 만나 협의하는 명도과정이 남아 있습니다. 부동산의 점유자는 임차인일 수도 있고, 소유자 또는 제3자일 수도 있습니다. 대항력을 가지지 않은 사람이라면 이사를 가야 하지만 이사 날짜를 협의하는 것도 쉽지 않습니다. 이런 경우 낙찰자의 마음에 여유가 없다면 명도는 더욱 힘들어질 것이며, 생각지도 못했던 명도비용이 발생할 수도 있습니다.

명도를 하게 될 때는 마음의 여유가 필요합니다. 서두르지 않고 차근차근 절차대로 진행한다면 어떠한 점유자라도 이사를 내보낼 수 있습니다. 하지만 명도를 서두르다 보면 금방 나갈 것 같던 점유자도 나가지 않고 버티는 등 점유자와의 마찰로 스트레스를 받아 투자를 계속하지 못하는 사람들도 있습니다. 명도를 할 때는 마음의 여유를 충분히 가지고 협상과 강제집행을 병행해 진행한다면 반드시 좋은 결과가 있을 것입니다.

앞서 말씀드린 바와 같이 부동산 경매 투자는 길고 긴 시간과의 싸움입니다. 부동산 경매를 하기로 마음먹었다면 지금부터라도 시간을 효율적으로 사용하며 마음을 다스리는 연습을 해야 합니다.

부동산 경매는 반드시 투자 파트너와 함께하자

자영업을 하는 C씨는 큰돈을 벌 수 있다는 지인들의 말만 믿고 어디에 있는지도 모르는 땅을 매입했습니다. 하지만 소유권을 이전한 지 얼마 되지 않아 개발제한구역으로 지정되면서 개발을 전혀 할 수 없는 땅이 되었고, 농사 외에는 할 수 있는 것이 없게 되었습니다.

그렇게 땅을 소유한 지 15년이 지난 후, C씨는 제대로 된 투자를 하기 위해 땅을 처분하려고 여러 전문가들에게 자문을 구하고 다녔습니다. 많은 전문가들은 향후 개발 가능성이 있는 지역이므로 조금 더 보유하고 있는 편이 좋을 것 같다고 조언했습니다. 그러나 C씨는 주변의 조언을 무시한 채 더 이상은 보유할 수 없다는 생각에 땅을 헐값에 매도했습니다.

그런데 땅을 판 후 2년이 지나자 그 지역의 개발제한구역이 풀리면서 개발이 진행될 것이라는 소식이 들려왔습니다. 개발이 될 것이라는 기대심리로 C씨가 판 땅의 가격은 하늘 높은 줄 모르고 치솟았습니다. 땅을 처분했을 당시에는 홀가분했을지도 모르지만 C씨는 그때를 생각하면 화가 나 잠도 잘 못 이룬다고 했습니다.

부자가 되려면
진정한 멘토를 찾아라

부자가 되기 위해서는 투자에 도움을 주는 멘토가 필요합니다. C씨의 사례처럼 부자가 되지 못하는 사람들 곁에는 멘토가 없고, 전문가들의 조언을 귀담아듣지 않는다는 공통점이 있습니다. 부동산 투자를 하는 데 있어서 전문가의 조언은 큰 힘이 되고 쉬운 길을 안내해주는 길잡이 역할을 합니다.

제가 경매를 처음 시작했을 때 멘토는커녕 자문을 구할 곳도 없었습니다. 물건분석을 할 때도, 현장답사를 갔을 때도, 명도를 할 때도 조언을 구할 곳이 없어서 무척 고생해야 했습니다. 하지만 이제 와서 돌이켜보니 이런 실수와 시행착오를 겪었던 경험들 덕분에 수많은 노하우가 생겼습니다. 물론 저와 똑같이 어렵고 외로운 길을 걸을 필요는 없습니다. 어렵거나 잘 모르는 것이 있을 때 언제든지 물어볼 수 있는 멘토를 만들기 바랍니다.

그렇다고 해서 부동산 투자를 할 때 지나치게 많은 멘토를 두는 것은 좋지 않습니다. 헬스장에 가면 운동을 잘하는 트레이너들이 많지만 운동을 하는 방식과 노하우가 각자 다른 것처럼 부동산 투자도 마찬가지입니다. 여러 명의 멘토를 두고 자신의 생각과 일치하는 말만 받아들이려 하는 사람은 부자가 되지 못할 가능성이 더 높습니다. 한 사람의 전문가와 깊이 있게 소통하고 조언을 받아들여 실행하고자 노력한다면 반드시 좋은 결과를 얻을 수 있을 것입니다.

평생의 조력자가 되어줄 멘토를 구한다면, 쉽지 않겠지만 그 분야에서 전문가이자 사심이 없는 사람을 찾아야 합니다. 실전투자와 이론은 다릅니다. 만약 이론적인 부분만 너무 강조하거나 실전에 대한 본인만의 노하우가 없다면 경계해야 하며, 수많은 언론플레이를 하거나 본인의 자산을 밝히면서 자신을 과시하는 어설픈 전문가는 반드시 피해야 합니다. 부자가 되고 싶다면 진정한 멘토를 찾아나서는 것부터 시작해야 합니다.

마음이 맞는
투자의 동반자를 찾아야 한다

부동산 경매는 좋은 멘토를 두는 것만큼 마음이 맞는 동반자를 찾는 것도 필요합니다. 혼자서 투자를 하다 보면 열심히 투자를 공부하고 노력하고 있지만 무엇인가 부족하고 허전한 느낌이 듭니다. 투자의 동반자는 꾸준한 경매 투자를 위해 움직일 수 있는 원동력이 되기도 하고, 때로는 앞으로 쭉쭉 나갈 수 있는 추진력이 되기도 합니다.

투자의 동반자는 친구나 가족이 될 수도 있습니다. 누가 되었건 신뢰할 수 있는 사람이면 충분합니다. 주변에 적지 않은 사람들이 경매학원, 동호회, 커뮤니티 등에서 만나 잘 알지도 못하는 상태에서 공동투자를 하다가 결국에는 이해관계가 맞지 않아 사소한 것으로 틀어지는 바람에 작은 다툼에서부터 크게는 소송으로까지 번지는 경우를 보았습니다. 부동산 투자는 큰돈이 왔다 갔다 하기 때문에 신뢰하지 못하는 사람과 아슬아슬한 관계를 이어가야 한다면 차라리 혼자 하는 편이 낫습니다.

저는 주말마다 아내와 함께 임장을 다닙니다. 아내와 저 둘 다 여행을 워낙 좋아해 틈만 나면 전국 구석구석을 돌아다니기 때문에 임장도 여행을 떠난다는 느낌으로 다니고 있습니다. 제가 경매를 처음 시작했을 때는 나이도 어렸고 경매는 조직폭력배와 관련성이 깊어 위험하다는 소리를 많이 들었기 때문에 혼자 임장을 다닐 때가 가장 외롭고 두려웠습니다. 투자를 위해 어쩔 수 없이 가야 했지만 같이 투자를 하고 임장을 할 수 있는 동반자가 있었으면 좋겠다는 생각이 간절했습니다.

직장생활을 했던 당시에는 평일에 출근하며 점유자나 주변 환경을 대충 봐두고, 퇴근 후에 아내와 함께 다시 방문해서 부동산을 꼼꼼히 살펴보곤 했습니다. 혼자 다닐 때보다 확실히 임장에 자신감도 생기고, 혼자라면 모른 척하고 지나갔을 사람들에게도 용기 내어 말 한마디 걸어보며 뜻밖의 고급정보를 얻기도 합니다. 아내와 같이 임 장을 가서 부동산을 보다 보면 부동산을 보는 다양한 관점에서의 의 견과 좋은 아이디어를 들으며 부동산의 가치에 대해 다시 평가해볼 수 있고, 지역에 대해서도 다시 한번 생각해볼 수 있습니다. 투자 동 반자와 함께 임장을 하면 혼자서 할 때보다 좀 더 신중하게 살펴보 며 안전하고 성공적인 투자를 할 수 있게 됩니다.

열심히 임장을 한 후에 맛난 음식점이라도 찾게 되면 다음 임장 일이 더 기다려지기도 합니다. 어떤 날은 임장하는 곳 주변에 볼거 리와 먹거리가 많아 임장은 뒷전이 되고 구경과 맛집 탐방으로 임장 이 끝나는 경우도 종종 있었습니다.

저는 아내를 처음 봤을 때 첫눈에 반해 결혼을 하겠다고 결심하 고 부동산 투자를 시작했습니다. 처음 투자를 했을 때도 아내가 많 은 도움을 주었습니다. 인테리어에 대한 조언도 아끼지 않았고 함께 집 안을 꾸미면서 청소도 같이 하는 등 저희 부부의 소망이었던 인 테리어를 하면서 즐거운 시간을 보냈습니다. 또한 사진을 전공한 아 내가 임대를 놓을 집의 사진을 잘 찍어주어서 임대를 놓는 데도 큰 역할을 했습니다.

그저 평범한 회사원이었던 저에게 큰 변화를 가져다준 아내를 만 나지 못했더라면 저는 지금쯤 무엇을 하고 있을지 종종 생각에 잠기 곤 합니다. 항상 저를 믿어주고 힘이 되어주는 완전한 내 편인 아내 에게 고맙고 감사하는 마음으로 살아가고 있습니다.

이처럼 투자에서 동반자는 상당히 중요한 역할을 합니다. 꼭 연인이나 가족이 아니어도 좋습니다. 마음이 진정으로 통한다면 그것만으로도 충분합니다.

한눈에 파악하는
부동산 경매 절차

부동산 경매는 돈을 빌린 채무자가 여러 사정으로 돈을 제때 갚지 못할 때 돈을 받고자 하는 채권자가 채무자가 소유하고 있는 부동산 또는 보증인 소유의 부동산을 강제로 매각해줄 것을 관할 법원에 요청함으로써 시작됩니다. 이렇게 시작된 부동산 경매가 투자자에게 정보가 공개되고 입찰이 진행되기까지 어떤 과정을 거치게 되며 기간은 얼마나 걸리는지 경매의 전체적인 절차와 경매 투자자로서의 진행과정에 대해 구분해서 알아보도록 하겠습니다.

부동산 경매의
절차

경매신청권자가 경매를 신청하면 법원은 해당 부동산의 감정평가와 현황조사를 하는 동시에 이해관계인들에게 경매 진행을 통보합니다. 통보를 받은 채권자들이 배당요구 또는 권리신고를 마치면 입찰 기일이 정해지고 투자자들에게 정보가 제공됩니다. 입찰자들은 이 정보를 통해 권리분석과 시세, 매매가격 등을 조사해 수익률 분석을 하고, 최종적으로 투자해도 좋은 물건이라는 판단이 서면 입찰을 합니다.

입찰자 중 최고가로 매수신청을 해서 낙찰이 되었다면 이제는 부동산을 점유하고 있는 사람을 협의 또는 강제집행을 통해 명도를 하고, 취득 목적에 따라 매도 및 임대를 하는 과정을 거치면 부동산 경매의 전체적인 한 과정을 다 겪었다고 할 수 있습니다.

경매신청

채권자가 정해진 절차에 따라 해당 부동산의 관할 법원에 경매신청서를 접수하면 경매가 진행됩니다. 법원에서는 경매신청이 적법하다고 인정되면 경매개시결정을 합니다. 경매신청은 임의경매와 강제경매로 나눌 수 있습니다.

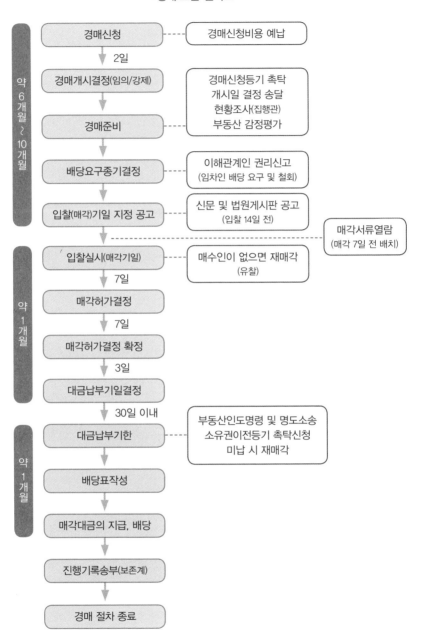

·경매 흐름 절차도·

약 6개월 ~ 10개월

경매신청 ----- 경매신청비용 예납

2일

경매개시결정(임의/강제)

경매신청등기 촉탁
개시일 결정 송달
현황조사(집행관)
부동산 감정평가

경매준비 -----

배당요구종기결정 ----- 이해관계인 권리신고
(임차인 배당 요구 및 철회)

입찰(매각)기일 지정 공고 ----- 신문 및 법원게시판 공고
(입찰 14일 전)

매각서류열람
(매각 7일 전 배치)

약 1개월

입찰실시(매각기일) ----- 매수인이 없으면 재매각
(유찰)

7일

매각허가결정

7일

매각허가결정 확정

3일

대금납부기일결정

30일 이내

대금납부기한 ----- 부동산인도명령 및 명도소송
소유권이전등기 촉탁신청
미납 시 재매각

약 1개월

배당표작성

매각대금의 지급, 배당

진행기록송부(보존계)

경매 절차 종료

현황조사

법원은 집행관에게 부동산의 현상, 점유관계, 차임 또는 임대차 보증금의 액수, 그 밖의 현황에 관해 조사하도록 명합니다. 매수희 망인은 집행관이 작성한 현황조사보고서를 열람할 수 있습니다.

감정평가

법원은 감정인에게 부동산을 평가하게 하고 감정가로부터 경매의 신건이 진행되며, 최저 매각가격보다 낮은 금액의 입찰에 대해서는 무효처리가 됩니다.

배당요구

법원은 해당 부동산에 대한 채권자들(임차인, 채권자 등)에게 배당신청을 요구합니다. 그리고 배당신청을 위한 서류를 정해진 기일까지 제출하라고 통보합니다. 만약 임차인이 배당요구신청을 하지 못했다면 배당에 참여할 수 없기 때문에 경매가 진행되는 부동산의 임차인이라면 반드시 배당요구를 해야 합니다.

매각물건명세서

매각물건명세서는 '①부동산의 표시, ②부동산의 점유자와 점유의 권원, 점유할 수 있는 기간, 차임 또는 보증금에 관한 관계인의 진술, ③등기된 부동산에 관한 권리 또는 매각으로 소멸되지 않는 것' 등을 기재한 문서입니다. 매각물건명세서는 누구든지 볼 수 있도록 매각기일 일주일 전까지 법원에 비치해야 합니다. 매각물건명세서의 기재사항에 오류가 있으면 매각불허가신청도 가능한 만큼 매수신청인에게 가장 중요한 문서입니다.

입찰기일 공고

배당요구 절차까지 모두 마무리되면 법원은 입찰기일을 지정합니다. 입찰기일은 처음 경매가 접수된 시점부터 빠르면 6개월에서 늦으면 1년 이상 소요되기도 합니다.

입찰기일 지정 이전까지가 채권자와 법원의 과정이라면 입찰일이 지정된 이후부터는 입찰참가자와의 과정입니다.

최고가매수신고인

입찰기일에 해당 경매사건에 입찰한 사람 중 가장 높은 가격을 적어낸 사람을 최고가매수신고인(낙찰자)이라 부릅니다. 최고가매수신고인은 해당 경매사건의 모든 자료가 담겨 있는 경매사건기록을 열람할 수 있는 권한을 부여받습니다.

매각허가결정

낙찰일로부터 7일이 지나면 법원은 이해관계인의 이의 여부를 확인한 뒤 이의가 없다면 매각허가결정을 합니다. 매각허가결정이 나면 최고가매수신고인은 이해관계인(매수인)으로 지위가 격상됩니다.

매각허가결정 확정

매각허가결정일로부터 7일이 지나면 법원은 매각허가결정에 대한 확정판결을 합니다. 이해관계인들이 매각 절차에 대해 이의신청을 할 수 있는 마지막 기일입니다.

잔금납부

잔금일은 보통 낙찰일로부터 40~50일 사이에 잡히게 됩니다. 매각허가결정이 확정된 후 잔금일이 잡히며, 잔금일자가 지정되었더라도 일찍 잔금을 내고 소유권이전을 받아도 문제는 없습니다.

명도

흔히 부동산 경매의 꽃이라고 하는 명도는 낙찰받은 부동산의 점유자를 협의 또는 강제집행 절차를 통해 이사를 보내는 것을 말합니다. 명도는 상황별로 다르기 때문에 협의하는 방법이 가장 중요합니다.

머릿속에 그려놓는 경매 투자 진행과정

이번에는 투자자의 입장에서 어떤 과정들을 거쳐서 경매 투자가 진행되는지 살펴보도록 하겠습니다. 경매는 투자대상 부동산을 선별하고, 등기사항전부증명서와 각종 법원 서류들을 보며 투자하려는 물건이 안전한지 아닌지 파악하는 권리분석, 입찰표 작성, 명도 등의 과정으로 진행됩니다. 경매 절차와 매매 절차가 다르기 때문에 경매의 전체적인 과정을 머릿속에 그려놓아야 앞으로 다루게 될 단계별 자세한 내용들을 이해하는 데 도움이 될 것입니다.

0단계:
나의 투자 성향 파악

물건검색에 앞서서 반드시 선행되어야 하는 과정은 자기 자신의 투자 성향을 파악하는 것입니다. 제가 가장 중요하게 생각하고, 강조하는 부분이 바로 투자의 목적과 콘셉트를 명확히 설정하는 것입니다. 현재 본인의 상황과 맞는 투자방식을 알고 있는 상태에서 물건검색을 해야 쉽고 빠르게 자신에게 맞는 물건을 검색할 수 있습니다.

단기간에 사고팔며 수익을 내는 물건을 원하는지, 장기간 보유하면서 오래오래 좋은 임대수익을 내는 물건을 원하는지 또는 아파트, 빌라 등 주거용 부동산에 투자를 할지, 임대수익이 더 좋은 상업용 부동산에 투자를 할지 등의 콘셉트와 기준을 분명히 정해두는 것이 좋습니다. 투자를 오래 하신 분들도 기준이 명확하지 않아 갈팡질팡하는 분들이 많습니다. 초기에 기준을 잘 잡아놓는다면 10년, 20년이 지나도 작은 파도에 흔들리지 않는 투자를 할 수 있을 것입니다.

1단계:
물건검색

경매물건을 찾을 때는 주로 경매정보 사이트를 통해 물건검색을 하게 됩니다. 같은 물건이라고 하더라도 단기매매로는 별로인 물건이 임대수익형으로 접근했을 땐 꽤나 괜찮은 물건이 되는 경우가 있는 것처럼 앞서 설정한 투자방향성에 따라 투자대상의 물건이 달라지게 됩니다. 재개발·재건축을 바라고 투자를 하는 물건, 상업용 건물, 토지 등 수만 개의 경매물건 중에서 자신에게 딱 맞아떨어지는 물건을 검색할 수 있다면 방대한 양의 경매물건을 하나하나 보면서 '이 많은 물건 중에 나는 어떤 물건에 투자를 해야 하나?'라는 생각을 하지 않아도 될 것입니다. 모든 투자가 마찬가지겠지만 방향성을 잡는 것이 가장 중요합니다. 그러나 이를 모르고 그냥 투자에 임하는 분들도 많습니다. 투자의 방향성만 잡고 있으면 그에 맞는 조건을 입력해 효율적인 물건검색을 할 수 있을 것입니다.

2단계:
권리분석

마음에 드는 물건을 찾았다면 등기사항전부증명서와 매각물건명세서를 참고해 권리분석을 해야 합니다. 부동산이 경매로 넘어왔다는 것은 등기부상의 권리관계가 깨끗하지 않다는 의미이기 때문에 그것을 토대로 권리 간의 순위를 따져보고 추가적으로 인수해야 할 권리들이 있는지, 만약 인수하게 되는 권리가 있다면 그런 위험을 감수하더라도 매력적인 물건인지 등을 판단하는 과정이라 할 수 있습니다. 많은 분들이 부동산 경매를 어렵다고 생각하는 이유가 바로 법률용어들이 난무하는 권리분석 때문이라고 해도 과언이 아닐 정도입니다. 실제로 여러 관련 법률을 배워야 하지만 법 전체를 배우는 것이 아니라 투자에 필요한 일부만 배우면 되기 때문에 생각보다 많은 공부를 요하지는 않습니다. 권리분석에 대한 자세한 내용은 4장에서 자세히 알아보도록 하겠습니다.

3단계:
기본자료 수집 및 현장답사

권리분석을 마치고 안전한 물건이라는 판단을 내렸다면 현장답사 또는 임장이라 불리는 물건지에 방문해 물건의 하자를 조사하는 과정을 거쳐야 합니다. 요즘은 인터넷에 수많은 정보와 부동산 관련 앱들이 있기 때문에 손품을 많이 팔수록 양질의 정보를 쉽게 얻을 수 있습니다.

인터넷으로 기본자료를 수집한 후에 물건지에 방문하면 인터넷으로 확인한 내용들과 일치하는지 여부와 현장에서만 확인할 수 있는 지역의 거래분위기(동향), 건물의 내·외관, 낙찰금액 외에 추가적으로 들어가는 비용(수리비)이 있는지 등을 확인합니다. 그리고 이 모든 내용을 따져 최종 입찰 여부를 판단하고 수익률 기준에 맞는 입찰가를 정하게 됩니다. 이 단계는 입찰 전 마지막 단계이기 때문에 상당히 중요한 과정이라고 할 수 있습니다.

4단계:
입찰표 작성과 입찰

현장조사까지 모두 마친 후 수익성이 충분하다고 판단되면 입찰참여를 준비하게 됩니다. 정해진 입찰기일에 경매법정에 참여해서 현 최저가의 10%에 해당하는 보증금과 작성한 기일입찰표를 신분증과 함께 정해진 시간 내에 제출하면 입찰은 마무리됩니다.

허무할 정도로 간단한 절차지만 전국에서 하루에 한 명꼴로 입찰표 작성 실수로 인해 수백만 원에서 수천만 원에 이르는 보증금을 몰수당하는 일이 벌어지므로 절대로 가볍게 생각하면 안 됩니다. 앞선 단계들에 공을 들여 꼼꼼히 조사하고 만반의 준비를 다 해놓았는데 입찰표 작성을 잘못해서 보증금을 몰수당하는 것만큼 아찔한 상황은 없을 것입니다. 입찰표 작성에서 실수를 하지 않기 위해서는 입찰표를 제출하기 전까지 몇 번이고 확인을 하는 것이 좋고 대법원 경매정보 사이트에 입찰표양식이 있으니 집에서 미리 작성해서 가는 것도 좋습니다.

입찰이 마감되면 사건번호별로 분류한 다음 최고가매수신고인 (낙찰자)을 호명합니다. 패찰을 하게 되면 눈물을 머금고 다시 1단계로 돌아가면 됩니다. 낙찰자로 이름이 불린다면 아주 잠깐의 기쁨을 누리고 이내 '내가 왜 낙찰자가 됐지?' '내가 너무 높게 썼나?' '내가 못 본 위험한 부분이 있는 건가?' 등의 걱정이 앞서게 될 것입니다. 하지만 너무 걱정할 것 없습니다. 이전 절차들을 꼼꼼히 살폈다면 그런 일은 일어나지 않을 테니까 말이죠. 낙찰 영수증을 받고 법원을 나서면 어느새 주위를 둘러싸고 있는 대출중개인들의 호위(?)를 받으며 법원을 빠져나오는 자신을 발견할 수 있을 것입니다.

5단계:
매각허가결정과 경락잔금대출

최고가매수신고인(낙찰자)이 되었다고 해서 일반매매처럼 바로 집에 들어갈 수 있거나 사용·수익을 할 수 있는 것은 아닙니다. 낙찰 후 7일간 이해관계인들에게 이의신청 기간을 주고 별다른 이의제기가 없다면 매각허가결정이 떨어집니다. 그리고 또 다시 7일간 매각허가결정에 대한 이의제기 기간을 주는데 여기서도 별다른 이의제기가 없었다면 매각허가결정에 대한 확정판결이 떨어지고 잔금을 낼 수 있는 지위가 됩니다.

만약 이의제기 기간 안에 이해관계인들의 이의제기가 있고 그 주장이 받아들여진다면 낙찰은 취소되고 낙찰자는 보증금을 돌려받고 다시 원점으로 돌아오기 때문에 낙찰이 되었다고 무조건 내 것이 되었다고는 할 수 없습니다. 부동산 상승기에 좋은 가격으로 낙찰을 받은 사람들은 잔금을 납부할 수 있을 때까지 점유자를 만나거나 자극하려 하지 않습니다. 괜히 자극했다가 이의제기 등을 통해 낙찰이 취소될 위험이 존재하기 때문이죠.

대부분의 투자자들은 경락잔금대출을 통해 잔금을 치르고 소유권이전을 받아오기 때문에 대출을 얼마나 좋은 조건으로 받는지에 따라서도 수익률에 큰 차이가 생기기도 합니다. 대출금액, 이자, 금융권, 고정금리와 변동금리 등을 잘 따져보아야 하고, 단기시세차익이 목적인지 임대수익이 목적인지에 따라 대출의 세부적인 조건을 꼼꼼하게 살펴보아야 합니다.

대출이 무조건 많이 나올 것이라고 생각하고 투자자금을 무리하게 운용하시는 분들은 간혹 생각한 만큼 대출이 안 나와 잔금을 내지 못하고 보증금을 몰수당하는 사례도 있으니 항상 사전에 확인을 하고 입찰하길 권해드립니다. 또한 경락잔금대출을 이용하면 반드시 법무사를 끼고 거래를 해야 하기 때문에 수익과 직결되는 법무사 수수료도 잘 조율할 필요가 있습니다.

6단계:
명도 및 사용수익

낙찰을 받은 후 부동산을 점유하고 있는 점유자를 내보내는 과정을 명도라고 합니다. 명도는 '경매의 꽃'이라고 불릴 정도로 중요하지만 어렵다고 알려져 있고 많은 초보 투자자들이 두려워하는 과정이기도 합니다. 명도는 점유자와 잘 협의를 해서 점유지에서 내보내거나 강제집행을 통해 집을 비워야 하는 부분이니만큼 마음이 여린 분들이 특히 어려워하는 과정입니다. 하지만 마음의 여유를 가지고 명도 기간을 넉넉히 잡아 입찰에 임했다면 생각보다 수월하게 끝나는 경우들도 많을 것입니다. 점유자의 성향이나 상황에 따라 대응법이 다르기 때문에 자세한 내용은 7장에서 따로 다뤄보도록 하겠습니다.

명도까지 마무리되면 드디어 낙찰받은 부동산을 통해 수익을 올릴 날이 얼마 남지 않았습니다. 실거주가 목적이었다면 입주 준비를 하고, 투자 목적이라면 세부 목적에 맞게 리모델링을 하면 됩니다. 단기시세차익을 목표로 한다면 주변 공인중개사무소에 매물등록을 하고, 임대수익이 목적이었다면 마찬가지로 공인중개사무소에 매물등록을 하거나 온라인을 통해 임차인을 구해보는 등의 노력을 하면 끝이 납니다. 그리고 이제는 통장에 차곡차곡 쌓이는 임대수익의 즐거움을 느끼는 일만 남았습니다.

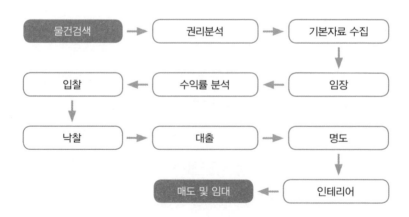

•부동산 경매 투자 흐름도•

이것으로 부동산 경매 투자의 전체적인 흐름을 간략하게 알아보았습니다. 그리 어려울 것 같지 않다는 생각이 드시나요? 그렇다면 이제부터는 하나하나의 과정을 조금 더 깊고 상세하게 들어가서 실제 사례로 배우는 경매 기술, 금액대별로 투자물건을 선별하는 팁, 그리고 입찰과 명도의 노하우까지 직접적으로 수익을 올릴 수 있는 지식을 쌓아보도록 하겠습니다.

3장에서는 경매정보 사이트의 구성과 보는 방법을 배우고 수많
은 경매물건 중에서 자신과 맞는 물건을 고르는 방법과 수익률
좋은 물건을 선별하는 법을 배워보도록 하겠습니다.

무조건 성공하는
경매물건 찾는 법

두려워 말고
경매정보 사이트부터 보자

경매는 많은 법과 연관되어 있고 등기사항전부증명서(구 등기부등본)를 확인해 말소기준권리를 찾아야 하는 등의 과정 때문에 어렵다고 느끼는 사람들이 많습니다. 하지만 이것은 막연한 두려움일 뿐 진행과정을 실제로 겪어보면 생각보다 어렵지 않습니다.

부동산 경매는 독학보다는 강의를 한 번 들어보는 것이 효과적입니다. 강의를 들으면서 강사의 노하우를 배우는 것도 중요하지만, 함께 강의를 들은 사람들과 함께 각자의 지역이나 부동산에 관련된 자료들을 공유할 수 있다는 장점도 있습니다.

부동산 경매를 시작하기 위해서는 가장 먼저 경매정보를 검색하고 보는 방법부터 익혀야 합니다. 좋은 정보가 많이 제공되어도 보는 방법을 모른다면 아무것도 할 수 없기 때문입니다. 경매정보 검색을 할 수 있는 곳은 크게 대법원 법원경매정보 사이트와 유료 사이트로 나눌 수 있습니다.

대법원 법원경매정보 사이트가 예전에 비해 보기 좋게 개편되기는 했지만 아직은 유료 사이트가 더 보기 좋고 경매정보도 쉽게 찾을 수 있습니다. 경매정보를 쉽게 찾을 수 있다는 말은 곧 시간을 절약할 수 있다는 뜻이니 여러모로 유용합니다. 재테크를 한두 번만 하고 끝낼 것이 아니라면 유료 사이트를 활용하는 것이 좋습니다. 유료 사이트에서는 등기사항전부증명서, 실거래가 정보를 제공할 뿐만 아니라 사진정보, 권리분석, 예상낙찰가 분석, 해당 번지의 지난 낙찰가격 등을 비교·분석해주며 간단한 질의응답도 가능하다는 장점이 있습니다.

현재 대표적인 유료 사이트로는 스피드옥션, 지지옥션, 굿옥션 등이 있습니다. 각자의 장단점이 있기 때문에 관련 커뮤니티를 통해 사용자들의 평가를 들어보고 판단하는 것이 좋습니다. 어떤 유료 사이트라도 자료를 맹신하는 것은 금물입니다. 드물지만 가끔씩 오류가 발생해 문제가 되는 경우도 있으니 입찰 전 반드시 한 번 더 확인하는 습관을 길러야 합니다.

1년 전국 이용권의 가격이 100만 원이 넘는 사이트들도 있으니 이런 경우 공동구매를 통해 여러 사람들과 하나의 아이디를 시간대별로 잘 이용한다면 비용을 절약할 수 있습니다.

부동산 투자는 마음을 조급하게 먹는 순간 투자에 실패할 가능성이 높습니다. 그러므로 차분하게 장기 계획을 세워 시작해야 합니다. 10년을 보유해도 아깝지 않은 물건을 찾아보도록 합시다.

초보자라면
법원경매정보 사이트부터 방문하자

법원경매정보 사이트는 대법원에서 운영하는 법원경매의 공식 사이트입니다. 업데이트가 가장 먼저 되기도 하고 모든 유료 사이트들이 법원경매정보 사이트에 올라오는 정보를 기반으로 업데이트를 하고 있기 때문에 가장 정확하고 믿을 수 있는 사이트입니다.

하지만 유료 사이트들에 비해 가독성이 떨어지고 등기사항전부증명서를 매번 발급받아야 하는 단점이 있습니다. 자신이 낙찰받고자 하는 지역과 물건이 특정되어 있다면 해당 등기부를 건건이 발급받아 보는 것이 더 저렴할 수 있습니다. 하지만 전국 7만~10만 건에 이르는 물건 중 투자대상 물건을 선별하고자 한다면 등기부 발급비용만 따져도 유료 정보사이트 이용료를 넘어갈 것이기에 잘 비교해 본 후 자신에게 맞는 사이트를 선택해서 사용하면 됩니다. 단, 유료 사이트를 사용하더라도 반드시 입찰하는 날 아침 입찰예정 경매물건의 진행상황과 경매물건 관련 사건의 소송 결과 등을 확인하기 위해 대법원 법원경매정보 사이트를 방문해야 합니다.

대법원 법원경매정보 사이트(매일 새벽 1시부터 6시까지는 시스템 점검시간)

　　지속적인 개편이 이루어지고 있어 추후에는 법원경매정보 사이트에서도 충분히 양질의 정보를 얻을 수 있을 것입니다. 이곳에서는 금주의 경매일정, 용도별 물건정보, 빠른 물건검색, 물건상세검색, 지도검색, 자동차 중기검색 등 다양한 검색 서비스를 제공합니다.

물건상세검색

　　물건상세검색은 법원경매정보 사이트에서 가장 많이 사용되는 일반적인 검색 방법입니다. 법원이나 소재지, 사건번호 및 기간, 가격 및 용도 등등 항목별로 원하는 조건을 입력한 다음 검색할 수 있습니다.

　　그 외 검색 방법으로는 주소만 보고 경매물건의 위치를 파악하지

물건상세검색 화면

못하는 분들을 위해 지도상에 경매물건을 표시해주는 '지도검색', 입찰일자별 경매물건을 표시해주는 '기일별검색', 차량 및 중장비 등의 경매물건을 표시해주는 '차량 및 중장비검색', 빅데이터를 통해 인기물건을 확인할 수 있는 '다수조회물건'과 '다수관심물건' 등 다양한 방법이 있습니다.

조건을 입력해 나온 목록 중에 관심물건을 클릭하면 다음과 같은 상세페이지가 나오는데 현황조사서, 감정평가서, 매각물건명세서 및 등기사항전부증명서(대법원 법원경매정보 사이트는 유료), 사진정보 등 해당 부동산의 모든 정보를 볼 수 있습니다. 해당 페이지에서 제공되는 내용들을 토대로 권리분석을 하는데, 이 중 법원에서 제공하는 공신력 있는 자료인 매각물건명세서는 경매물건의 '투자설명서'라고 생각하고 반드시 확인하는 습관을 들이시길 추천합니다.

사건번호▲	물건번호 용도	소재지 및 내역	비고	감정평가액▲ 최저매각가격▲ (단위:원)	담당계 매각기일▲ (입찰기간) 진행상태▲
서울중앙지방법원 2019타경 2019타경 (중복)	1 아파트	서울특별시 중구 소공로3길 [집합건물 철근콩크리트조 20평1작 지하실 6흠3작9재]		415,000,000 265,600,000 (64%)	경매 1계 2020.02.25 유찰 2회
서울중앙지방법원 2019타경 2019타경 (중복)	1 아파트	서울특별시 강남구 영동대로142길 [집합건물 철근콘크리트구조 192.86 ㎡]		4,570,000,000 4,570,000,000 (100%)	경매10계 2020.02.12 신건
서울중앙지방법원 2019타경	1 아파트	서울특별시 서초구 서초중앙로 [집합건물 철골철근콘크리트조 205.6 7㎡]		1,920,000,000 1,536,000,000 (80%)	경매 7계 2020.02.20 유찰 1회

물건 목록 화면

물건기본정보					🖨 인쇄 < 이전
사건번호	2019타경	물건번호	1	물건종류	아파트
감정평가액	415,000,000원	최저매각가격	265,600,000원	입찰방법	기일입찰
매각기일	2020.02.25 10:00 경매법정(4별관 211호)				
물건비고					
목록1 소재지	(아파트) 서울특별시 중구 소공로3길				
담당	서울중앙지방법원 | 경매1계				
사건접수	2019.01.08		경매개시일	2019.01.09	
배당요구종기	2019.03.21		청구금액	53,123,691원	

물건기본정보 화면

지도검색

지도검색은 대법원 법원경매정보 사이트가 개편되면서 새로 생긴 검색 기능입니다. 자신이 원하는 지역의 물건을 검색하면서 위치도 바로 확인할 수 있어 상당히 유용합니다. 주로 실거주를 목적으

지도검색 화면

로 경매를 하는 사람들이나 특정 지역에만 투자하는 사람들에게 도움이 됩니다. 화면의 왼쪽에는 물건의 목록이 나오며, 오른쪽에는 사건번호가 표시됩니다. 지도에 표시된 사건번호를 클릭하면 앞서 설명했던 물건 상세페이지가 나타납니다.

매각통계

매각통계는 용도별·법원별·지역별·연도별 경매건수와 매각건수를 그래프 및 엑셀 자료로 제공하고 있어 경매 투자자들에게 유용합니다. 관심물건과 관심지역의 매각통계를 보고 낙찰 예상가를 가늠해볼 수도 있습니다.

2020년 02월 03일 기준

■ 2019/02 ~ 2020/01 사이의 지역별 매각 통계

읍/면/동	경매건수	매각건수	감정가▲ (단위:원)	매각가▲ (단위:원)	매각율▲	매각가율▲
개포동	19	9	7,664,269,280	7,019,368,000	47.4%	91.6%
논현동	17	7	9,658,746,380	8,304,770,999	41.2%	86%
대치동	7	3	6,084,000,000	5,652,198,999	42.8%	92.9%
도곡동	5	3	5,170,000,000	5,190,380,000	60%	100.4%
도곡동	13	9	9,561,000,000	8,232,394,800	69.2%	86.1%
반포동	0	0	0	0	0%	0%
삼성동	14	10	17,358,500,000	16,382,795,592	71.4%	94.4%
서초동	0	0	0	0	0%	0%
성내동	0	0	0	0	0%	0%
세곡동	2	0	0	0	0%	0%
수서동	7	2	1,071,680,472	1,021,999,999	28.6%	95.4%
신사동	22	7	15,071,776,400	9,831,159,999	31.8%	65.2%
압구정동	3	1	2,090,000,000	1,840,000,000	33.3%	88%
역삼동	35	14	11,093,000,000	10,042,237,100	40%	90.5%
율현동	23	5	1,006,100,000	855,899,000	21.7%	85.1%
일원동	9	1	740,698,560	501,000,000	11.1%	67.6%
자곡동	2	1	736,425,000	377,060,000	50%	51.2%
청담동	12	4	6,200,000,000	5,201,189,188	33.3%	83.9%
포이동	0	0	0	0	0%	0%
전체	190	76	93,506,196,092	80,452,453,676	40%	86%

매각통계 화면

경매지식

그 외에도 경매지식이라는 메뉴를 통해 부동산 경매의 기초적인 지식과 용어, 관련 서식, 관련 법률 등의 정보를 제공하고 있어 부동산 경매 입문자들에게 유용합니다. 경매를 처음 시작했다면 이곳에서 정확한 법률 정보와 기초지식을 쌓는 것도 좋은 방법입니다.

경매정보 사이트에서 투자물건을 찾아보자

경매정보 사이트에서 제공하는 화면을 보며 정보지를 읽는 방법과 항목별로 중요한 포인트를 짚어보면서 본격적으로 경매의 세계로 들어가보겠습니다. 참고한 사이트는 스피드옥션(www.speadauction.co.kr)으로 유료 사이트마다 메뉴 위치의 차이가 있을 수 있으나 기본적인 구성과 용어들은 똑같으니 각 사이트에 맞는 버튼만 찾으면 보는 데 전혀 문제가 없을 것입니다.

물건의 기본정보
확인하기

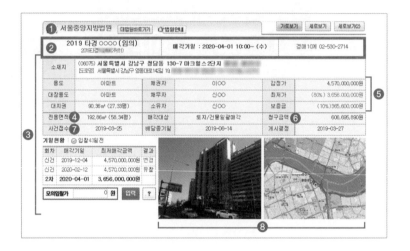

경매정보 사이트에서 마음에 드는 물건을 선택하면 나오는 물건상
세화면입니다. 위 사진에 보이는 것처럼 가장 기본이 되는 정보들이
기록되어 있습니다. 화면 구성을 하나하나 살펴보겠습니다.

❶ 관할법원

해당 경매물건의 입찰을 주관하는 법원을 말합니다. 법원별 입찰
일정과 입찰·마감시간이 다르기 때문에 해당 법원의 입찰 스케줄(부
록4 참고) 확인은 필수입니다. 경매 입문단계에 계신 분들은 다른 법
원으로 가지 않도록 법원의 위치를 확인하는 것도 중요합니다.

❷ 사건번호 & 매각기일 & 경매계

2019 타경○○○○으로 표시되는 경매사건번호는 2019년에 ○○○○번째로 접수된 경매물건이라는 뜻입니다. 해당 물건으로 상담을 할 때나, 경매 결과를 알고 싶을 때 이 사건번호를 통해서 빠르게 검색할 수 있습니다. 그 외 매각기일과 입찰법정의 시작시간도 표시됩니다. 마지막으로 경매물건을 관리하는 경매계도 표시되어 있기 때문에 물건에 하자가 있거나 낙찰받은 후 문의 사항이 있을 때 해당 경매계로 문의하면 됩니다.

❸ 소재지 및 기초정보

경매물건의 소재지, 물건의 종류, 그리고 소유자, 채무자, 채권자의 정보와 감정평가금액, 최소금액, 면적, 기일현황 등이 표시되어 있습니다. 중요한 부분들은 아래에서 더 자세히 알아보도록 하겠습니다.

❹ 면적

여기 나온 면적을 토지의 면적과 건물의 전용면적으로 흔히들 오해합니다. 만약 경매정보지에 25평으로 표시되었다면 현장에 가서는 25평이 아닌 일반적으로 33~34평형이라고 부르는 부동산의 시세조사를 해야 합니다. 전용면적과 공급면적의 차이가 있다는 것을 잘 기억해두세요.

❺ 감정평가금액 & 최저가 & 보증금

감정평가금액(감정가)은 말 그대로 경매가 시작될 때 감정평가사가 물건의 가치를 평가한 금액을 뜻합니다. 최저가는 현재 입찰할 수 있는 최저가격으로 그보다 낮은 금액으로는 입찰할 수 없습니다. 법원별로 차이가 있지만 유찰 시 20~30%의 저감률이 적용됩니다. 보증금은 입찰에 참여할 때 입찰표와 함께 내야 하며 금액은 최저가의 10%에 해당합니다. 예를 들어 표시된 보증금이 365,123,456원이라면 딱 맞춰 내는 것도 좋지만 만 원 단위 또는 십만 원 단위에서 올려 365,200,000원을 보증금으로 준비하는 것이 좋습니다.

❻ 청구금액

청구금액에 관련된 질문을 참 많이 받는데, 청구금액은 이 경매를 신청한 경매신청채권자의 청구금액이고 총 채권금액과는 무관합니다. 그리고 뒤에서 배울 권리분석에 따르면 청구금액보다 낮은 금액으로 낙찰을 받게 되더라도 권리분석상 모두 소멸된다면 추가로 인수하는 금액 없이 마무리되니 걱정하지 않아도 됩니다.

❼ 일자

사건접수가 된 날에서 보통은 6개월 이후에 신건으로 경매가 진행됩니다. 간혹 2018년에 접수된 사건이 2020년에 진행되는 경우가 있는데 이런 물건들은 준비과정 중에서 많은 사연이 있었음을 짐작할 수 있습니다.

❽ 사진정보

감정평가 당시 찍었던 사진들과 평면도, 위치도, 지번도 등 각종 사진정보를 얻을 수 있습니다. 운이 좋다면 사이트별로 추가로 제공되는 사진정보들 속에 건물 내부사진이 있는 경우도 있습니다.

❾ 감정평가현황

감정평가업체의 이름과 감정평가 시점 및 각종 시세관련 정보 그리고 감정평가 금액의 세부적인 항목이 표시됩니다. 감정평가 시점과 현재 시점 간의 차이가 최소 6개월 이상 나기 때문에 감정가격이 현 시세를 반영하기 어렵습니다. 감정평가 시점이 오래되면 오래될수록 감정평가 금액은 현 시점에서는 큰 의미가 없다는 것을 알아두면 좋습니다.

❿ 건물현황 및 대지권현황

건물과 대지에 대한 설명서라고 부를 수 있을 만큼 소재지, 구조,

층, 면적, 내구부조, 설비 등 자세한 사항이 나와 있습니다. 건물현황에서 보존등기일을 확인할 수 있는데 이 날짜가 해당 건물의 연식이라고 보면 됩니다.

⑪ 임차인현황

소유자가 아닌 임차인이 점유하고 있는 상황이라면 전입일, 확정일, 배당요구일과 임차인의 보증금액 등이 표시됩니다. 건물소멸기준은 권리분석에서 배우게 될 말소기준권리이며 배당요구종기일은 임차인이 지정 기일 이전에 법원에 배당을 달라는 요구를 해야 하고 그 이후로는 배당에 참여할 수 없게 됩니다.

⑫ **건물 등기 사항**

건물 등기사항전부증명서의 갑구와 을구 중 살아 있는 등기들만 설정일자순으로 정리해놓은 것으로 권리분석의 기초가 되는 자료입니다. 권리의 종류와 권리자 이름, 금액, 그리고 아주 정확하지는 않지만 권리분석도 제공하고 있습니다.

⑬ **명세서 요약사항**

법원에서 가장 중요한 매각물건명세서라는 공신력 있는 서류가 있는데 그 서류를 요약정리한 내용입니다. 최선순위설정일자(말소기준권리), 소멸되지 않는 권리, 지상권, 기타 주의사항을 표시해놓았으니 반드시 확인해야 하는 항목입니다.

⑭ 단지현황 및 실거래가

건설사, 입주시기, 관리사무소 전화번호, 총 세대수, 총 동수, 최고층, 주차대수, 난방 등 단지에 관한 정보들과 면적별 실거래가도 등록되어 있어서 실거래 조사에 도움이 됩니다.

⑮ 인근 통계

해당 물건과 같은 종류의 물건지 인근의 경매 결과 통계와 그 정보를 토대로 평균 매각가율과 예상낙찰가까지 제공하고 있으나, 통계에만 의존하는 함정에 빠지지 않기를 바랍니다.

⑯ 기타 정보

마지막으로 인근 공공기관과 주변지역의 계획고시공고 등 기타 정보를 얻을 수 있습니다.

마음에 쏙 드는 물건을 찾는 실전 노하우

경매의 기본은 물건검색에서부터 시작합니다. 개인의 성향과 투자 목적, 투자를 하고자 하는 물건, 투자금액 등에 따라 물건을 검색하는 방법이 다릅니다. 처음 부동산 경매를 배우는 수강생들이나 초보자들이 가장 많이 하는 질문 중 하나가 바로 "물건검색을 어떤 식으로 해야 하는가?"입니다. 앞서 말한 것처럼 자신의 마음에 드는 물건을 찾아내려면 우선 자신이 잘 아는 지역부터 탐색을 시작해 흥미를 붙인 다음, 수익률이 좋은 물건을 찾아내는 것이 중요합니다. 또한 자신의 투자여건과 성향을 먼저 파악한 후 그에 맞는 물건을 검색해야 합니다.

지금부터 초보자들이 물건검색을 잘할 수 있는 몇 가지 팁을 알려드리도록 하겠습니다.

내가 잘 아는 지역부터 살펴보자

물건을 검색할 때는 자신이 잘 알고 쉽게 접근할 수 있는 지역부터 차근차근 살펴보는 것이 좋습니다. 자신이 전혀 모르는 새로운 지역의 물건을 검색하면 전혀 감이 오지 않을뿐더러 이해를 하는 데도 시간이 오래 걸리기 때문입니다. 하지만 자기가 잘 아는 지역에다가 주 생활권 내에 있는 물건이라면, 감정가격이나 낙찰가를 비교해보고 왔다 갔다 하며 부동산에 들러 시세파악을 하기에도 용이하기 때문에 경매에 대한 감을 잡기가 훨씬 수월할 것입니다. 출근 시간에 무심코 지나갔던 아파트 단지들, 줄지어 서 있는 상가건물 등의 가격과 임대료 등을 계산하다보면 심심하고 피곤했던 출퇴근길도 한결 재미있어질 것입니다.

저 또한 항상 스마트폰에 부동산 앱을 켜놓고 부동산의 시세와 임대료를 확인하곤 합니다. 비어 있는 상가를 보며 '저기에서 무슨 장사를 하면 잘될까?'라는 상상도 해본다면 자연스럽게 부동산에 대한 감각과 흥미를 키울 수 있을 것입니다. 물론 자신의 주 생활권의 물건부터 본다고 해서 꼭 그곳에 투자할 필요는 없습니다. 어디까지나 초보자가 경매에 대한 감각을 키우기 위한 방법이며 투자는 본인이 전혀 모르는 곳에서부터 시작할 수도 있습니다.

자기가 평소에 잘 아는 지역의 물건부터 차근차근 살펴보며 경매 물건을 검색하는 방법과 고르는 방법 등의 감각을 키웠다면 앞에서 세웠던 자신의 투자기준에 맞는 지역으로 점차 검색의 범위를 넓혀가도록 합니다. 막연하겠지만 경매의 감도 없이 바로 투자물건을 찾으려 노력하는 것보다는 좋은 투자물건을 훨씬 더 빠르게 선별할 수 있을 것입니다.

시세 대비 임대료가 70%인 물건을 찾아라

제가 투자를 할 때 가장 중요하게 여기는 기준 중 하나가 '시세 대비 임대료 비율'입니다. 시세 대비 전세보증금이 70% 이상이거나 월세 수익률이 좋은 부동산을 찾았다면 적극적으로 투자를 해야 합니다. 안정적인 투자를 위해서는 미래가치도 따져봐야 하지만 경매는 기본적으로 시세보다 저렴하게 낙찰받기 때문에 무조건 이기는 투자 방법이라 할 수 있습니다. 임대료가 높으면 투자금액이 적게 들어 심적인 부담이 없고, 매매가 계획대로 잘되지 않는다고 하더라도 꾸준한 임대수익이 보장되어 있어 본인이 원하는 가격까지 매매가가 오르길 여유롭게 기다릴 수 있습니다. 이러한 이유로 부동산 경매가 여러 가지 투자 방법 중에서 선호도가 높은 것입니다.

2015년에는 전국적으로 아파트 매매가 대비 전세가율이 70% 이상인 물건들이 많았지만, 지금은 아파트 매매가가 가파르게 올라 매매가 대비 전세가율이 40~50% 수준에 머무르고 있습니다. 예전에 비해 투자금이 많이 들어가고 있는 상황이기 때문에 부동산 경매를 통해서 전세가율이 높은 물건들을 찾아 투자해야 합니다.

애초부터 단기매매나 큰 욕심을 부리지 않고 임대료가 높은 물건에 투자해 시세차익은 보너스라는 생각으로 접근한다면 투자에 실패할 가능성은 적습니다. 시세가 떨어지면 임대료도 변동되겠지만 계약기간 동안은 그대로일 것이며, 떨어진다고 하더라도 그 차이가 크지는 않을 것입니다.

2015년에는 매매가 대비 전세가가 높은 지역에서 전세를 끼고 매매하는 이른바 '갭투자'의 움직임이 활발했었습니다. 소액으로 투자가 가능해 여러 채를 보유하며 시세차익을 노릴 수 있었기 때문입니다. 2020년에도 마찬가지로 전세가율이 높은 매물들의 인기가 높겠지만 가파른 매매가 상승으로 이러한 투자가 쉽지는 않을 전망입니다.

하지만 2019년 12·16대책 이후로 가파르게 상승했던 매매가가 주춤하고 있는 동시에 2020년 하반기 입주물량의 감소, 분양가 상한제로 인한 로또분양의 기대감, 보유세 상승 등의 이유로 매매대기 수요가 전세수요로 돌아서게 되면서 매매가는 떨어지고 전세가는 올라가는 현상이 벌어지고 있습니다. 특히나 서울에 비해 청약 경쟁률이 낮을 것으로 예상되는 과천과 하남 지역 등으로 전세수요가 대거 유입되면서 전세가격이 급등하는 지역도 있으니, 해당 지역의 경매매물이 나온다면 눈여겨보시길 바랍니다. 처음에는 부동산 시세와 임대료를 확인하기 위해 발품을 많이 팔아야 할 것입니다. 하지만 시간이 지나면 그동안 노력해서 얻은 정보들이 자신의 투자 노하우가 되어 좋은 수익률을 낼 수 있는 밑거름이 될 것입니다.

그렇다면 경매로 진행 중인 물건 중에서 매매가 대비 전세가율이 높은 매물을 살펴보도록 하겠습니다.

서울특별시 강북구 미아동에 위치한 삼각산아이원아파트입니다. 전용 25평의 경매물건이 감정가 4억 8천만 원에 진행되었지만 아무

도 입찰을 하지 않아 1회 유찰되었고, 3억 8,400만 원에 두 번째 경매 절차가 진행되고 있던 물건입니다. 권리분석상 아무런 문제가 없어 투자하기 좋은 물건이었지만 신건에 아무도 입찰을 하지 않았습니다. 투자를 해도 수익이 나지 않는 물건이었을까요? 우선 인터넷에 등록되어 있는 실제 거래가격과 전세가를 확인해보도록 하겠습니다.

계약월	매매		전세	
	거래금액(만원)	층	거래금액(만원)	층
2020.02	55,000	23	37,000	15
	54,500	7	–	
	53,700	6	–	
2020.01	55,500	21	37,000	17
	54,000	11	36,000	3
	53,500	8	33,000	7
	53,000	9	33,000	7
	52,900	2	–	
	52,500	8	–	
	52,000	3	–	
	51,700	4	–	

첫 번째 경매가 진행되었던 1월의 실거래가에서 해당 물건과 비슷한 조건인 4층 이하의 저층물건 거래사례를 보면 약 5억 2천만 원으로 감정가보다 4천만 원 이상 상승했습니다.

신건에 낙찰을 받았다면 명도를 하는 과정 중인 1~2개월만에 시세가 4천만 원 이상 상승해 단기매매수익을 세금과 기타 공과금을 모두 제외하고 약 2,500만원 가량의 시세차익을 볼 수 있었던 투자

수익성이 매우 좋은 물건입니다. 만약 장기적인 보유를 통해 더 많은 시세차익을 얻고, 세금을 줄이고자 한다면 전세로 임대를 주고 기다리는 방법도 있습니다.

전세가격(3억 6천만 원)은 일반매매로 살 수 있는 가격(5억 2천만 원)의 70% 수준으로 형성되어 있습니다. 만약 두 번째 경매 입찰기일인 2월 24일에 4억 6천만 원에 낙찰을 받고 전세(3억 6천만 원)를 주었다면 낙찰가 대비 전세가격의 비율이 80%가 되며, 실제 투자금은 약 1억 원이고, 낙찰받은 시점에 이미 투자금의 15%에 해당하는 시세차익이 날 수 있는 임대 또는 단기매매로 수익률이 아주 좋은 물건입니다.

진짜 급매물건을 찾아라

경매 투자를 위해 현장을 다니다 보면 공인중개사와 많은 이야기를 나누게 되고, 시세조사를 위해 실수요자인 척 연기를 하게 되는 경우도 종종 발생합니다. 시세조사를 하다 보면 공인중개사들에게서 급매물건이 나왔으니 매매를 하라는 이야기를 어렵지 않게 들을 수 있습니다. 하지만 그것이 진정한 급매인지는 확인해보아야 합니다.

사전에서 급매를 찾아보면 "물품을 급히 팖."이라고 나옵니다. 급매물은 이민을 가야 한다거나 빨리 집을 팔아 자금융통을 해야 하는 등 피치 못할 사정으로 인해 급하게 부동산을 팔아야 할 때 나오는 물건입니다. 그렇기 때문에 잔금납부일이 보통 7~15일 사이입니다. 급매물의 잔금납부기일만 확인해봐도 진짜 급매물건인지 현재 나와 있는 것 중 가장 저렴한 일반 매물인지 알 수 있습니다. 통상 시세보다 20% 이상 저렴하게 거래되고 있지만 부동산 거래를 많이 하지 않는 일반인들이 급매물을 만나는 일은 거의 없습니다.

공인중개소에 진짜 급매물건이 등록된다면 통상적으로 1~2일 사이에 모두 소진된다고 보면 됩니다. 급매물건을 살 투자자를 찾거나, 공인중개사가 직접 시세차익을 목적으로 구입하는 경우가 많기 때문에 급매물이나 좋은 매물을 소개받고자 한다면 공인중개사와 평소 친분을 쌓아두는 것이 좋습니다. 제가 아는 분도 매일같이 공인중개소에 들러 식사도 하고 차도 마시며 친분을 쌓았기에 좋은 정보를 얻고 자신만의 투자 노하우가 생겨 서울에 여러 채의 빌딩을 소유할 수 있었습니다.

경매를 배웠다고 해서 반드시 경매로만 부동산을 취득하려 하는 것은 상당히 뒤처진 생각입니다. 경매로 구입하려던 아파트가 뜻밖에도 일반매매로 더 저렴하게 나와 일반매매로 취득해 높은 수익을 올리는 사람들도 많습니다. 경매는 부동산을 취득하는 여러 가지 방법 중 하나일 뿐이며 절대적인 투자 방법은 아닙니다.

지금부터라도 주변 공인중개소에 들러 공인중개사와 친분을 쌓아 진짜 급매물을 만나보시길 바랍니다. 수익성 좋은 물건을 만나는 사람은 따로 있는 것이 아닙니다. 간절함이 좋은 투자의 기회를 만

듭니다. 자신이 얼마나 부동산 투자를 간절히 원하는지 스스로에게 질문해봅시다.

명도와 임대·관리가
쉬운 물건을 찾아보자

많은 사람들이 부동산 경매를 통해 수익을 올리고 싶지만 선뜻 투자하기를 꺼려하는 이유 중 하나가 바로 명도 때문입니다. 명도는 낙찰받은 부동산에 현재 점유하고 있는 점유자와의 협의 또는 강제집행을 통해 집을 비우는 과정인데, 마음이 여리거나 자기주장을 잘 못하는 분들은 명도가 조금 힘들 수도 있습니다.

하지만 명도가 다 어려운 것은 아닙니다. 명도에 자신이 없는 사람들은 명도의 난이도를 사전에 파악하고 투자하면 됩니다. 명도의 난이도를 상중하로 나눠보자면 가장 쉬운 난이도 하의 명도대상자는 보증금 전액을 배당받는 세입자입니다. 보증금 전액을 배당받는 만큼 큰 갈등 없이 명도가 가능합니다.

명도의 난이도 중은 보증금 일부만 배당받는 세입자입니다. 보증금 중 일부를 손해 보기 때문에 낙찰자에게 보상을 받으려 하는 보상심리가 강합니다. 하지만 배당을 받기 위해서는 낙찰자의 명도확인서가 필요하므로 대부분 명도에 협조적입니다.

마지막으로 난이도가 가장 높은 명도는 점유자가 바로 배당이 없는 임차인과 소유자일 때, 그리고 점유자가 살고 있지 않는 공실일 경우입니다. 명도에 관한 부분은 뒤에서 자세히 다루겠지만 세상에서 제일 무서운 사람이 바로 잃을 것이 없는 사람입니다. 배당을 전혀 받지 못하는 세입자와 소유자의 경우가 그러합니다. 이런 경우 최대한 협의를 통해 명도를 진행해야 하며, 협의가 안 되었을 때는 강제집행을 해야 합니다. 부동산 경매에서 대부분의 강제집행은 소유자 또는 배당이 전혀 없는 세입자가 대상입니다. 명도가 어렵다고 느껴지는 사람은 전액 배당 또는 일부 배당이 가능한 임차인이 점유하고 있는 물건을 중점으로 찾아봐야 합니다.

우여곡절 끝에 명도를 했다면 투자의 목적에 따라 임대 또는 매매와 지속적인 부동산 관리가 필요합니다. 관리와 임대가 쉬운 물건을 찾으라고 하면 많은 사람들이 거리에 따라 본인의 생활반경과 가까운 물건을 검색합니다. 하지만 거리가 멀다고 해서 임대와 관리가 어려운 것은 아닙니다.

내부 인테리어는 업체에 맡기고, 임대는 공인중개소에 위임하면 됩니다. 그리고 임차인이 사는 부동산에 하자가 생기면 관련 A/S 기사를 불러 수리비를 지불하기만 하면 됩니다. 집주인이 직접 가서 해결할 수 있는 것보다 직접 가지 않아도 해결되는 것들이 더 많습니다. 그렇기 때문에 수도권에 살아도 지방에 투자가 가능하고, 지방에 살면서도 수도권에 집을 보유할 수 있는 것입니다. 그러니 임대와 관리가 쉬운 부동산을 찾는다면 거리보다는 편의시설과 인근 공실률 등 주변 환경에 더 많은 관심을 기울여야 합니다.

부동산 투자를 어렵다고 생각하고 어렵게만 접근하려 한다면 끝 없이 어려워집니다. 하지만 우리는 수익을 내기 위해 공부하며 투자 하고 있지 않은가요? 우리가 집중해야 할 것은 '얼마나 쉽게 높은 수 익을 낼 수 있는가?'입니다.

꼭 필요한 조건들만
입력해 검색하자

초보자들이 가장 많이 하는 질문 중 하나가 바로 물건검색 방법입니 다. 투자물건을 검색할 때는 '용도'에 맞는 물건을 선택해야 합니다. 우선은 자신이 투자하고자 하는 것이 안정적인 주거용 부동산인지, 위험요소가 있지만 수익이 좋은 비주거용 부동산인지를 선택해야 합니다. 안정적인 주거용 부동산을 선택했다면 아파트, 빌라, 원룸, 주거용 오피스텔 중 집중할 물건을 선택하는 것이 좋습니다.

그다음으로 선택해야 하는 것이 '지역'입니다. 투자하고자 하는 지역이 한정적이라면 투자를 할 만한 물건이 적은 건 당연하고, 반 대로 지나치게 광범위해도 물건을 검색하다가 지치기 마련입니다. 그렇기 때문에 최소한 시 또는 구 단위까지는 검색 조건을 입력해야 효과적으로 검색할 수 있습니다.

그다음은 검색 조건들 중 '최저가의 최댓값'을 입력해야 합니다. 최저가의 최댓값은 본인이 투자할 수 있는 자금의 3배 정도로 측정하면 됩니다. 투자자금 1억 원이 있는데 10억 원짜리 물건을 검색해볼 필요는 없기 때문에 대출을 포함해 자신이 최대한 투자할 수 있는 부동산의 가격을 입력하는 것입니다. 가령 1억 원의 투자자금이 있다면 3억 원으로 최댓값을 지정해 검색하면 자신이 투자할 수 있는 물건들만 화면에 정렬되기 때문에 보기가 한결 편해집니다.

마지막으로 유찰횟수는 건들지 않는 것이 좋습니다. 경매를 시작하는 많은 사람들이 경매시작가인 감정가를 시세로 생각하고 저렴하게 취득하기 위해 1회 이상 유찰된 물건들을 검색하려 합니다. 1회 유찰되어 입찰하는 것이 일반적이라고 생각하는 사람들이 많지만 실제로는 신건에 입찰해서 수익을 올리는 사람들이 더 많습니다. 특히나 지금처럼 부동산 가격이 상승기에 있고 전세난이 심해지는 분위기라면 더더욱 신건부터 챙겨보아야 합니다.

부동산이 경매가 진행되고 일반인들에게 공개되기까지는 약 6개

조건 검색 화면

월 정도의 준비기간이 필요합니다. 즉 감정가격은 최소 6개월 전의 시세가 반영되어 있다는 뜻입니다. 인기가 좋은 지역의 물건들은 한두 달 사이에도 몇 백에서 몇 천만 원씩 매매가가 변하지만 한번 감정을 해놓은 경매물건은 이해관계인이 이의신청을 하지 않는 이상 변동되지 않고 그대로 진행되기 때문에 감정가는 의미가 없습니다. 최근 들어 100%가 넘는 낙찰가를 어렵지 않게 볼 수 있는데 이는 부동산을 감정한 시점에 비해 현재 시세가 많이 올라 있다는 뜻입니다.

물건을 검색할 때는 세 가지만 기억하면 됩니다. 그것은 바로 '용도, 지역, 투자금액'입니다.

4장에서는 권리분석의 핵심 3요소인 등기사항전부증명서와 말소기준권리, 그리고 매각물건명세서에 대해 알기 쉽게 설명했습니다. 등기사항전부증명서(구 등기부등본)의 구성과 보는 방법, 등기부를 스스로 정리하고 말소기준권리를 찾아내는 방법, 그것을 매각물건명세서를 통해 확인하는 방법까지 담아 입찰자 입장에서 투자가 가능한 물건인지 쉽게 판단할 수 있도록 했습니다.

4장

누구나 쉽게 따라하는
경매 권리분석

부동산 경매의 시작은 권리분석이다

부동산은 사람들의 삶과 떼려야 뗄 수 없는 관계입니다. 사람이 살아가는 데 가장 기본적이면서 가장 필요한 의식주 중 하나로써 자신이 직접 소유하고 있든, 건물을 짓든, 임대차계약을 맺고 살든 어떠한 형태로든 부동산에 거주하고 있습니다.

타 지역 학교에 진학해 자취를 하거나, 직장 근처에 오피스텔을 얻거나, 신혼집 마련을 위해 아파트를 사거나, 기타 여러 가지 이유로 부동산을 매매 또는 전월세로 계약하기 전에는 등기사항전부증명서(구 등기부등본)를 반드시 살펴보고 근저당 또는 기타 권리들의 유무를 확인해야 합니다. 등기사항전부증명서를 확인하지 않고 계약을 했다가 문제가 생기면 수천만 원에 해당하는 보증금을 날릴 수 있으며 소송에 휘말려 골치 아픈 일이 생길 수도 있고, 최악의 경우에는 소유권을 빼앗기거나 집이 경매로 넘어가는 경우가 생기기도 합니다.

이제부터 배우게 될 부동산 등기사항전부증명서에는 부동산에 관련된 대부분의 권리들이 기재되어 있습니다. 하지만 기재가 되지 않는 권리들도 있으니 차근차근 하나씩 배워보도록 하겠습니다.

등기사항전부증명서
꼼꼼히 확인하기

우리는 보통 전자상가에서 노트북을 살 때 디자인과 성능을 따져보고 다른 모델들과 가격을 비교하면서 최종적으로 자신에게 적합한 노트북을 구입하게 됩니다. 부동산을 살 때도 마찬가지입니다. 노트북의 디자인을 보듯이 건물 내부와 외관을 꼼꼼히 살펴야 하며, 노트북의 성능을 확인하듯 등기사항전부증명서를 통해 혹시 문제가 있거나 추가적인 비용이 들어가지 않는지 확인해야 합니다. 최종적으로 자신이 계획했던 예산과 목적에 부합하는지 확인하는 절차를 거쳐 부동산을 취득합니다.

등기사항전부증명서는 부동산의 역사이자 현재이며 미래라고 할 수 있습니다. 과거에 어떤 이가 소유했으며 어떤 권리들이 설정되었다가 말소되었는지 확인할 수 있고, 현재 살아 있는 등기는 무엇인지도 알 수 있습니다. 또한 등기사항전부증명서에 현재 부동산의 가치보다 훨씬 많은 부채가 있다면 결국 경매가 진행될 것을 예상할 수 있습니다.

노트북을 구매했는데 내부 부품이 망가져 있었다면 A/S 또는 환불이 가능하지만, 부동산은 한번 소유권이전을 받으면 다시 되돌릴 수 없고 되돌린다고 해도 장기간의 소송을 통해 큰 손해가 발생하게 됩니다. 그렇기 때문에 부동산에 관한 대부분의 권리들은 등기사항전부증명서에 등기를 해야만 제3자에게 효력이 발생할 수 있도록 되어 있습니다. 누구나 볼 수 있게 정보를 제공했음에도 불구하고 부동산을 매입해 손실이 났다면 투자자 본인의 과실이기 때문에 그 누구도 책임을 져주지 않습니다.

부동산 투자는 앞서 말씀드린 것처럼 기본기를 탄탄하게 다져놓고 꼼꼼하게 잘 확인해야 실패의 위험성을 줄이고 투자에 성공할 수 있습니다. 꼼꼼하게 확인하고 또 확인해야 합니다.

부동산 경매 권리분석의 핵심 3요소

많은 사람들이 부동산 경매를 어렵게 느끼는 이유는 바로 권리분석 때문입니다. 왜냐하면 권리분석을 하기 위해서는 등기사항전부증명서를 볼 줄 알아야 하는데, 등기사항전부증명서에 나오는 용어들은 무척 생소한 것들이 많습니다. 부동산에는 임차인이 살고 있는 경우가 많아 임대차보호법과 민법, 민사집행법 등 수없이 많은 법들을 알아야 하고 용어에도 익숙해져야 합니다. 물론 관련 법들을 많이 알고 있으면 권리분석이 어려운 부동산에도 투자할 수 있지만, 권리분석이 어렵지 않아 쉽게 투자할 수 있는 물건이 전체의 80%를 차지하고 있다는 사실을 잊어서는 안 됩니다. 우리에게는 그 80%의 물건 중 수익률이 높은 물건을 찾아내는 것이 더 중요합니다.

부동산 투자에 필요한 법들 중 자신에게 필요한 부분만 공부해도 경매 투자를 할 때 아무런 문제가 되지 않습니다. 부동산 경매 권리분석은 딱 세 가지만 기억하면 됩니다.

1. 부동산의 역사인 '등기사항전부증명서'

2. 권리들이 인수인지, 소멸인지를 판단하는 기준인 '말소기준권리'

3. 부동산 경매의 처음과 끝인 '매각물건명세서'

부동산 경매 권리분석은 등기사항전부증명서에 있는 권리들을 접수된 순서대로 나열한 다음 말소기준권리를 찾는 것부터 시작합니다. 말소기준권리보다 앞서는 권리들은 낙찰자가 인수하며, 말소기준권리보다 뒤에 있는 권리들은 낙찰 후 소멸됩니다. 마지막으로 부동산 경매에서 가장 중요한 문서인 매각물건명세서를 꼭 확인해야 합니다.

매각물건명세서는 법원에서 경매물건의 특이사항 및 낙찰자가 알아야 하는 사항들을 알려주는 서류입니다. 매각물건명세서는 경매계에 접수된 많은 서류들을 참고해 작성된 서류로, 등기사항전부증명서에는 나타나지 않지만 입찰자가 알아야 할 특수한 권리들도 경매계에 표시해 알려줍니다. 매각물건명세서의 작성에 중대한 실수가 있어 투자자들이 잘못 낙찰을 받은 경우, 매각불허가결정이 선고되기 때문에 가장 신뢰할 수 있는 서류라고 생각하면 됩니다.

등기사항전부증명서를
볼 수 있어야 한다

부동산 경매에서 중요한 권리분석을 하기 위해서는 등기사항전부증명서를 볼 줄 알아야 합니다. 부동산의 역사를 기록해놓은 중요한 서류인 등기사항전부증명서는 부동산이 과거에 누구의 소유였으며, 어떠한 권리들이 설정되었다가 말소가 되었는지 표기해놓았으며 현재 살아 있는 권리들은 무엇인지 보여줍니다. 여기에 설정된 권리들이 많다면 미래에 경매가 진행될 수도 있다는 것을 예측할 수 있습니다.

등기사항전부증명서는 부동산에 관한 권리들을 기재해 제3자에게 공시하는 역할을 합니다. 투자자들은 등기사항전부증명서에 기재된 권리들을 분석해 낙찰금 이외에 추가적으로 인수해야 될 사항이 있는지 없는지 확인하는데, 이러한 과정이 바로 권리분석입니다.

등기사항전부증명서의
구성 파악하기

우리나라는 건물과 토지를 별도의 부동산으로 보기 때문에 토지와 건물의 등기사항전부증명서가 각각 존재합니다. 등기사항전부증명서는 부동산의 표시(사실)를 나타내는 표제부, 소유권에 관한 권리를 표시하는 '갑구'와 소유권 이외의 권리를 표시하는 '을구'로 구성되어 있습니다.

표제부(부동산의 표시)

표제부는 부동산의 있는 그대로의 상황을 기재하는 부분으로, 현장답사 시 현황(지번, 면적, 층, 호실, 지목 등)이 서류와 다른 부분을 확인할 수 있는 자료가 되기도 합니다. 일반건축물(단독주택 등)의 등기사항전부증명서는 다음과 같이 토지와 건물이 각각 존재하며 개별적으로도 거래가 가능합니다.

건물의 표제부(다음 페이지 사진 참고)에는 표시번호, 접수일자, 소재지번 및 건물번호, 건물내역, 등기원인 및 기타사항이 기재됩니다.

등기사항전부증명서(말소사항 포함) - 건물

[건물] 부산광역시 서구 남부민동

고유번호 1801-1996-▮▮▮▮

【 표 제 부 】 (건물의 표시)

표시번호	접 수	소재지번 및 건물번호	건 물 내 역	등기원인 및 기타사항
~~1~~ (전 1)	~~1971년8월31일~~	~~부산광역시 서구 남부민동~~ ~~▮▮-▮▮~~	~~조표제17602호~~ ~~부록크스라부가권주택1동~~ ~~건평 14평5홉~~	~~도면권철장 제142책제192장~~
				부동산등기법 제177조의 6 제1항의 규정에 의하여 1999년 07월 16일 전산이기
2		부산광역시 서구 남부민동 ▮▮-▮▮ [도로명주소] 부산광역시 서구 해암로 ▮▮▮	조표제17602호, 부록크스라부가평가건주택1동 건평 14평5홉	도로명주소 2012년10월2일 등기 도면권철장 제142책제192장]

【 갑 구 】 (소유권에 관한 사항)

순위번호	등 기 목 적	접 수	등 기 원 인	권 리 자 및 기 타 사 항
1 (전 1)	소유권보존	1971년8월31일 제50539호		소유자 한▮▮ 부산 서구 남부민동 부동산등기법 제177조의 6 제1항의 규정에 의하여 1999년 07월 16일 전산이기
2	소유권이전	2005년1월6일	1992년12월5일	공유자

열람일시 : 2014년05월27일 11시53분41초   1/7

등기사항전부증명서(말소사항 포함) - 토지

[토지] 부산광역시 서구 남부민동

고유번호 1801-1996-▮▮▮▮

【 표 제 부 】 (토지의 표시)

표시번호	접 수	소 재 지 번	지 목	면 적	등기원인 및 기타사항
~~1~~ (전 1)	~~1965년12월6일~~	~~부산광역시 서구 남부민동 ▮▮-▮~~	대	34평1홉	
					부동산등기법 제177조의 6 제1항의 규정에 의하여 1999년 07월 14일 전산이기
2		부산광역시 서구 남부민동 ▮▮-▮	대	113㎡	면적단위환산 1999년11월1일 등기

【 갑 구 】 (소유권에 관한 사항)

순위번호	등 기 목 적	접 수	등 기 원 인	권 리 자 및 기 타 사 항
1 (전 1)	소유권이전	1967년5월10일 제11679호	1966년5월26일 매매	소유자 한▮▮ 부산 서구 남부민동 부동산등기법 제177조의 6 제1항의 규정에 의하여 1999년 07월 14일 전산이기
2	소유권이전	2005년1월6일 제532호	1992년12월5일 상속	공유자 지분 15분의 3 전주리치 150129-2****** 부산 서구 남부민동

열람일시 : 2014년05월27일 11시53분20초   1/7

토지의 표제부에는 표시번호, 접수일자, 소재지번, 지목, 면적, 등
기원인 및 기타사항이 기재됩니다.

집합건축물의 표제부는 전체 건물의 표제부와 전유 부분의 표제

부가 있으며, 표제부에 대지권에 대한 표시도 같이 되어 있습니다.

등기사항전부증명서(말소사항 포함) - 집합건물

[집합건물] 부산광역시 영도구 봉래동5가

고유번호 1801-1996-▒▒▒▒

【 표　　　제　　　부 】 (1동의 건물의 표시)				
표시번호	집　수	소재지번,건물명칭 및 번호	건　물　내　역	등기원인 및 기타사항
~~1~~ ~~(전 1)~~	~~1982년12월31일~~	~~부산광역시 영도구 봉래동5가~~ ~~▒▒▒-▒ ▒▒▒-▒, ▒▒▒-▒~~ ~~-제카동~~	~~철근콘크리트조 스라브가5층~~ ~~공동주택및 지하실부근린생활~~ ~~시설~~ ~~1층 161평9홉~~ ~~2층 161평9홉~~ ~~3층 161평9홉~~ ~~4층 161평9홉~~ ~~5층 161평9홉~~	
				부동산등기법 제177조의 6 제1항의 규정에 의하여 1999년 06월 16일 전산이기
2	2002년2월21일	부산광역시 영도구 봉래동5가	철근콘크리트조 스라브가5층 공동주택및 지하실부근린생활 시설 1층 161평9홉 2층 161평9홉 3층 161평9홉 4층 161평9홉 5층 161평9홉	지번변경

열람일시 : 2014년05월20일 11시14분59초

1/8

[집합건물] 부산광역시 영도구 봉래동5가

고유번호 1801-1996-▒▒▒▒

(대지권의 목적인 토지의 표시)				
표시번호	소　재　지　번	지　목	면　적	등기원인 및 기타사항
1	1. 부산광역시 영도구 봉래동5가 2. 부산광역시 영도구 봉래동5가	전 전	1208㎡ 10㎡	2001년9월26일

【 표　　　제　　　부 】 (전유부분의 건물의 표시)				
표시번호	집　수	건물번호	건　물　내　역	등기원인 및 기타사항
1 (전 1)	1982년12월31일	제2층 제209호	철근콘크리트 18평8홉	도.면건철장 제228책 제267장
				부동산등기법 제177조의 6 제1항의 규정에 의하여 1999년 06월 16일 전산이기

(대지권의 표시)			
표시번호	대지권종류	대지권비율	등기원인 및 기타사항
1	1 소유권대지권 2 소유권대지권	129800000분의 3069298 10분의 0.23646	2001년9월22일 대지권 2001년9월22일 대지권 2001년9월26일

열람일시 : 2014년05월20일 11시14분59초

2/8

만약 집합건물의 전유 부분에 관한 표제부에 대지권 표시가 안 되어 있다면 대지권 미등기 건물이거나 대지권이 없는 집합건물일 수 있으니 주의해야 합니다.

표제부에서 확인할 사항은 건물 또는 토지의 면적이 정확한지와 등기 원인 및 기타사항에 표시되는 '토지에 관해 별도 등기 있음'이 라는 문구입니다. 이 문구가 있다면 토지 등기사항전부증명서를 반드시 발급받아 정확한 내용을 확인해야 합니다.

갑구(소유권에 관한 사항을 기재)

갑구는 소유권에 관한 사항을 기재합니다. 여기에 소유권에 대한 가압류, 가등기, 가처분, 환매등기, 경매개시결정등기, 소유권이전,

[집합건물] 부산광역시 영도구 봉래동5가　　　　　　고유번호 1801-1996-

【 갑 구 】 (소유권에 관한 사항)				
순위번호	등 기 목 적	접 수	등 기 원 인	권 리 자 및 기 타 사 항
1 (전 1)	소유권보존			공유자 지분 2분의 1 유 　부산 영도구 봉래동 5가 지분 2분의 1 유 　일본국 오오사카시 다이쇼오구 삼정야'쯔고' 1쵸메 143 가처분등기촉탁으로 인하여 1982년12월31일 등기
2 (전 2)	가처분	1982년12월31일 제72509호	1982년12월30일 부산지방법원의가처분결 정(82카28342호)	채권자 최 　울산시 울주동-24 금지사항 매매·양도·상속관 자 　상권·전세권의 설정 기타일체의 처분행위
3 (전 3)	공유자원의지분전부이전	1985년12월4일 제843호	1981년10월31일 매매	소유자 최 　일본국 카다음습사 오구라 키다무쇼 화바짝 10-11 복복02454
4 (전 4)	가처분	1986년1월29일 제2930호	1986년1월18일 부산지방법원의가처분결 정(86카615)	권리자 유 　부산 영도구 봉래동-5가- 　유명표 　일본국 오사카시 다이쇼오구 상매야쵸 1쵸메 143 금지사항·매매·양도·암치권·저당

열람일시 : 2014년05월20일 11시14분59초　　　　3/8

소유권보존 등이 포함됩니다.

소유권보존등기는 그 부동산의 첫 번째 소유자를 표시하는 것이며, 이후 소유권이 바뀌게 되면 소유권이전으로 표시됩니다.

갑구의 구성은 다음과 같습니다.

- **순위번호:** 등기 순서, 순위번호의 순서에 따라 권리 간의 우선순위 발생
- **등기 목적:** 왜 등기를 했는지 나타냄(소유권보존, 이전, 가처분 등)
- **접수:** 등기를 신청한 날짜와 접수번호 기재, 권리분석 시 접수번호에 의해 순위 발생
- **등기 원인:** 등기 원인일과 등기 원인을 기재, 등기 원인일은 권리 간 순위에 영향 없음

[집합건물] 부산광역시 영도구 봉래동5가   고유번호 1801-1996-▩▩▩▩

순위번호	등 기 목 적	접 수	등 기 원 인	권 리 자 및 기 타 사 항
18	가압류	2013년8월26일 제27181호	2013년8월26일 부산지방법원의 가압류결정(2013카단824 7)	청구금액 금10,000,000 원 채권자 부산신용보증재단 184171-0000221 부산 연제구 중앙대로 (연산동, 프라임시티빌딩)
19	강제경매개시결정(18번가압류 의 본압류로의 이행)	2014년5월12일 제13476호	2014년5월12일 부산지방법원의 강제경매개시결정(2014 타경)	채권자 부산신용보증재단 184171-0000221 부산광역시 연제구 중앙대로 ▩▩▩▩ 1▩ (연산동, 프라임시티빌딩)

【 을 구 】 (소유권 이외의 권리에 관한 사항)				
순위번호	등 기 목 적	접 수	등 기 원 인	권 리 자 및 기 타 사 항
1	근저당권설정	2002년11월28일 제54867호	2002년11월28일 설정계약	채권최고액 금32,500,000원 채무자 서 부산 영도구 봉래동5가 근저당권자 주식회사우리은행 110111-0023393 서울 중구 회현동 1가 ▩▩ (초량지점)

-- 이 하 여 백 --

열람일시 : 2014년05월20일 11시14분59초   7/8

을구(소유권 이외의 권리사항)

소유권 이외의 권리사항인 저당권, 근저당권, 지상권, 지역권, 전세권 등이 기재됩니다. 을구의 구성도 갑구와 마찬가지로 순위번호, 등기 목적, 접수번호, 등기 원인, 권리자 및 기타사항으로 구성되어 있습니다.

권리분석을 할 때는 갑구와 을구를 종합해서 따져야 합니다. 권리분석 시 같은 구일 경우 순위번호가 기준이 되며 다른 구의 권리는 접수번호를 기준으로 순위를 정합니다.

등기되지 않는
대표적인 권리들

지금까지 등기사항전부증명서의 구성에 대해서 살펴보았습니다. 대부분의 권리가 등기사항전부증명서에 표시되지만 예외적으로 등기되지 않는 권리들이 있습니다. 유치권, 법정지상권, 분묘기지권, 임차권 등이 등기되지 않는 대표적인 권리들입니다.

이러한 권리들은 성립요건에 등기가 필요하지 않습니다. 즉 등기가 되지 않아도 성립되기 때문에 등기부에 나타나지 않아 입찰자가 추가적으로 확인해야 할 필요가 있습니다. 각각의 권리들을 간단하게 살펴보겠습니다.

유치권

타인의 물건이나 유가증권을 점유한 자가 그 물건이나 유가증권에 관해 생긴 채권이 변제기에 있는 경우에 그 채권을 변제받을 때까지 해당 물건이나 유가증권을 유치할 수 있는 권리입니다.

법정지상권

토지와 건물이 동일 소유자에 속해 있다가 경매 등의 이유로 소유자가 달라진 경우에 잠재적인 토지이용권을 법적으로 인정하는 제도입니다. 법률의 규정에 의한 지상권의 취득이기 때문에 등기가 필요하지 않습니다.

분묘기지권

타인 소유의 토지 위에 그 소유자의 승낙 없이 분묘를 설치한 자가 20년 간 평온·공연히 그 분묘의 묘지를 점유한다면 그 점유자는 시효에 의해 그 토지 위에 지상권과 유사한 일종의 권리를 취득하게 됩니다. (대법원1969.1.28. 선고 68다1927, 1928 판결)

임차권

임대차계약에 의해 임차인이 임차물을 사용·수익하는 권리이며, 전입과 확정일자를 받으면 임차권의 효력이 발생됩니다.

이와 같이 등기사항전부증명서에 나타나지 않는 권리들은 어떻게 권리분석을 해야 할까요? 바로 법원에서 작성하는 '매각물건명세서'를 이용하면 됩니다. 매각물건명세서를 보는 방법은 뒤에서 차차 배워보도록 하겠습니다.

물권과 채권의 차이점을
확실히 알아야 한다

권리분석을 배우기 전에 한 가지 개념을 확실히 알아야 합니다. 바로 물권과 채권입니다. 물권은 특정한 물건(또는 재산권)을 직접 지배해 이를 통해 이익을 얻을 수 있는 권리입니다. 채권은 채무자에게만 돈을 갚으라고 주장할 수 있는 권리입니다. 물권과 채권의 사전적인 정의만 봐서는 무슨 말인지 쉽게 이해가 되지 않을 것입니다. 물권과 채권의 차이점을 하나씩 확인해보도록 하겠습니다. 다음 페이지의 표를 보며 사례를 통해 물권과 채권의 차이에 대해서 알아보겠습니다.

· 물권과 채권의 차이점 ·

물권	채권
특정 물건을 직접적으로 지배하는 권리	채무자에게 돈 또는 물품을 받을 권리
누구에게나 주장할 수 있는 권리	채무자에게만 주장할 수 있는 권리
설정된 순서로 순위를 정함	설정된 순서와 관계없이 동 순위
(근)저당권, 전세권, 담보가등기 등	(가)압류, 임차권, 가처분 등

D씨는 사업 확장에 필요한 자금을 확보하기 위해 가지고 있는 아파트를 담보로 지인인 E씨에게 2년간 2천만 원을 빌리며 근저당 설정을 해주었습니다. 그런데 추가자금이 필요해 F씨에게 똑같이 2년간 2천만 원을 빌리며 차용증을 작성해주었습니다. D씨는 사업 확장을 위해 열심히 일을 했지만 뜻대로 되지 않아 빌린 돈의 원금과 이자를 갚지 못하게 되었습니다. 이런 경우 D씨에게 돈을 빌려준 E씨와 F씨는 돈을 받기 위해 어떤 절차를 진행해야 할까요?

아파트에 근저당 설정을 한 E씨는 바로 경매신청을 통해 부동산 경매 낙찰대금에서 본인이 빌려준 돈을 배당받을 수 있습니다. 반면 차용증만 작성하고 돈을 빌려준 F씨는 E씨처럼 바로 경매신청을 하지 못하고 D씨의 재산을 찾아 압류를 걸어두고 차용증으로 법원에서 지급명령 판결문을 받아 경매신청을 할 수 있습니다. 어렵게 신청을 했어도 이미 재산에 압류가 많이 걸려 있는 상황이라면 전액을 못 받을 가능성이 높습니다.

이처럼 물권인 근저당에 비해 채권인 차용증은 돈을 돌려받기가 쉽지 않습니다. 똑같은 금액을 같은 사람에게 빌려주었지만 빌려주는 과정에서 어떤 안전장치를 했느냐에 따라 결과는 완전히 달라집니다.

물권과 채권에서
가장 중요한 부분

이 사례와 함께 왼쪽의 표를 참조하면서 물권과 채권에 대해 정리하도록 하겠습니다. 물권은 사례에서처럼 부동산에 직접 설정되는 권리가 대부분입니다. 대표적인 물권은 저당권, 근저당권, 전세권, 담보가등기 등이 있습니다. 물권은 부동산 등기사항전부증명서에 표시되며 근저당 이후에 설정된 권리들보다 배당에서 우선합니다. 만약 근저당이 있는 아파트를 다른 사람에게 팔았다고 하더라도 새 주인에게 근저당에 의한 권리행사를 할 수 있습니다. 물권은 부동산에 직접 설정되고, 그 후에는 누구에게나 권리주장을 할 수 있으며, 배당에서는 설정된 순서에 의해 배당받게 됩니다.

채권은 어떤 물건을 대상으로 하는 것이 아닌 쌍방 간의 권리입니다. 물권처럼 제3자에게 공시할 수 있는 방법이 없습니다. 돈을 받지 못한 채권자가 경매를 진행하기 위해 부동산을 찾았을 때 이미 다른 사람으로 명의가 바뀌었다면 압류를 걸 수 없으며 새 주인에게 권리주장을 할 수도 없습니다. 채권은 당사자 간의 계약이기 때문에 채무자에게만 주장할 수 있어 채권끼리는 순위가 없이 동 순위로 배당을 받게 됩니다.

　부동산 경매의 물권과 채권에서 가장 중요한 부분은 물권은 등기된 순서대로 순위가 정해져 이에 따라 배당을 받고, 채권은 등기된 순서와는 상관없이 동 순위로 배당을 받는다는 것이니 꼭 기억하시길 바랍니다.

말소기준권리는 왜 권리분석의 기본인가?

말소기준권리는 경매 절차에 의해 소멸되는 권리 중 가장 빠르게 설정된 권리를 말합니다. 등기사항전부증명서를 보는 방법을 배웠다면 이제는 부동산 경매 권리분석의 기본인 말소기준권리를 찾는 법을 알아야 합니다. 말소기준권리는 경매에서만 쓰이기 때문에 경매 초보자에게는 생소한 용어라 다소 어렵게 느껴질 수 있지만 앞으로 반복해서 나오기 때문에 처음부터 크게 걱정하지 않아도 됩니다.

일반매매에서 부동산에 설정되어 있는 등기들은 매도인(파는 사람) 또는 매수인(사는 사람)이 권리인수나 말소를 통해 안전한 상태에서 소유권이전을 받습니다. 공인중개사를 통해 안전한 물건이라는 확인도 받을 수 있지요. 반면 경매에서는 본인이 직접 등기부를 보고 말소기준권리를 찾아야 합니다. 권리분석을 통해 인수할 금액이 있는지 없는지를 판단해야 하며 이에 대한 모든 책임은 본인에게 있습니다.

부동산 경매는 채권자가 받지 못한 돈을 받기 위해 경매를 신청하고 배당을 통해 채권변제를 받습니다. 만약 경매가 진행되는 부동산에 대해 그 누구도 책임을 지지 않고 어떤 정보도 주어지지 않는다면 아무도 입찰을 하지 않을 것입니다. 또한 부동산 가격은 시장가격의 절반 이하로 떨어질 것이 분명하기 때문에 협의를 할 수 있는 매도자가 없는 부동산 경매에서는 일정한 기준을 세워 입찰자들이 스스로 안전한 물건인지 판단할 수 있도록 하기 위해 말소기준권리가 생긴 것입니다.

평소 추진력이 좋은 G씨는 부동산 경매를 배우면서 그 매력에 흠뻑 빠졌습니다. 부동산 매매를 통해 투자해본 경험이 있던 G씨는 본인의 경험을 살려 빨리 경매로 낙찰받아 임대수익을 얻고 싶은 마음에 자신이 잘 알고 있는 거주지 주변의 아파트 경매물건을 찾았습니다. 직접 현장도 방문하고 시세와 임대료 조사까지 모두 마친 후 입찰에 참여해 시세가 1억 원인 아파트를 8천만 원에 낙찰받았습니다. 그러나 기쁨도 잠시뿐, 권리분석을 제대로 하지 않아 임차인의 보증금 6천만 원을 인수해서 총 1억 4천만 원에 아파트를 낙찰받은 셈이 되었습니다.

이처럼 부동산 경매에 있어서 등기사항전부증명서를 보고 권리분석을 하는 것은 상당히 중요하고 가장 기본적인 일입니다. 이제부터 권리분석의 말소기준권리에 대해서 자세히 알아보도록 하겠습니다.

말소기준권리를
어떻게 찾아야 하나?

말소기준권리는 낙찰자가 낙찰대금 이외에 인수하는 권리가 있는지 없는지를 확인하는 중요한 기준권리입니다. 말소기준권리보다 늦게 설정된 권리들은 말소기준권리를 포함해 낙찰 후 등본에서 깔끔하게 소멸됩니다.

각각의 권리들이 100% 배당을 받았는지 아닌지의 여부는 중요하지 않습니다. 경매를 통해 부동산이 매각되면 등기부가 깔끔하게 정리되기 때문에 부동산 경매를 '부동산의 세탁과정'이라고 부르기도 합니다. 과거의 내용은 기록되어 있지만 현재 살아 있는 등기가 전혀 없다는 말이지요.

말소기준권리는 등기부의 모든 권리가 다 해당되는 것이 아니고 다음에 나열된 권리 중 가장 먼저 등기사항전부증명서에 등기된 권리만 인정됩니다. 말소기준권리를 포함해 그 이후에 설정된 권리들은 말소(소멸)되고, 그보다 앞서 설정된 권리들은 인수됩니다.

- (근)저당권
- (가)압류
- 담보가등기
- 강제경매 기입등기
- 전세권(전체 점유, 경매신청 또는 배당요구)

말소기준권리 중 저당권(근저당권), 압류(가압류), 담보가등기, 강제경매 기입등기는 가장 먼저 설정되어 있으면 말소기준권리가 될 수 있지만, 전세권은 가장 먼저 설정되어 있다고 하더라도 일정한 요건을 갖추어야만 말소기준권리가 될 수 있습니다. 전세권이 말소기준권리가 되기 위해서는 말소기준권리 중 가장 먼저 설정되어 있어야 하고, 해당 전세권이 부동산의 일부(방 한 칸 등)가 아닌 전체에 대해 설정되어 있어야 하며, 마지막으로 전세권이 배당요구 또는 경매신청을 해 세 가지 요건을 모두 충족할 때 비로소 말소기준권리가 될 수 있는 자격이 주어집니다.

실제 물건을 보면서 말소기준권리에 대해서 알아보겠습니다.

근저당이
말소기준권리가 되는 경우

2019 타경 ○○○ (임의)	매각기일 : 2020-03-11 10:00~ (수)	경매8계 02-2192-1338
2018타경○○○○ 기타		

소재지	(07524) 서울특별시 강서구 가양동 1467 가양중앙하이츠아파트 ○○○ ○○ ○○○			
	[도로명] 서울특별시 강서구 허준로 55-20, ○○○ ○ ○○ ○○○ [가양동 1467 가양중앙하이츠아파트]			
용도	아파트	채권자	중○○○○○○	감정가	700,000,000원
대장용도	아파트	채무자	윤○○	최저가	(80%) 560,000,000원
대지권	54.523㎡ (16.49평)	소유자	윤○○	보증금	(10%) 56,000,000원
전용면적	119.85㎡ (36.25평)	매각대상	토지/건물일괄매각	청구금액	255,886,140원
사건접수	2019-01-25	배당종기일	2019-11-18	개시결정	2019-01-28

기일현황 ⊙ 입찰 32일전

회차	매각기일	최저매각금액	결과
신건	2020-01-29	700,000,000원	유찰
2차	2020-03-11	560,000,000원	

모의입찰가 0 원 입력 ?

감정평가현황 ▶ (주)현산감정, 가격시점 : 2018-08-01   [시세] [실거래가] [전월세] **감정평가서**

토지	건물	제시외건물(포함)	제시외건물(제외)	기타(기계기구)	합계
420,000,000원	280,000,000원	x	x	x	700,000,000원

건물현황 ▶ 보존등기일 : 1999-06-28   **건축물대장**

	소재지	층별	구조	전용면적	감정가격	비고
1	가양동 1467 ○○○	1층 ○○○	철근콘크리트조	119.85㎡ (36.25평)	280,000,000원	16층 건축 1층

기타 기본적인 위생설비 및 급배수시설, 열병합에 의한 난방시설, 승강기설비 등

대지권현황 ▶   **토지이용계획/공시지가**   **부동산정보 통합열람**

	지번	용도	대지권비율	면적	감정가격	비고
1	가양동 1467	대지권	9,294.4㎡ 분의 54.52㎡	54.52㎡ (16.49평)	420,000,000원	

기타 지하철 9호선 양천항교역 북동측 인근에 위치 / 주위는 아파트, 학교 및 근린생활시설 등이 혼재 / 인근에 버스정류장 및 지하철 9 호선 양천항교역 소재, 제반교통조건은 보통 / 서측 및 북측으로 약13미터, 10미터 아스팔트 포장도로와 각각 접함 / 제3종일반주 거지역

임차인현황 채무자(소유자)점유   **매각물건명세서**   **예상배당표**

건물 등기 사항 ▶ 건물열람일 : 2019-06-27   **등기사항증명서**

구분	성립일자	권리종류	권리자	권리금액	상태	비고
갑4	2005-09-02	소유권	최○○		이전	매매
갑5	2018-03-16	소유권	윤○○	(거래가) 560,000,000원	이전	매매
을8	2018-03-16	(근)저당	중○○○○○○	308,400,000원	소멸기준	(주택) 소액배당 10000 이하 3400 (상가) 소액배당 6600 이하 2200
갑6	2018-06-20	가압류	서○○○○○	10,779,610원	소멸	
갑8	2018-09-09	가압류	신○○○○	21,252,464원	소멸	
갑9	2018-09-06	가압류	중○○○○○	308,509,702원	소멸	
갑10	2018-09-10	가압류	서○○○○○	100,000,000원	소멸	
갑11	2019-01-28	임의경매	중○○○○○○	청구: 255,886,140원	소멸	
갑12	2019-05-01	가압류	예○○○○○○○○○○○○○○○	433,856,277원	소멸	

구분	성립일자	권리종류	권리자
갑4	2005-09-02	소유권	최OO
갑5	2018-03-16	소유권	윤OO
을8	2018-03-16	(근)저당	중OOOOOOO
갑6	2018-06-20	가압류	서OOOOO
갑8	2018-08-09	가압류	산OOO
갑9	2018-09-06	가압류	중OOOOOOO
갑10	2018-09-10	가압류	서OOOO
갑11	2019-01-28	임의경매	중OOOOOOO
갑12	2019-05-01	가압류	에OOOOOOOOOOOOOOOOO

사건의 성립일자 순서대로 등기부를 정리하면 위와 같습니다.

설정된 권리들 중 말소기준권리가 될 자격이 있는 권리는 을구 8번 근저당, 갑구 6번 가압류, 갑구 8번 가압류, 갑구 9번 가압류, 갑구 10번 가압류, 갑구 12번 가압류가 있습니다.

그중 가장 먼저 성립된 2018년 3월 16일에 설정된 근저당이 이 사건의 말소기준권리가 됩니다. 말소기준권리가 되는 을구 8번의 근저당을 포함해 아래에 있는 가압류들과 임의경매 등은 매각으로 인해 모두 말소되어 이 물건은 안전합니다.

말소기준권리인 2018년 3월 16일 근저당보다 위에 있는 갑구 4번의 소유권과 갑구 5번의 소유권은 경매가 진행되기 전 소유자가 누구였는지를 알려주는 것으로 낙찰자가 인수를 해야 한다거나 권리분석상 위험요소가 되는 부분은 아니니 걱정하지 않아도 됩니다.

가압류가
말소기준권리가 되는 경우

2019 타경 ▮▮▮▮ (강제)		매각기일 : 2020-02-17 10:00~ (월)		경매1계 054)850-5051	
소재지	(36680) 경상북도 안동시 안막동 77-15 화성아파트 ▮▮▮ ▮▮▮▮▮ [도로명] 경상북도 안동시 퇴계로 259, ▮▮▮ ▮▮▮▮ [안막동 77-▮ 화성]				
용도	아파트	채권자	상OOOOO	감정가	34,000,000원
대장용도	아파트	채무자	장OO	최저가	(49%) 16,660,000원
대지권	17,501㎡ (5,29평)	소유자	장OO	보증금	(10%) 1,666,000원
전용면적	40.8㎡ (12.34평)	매각대상	토지/건물일괄매각	청구금액	149,373,370원
사건접수	2019-04-12	배당종기일	2019-07-01	개시결정	2019-04-23

기일현황 ⓘ 입찰9일전

회차	매각기일	최저매각금액	결과
신건	2019-12-23	34,000,000원	유찰
2차	2020-01-20	23,800,000원	유찰
3차	**2020-02-17**	**16,660,000원**	

모의입찰가 [0] 원 [입력] [?]

감정평가현황 ▶ 유원감정, 가격시점 : 2019-05-17   [시세] [상가레가] [전원세] 📁 감정평가서

토지	건물	제시외건물(포함)	제시외건물(제외)	기타(기계기구)	합계
6,800,000원	27,200,000원	×	×	×	34,000,000원

건물현황 ▶ 보존등기일 : 1992-03-04   📁 건축물대장

	소재지	층별	구조	전용면적	감정가격	비고
1	안막동 77-▮	▮층▮▮▮호	철근콘크리트조	40.8㎡ (12.34평)	27,200,000원	15층 건중 2층
기타	위생설비, 급배수설비, 난방설비 등					

대지권현황   📁 토지이용계획/공시지가   📁 부동산정보 통합열람

	지번	용도	대지권비율	면적	감정가격	비고
1	안막동 77-▮	대지권	6,447㎡ 분의 17.5㎡	17.5㎡ (5.29평)	6,800,000원	
기타	길원여자고등학교 서측 인근에 위치 / 주변은 아파트, 근린생활시설, 단독주택 등이 혼재하는 주거지대 / 본건 인근의 도로가반시설 등을 볼때 전반적인 교통상황은 보통 / 동측의 대로변(퇴계로)에서 아파트부지로 진출입이 가능함 / 제2종일반주거지역					

임차인현황   매각물건명세서상 조사된 임차내역이 없습니다   📁 매각물건명세서   📁 예상배당표

건물 등기 사항 ▶ 건물열람일 : 2019-05-09   📁 등기사항증명서

구분	성립일자	권리종류	권리자	권리금액	상태	비고
갑11	2018-08-24	소유권	김OO	(거래가) 36,000,000원	이전	매매
갑12	2018-09-28	소유권	장OO	(거래가) 37,000,000원	이전	매매
갑13	2019-02-14	가압류	한OOOOOOO	250,000,000원	소멸기준	
갑14	2019-04-23	강제경매	상OOOOO	청구: 149,373,370원	소멸	(주택) 소액배당 5000 이하 1700 (상가) 소액배당 3000 이하 1000

이 사건의 등기부를 정리하면 다음과 같습니다.

구분	성립일자	권리종류	권리자
갑11	2018-08-24	소유권	김OO
갑12	2018-09-28	소유권	장OO
갑13	2019-02-14	가압류	한OOOOOO
갑14	2019-04-23	강제경매	상OOOOO

　　설정된 권리들 중 말소기준권리가 될 자격이 있는 권리는 갑구 13번 가압류와 갑구 14번의 강제경매 신청이 있습니다. 그중 가장 먼저 성립된 권리는 2019년 2월 14일 설정된 가압류이며, 바로 이 사건의 말소기준권리가 됩니다. 말소기준권리가 되는 갑구 13번의 가압류를 포함해 아래에 있는 강제경매는 매각으로 인해 모두 말소되는 안전한 물건입니다.

전세권이
말소기준권리가 되는 경우

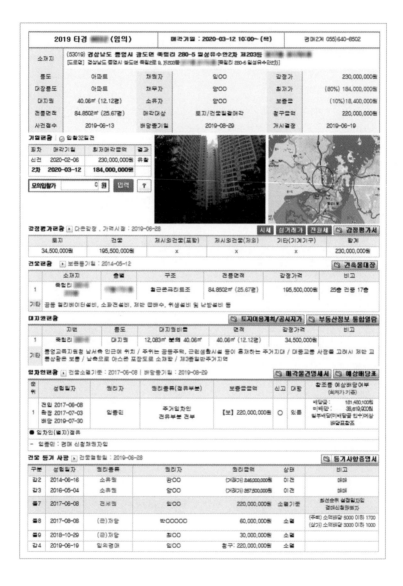

전세권이 말소기준권리가 되기 위해서는 세 가지 요건을 충족시켜야 합니다. 첫째, 말소기준권리가 되는 권리들 중 가장 먼저 설정되어야 합니다. 둘째, 전세권이 부동산의 전체에 대해 설정되어야 합니다. 셋째, 전세권자가 경매신청을 했거나 배당요구를 해야 합니다.

선순위 전세권이 말소기준권리에 해당하는지 여부를 알고 싶다면 매각물건명세서를 확인해야 합니다. 최선순위 설정일자에 선순위 전세권이 기재되어 있다면 해당 전세권은 말소기준권리가 되며 기재되어 있지 않다면 말소기준권리가 되지 않습니다.

이 사건의 등기부를 정리하면 다음과 같습니다.

구분	성립일자	권리종류	권리자
갑2	2014-06-16	소유권	강OO
갑3	2016-05-04	소유권	양OO
을7	2017-06-08	전세권	임OO
을8	2017-08-08	(근)저당	박OOOOO
을9	2018-10-29	(근)저당	최OO
갑4	2019-06-19	임의경매	임OO

설정된 권리들 중 말소기준권리가 될 자격이 있는 권리는 을구 7번 전세권, 을구 8번 근저당, 을구 9번 근저당이 있습니다. 그중 가장 먼저 성립된 권리는 을구 7번의 2017년 6월 8일 설정된 임○○의 전세권입니다.

그러나 전세권은 가장 먼저 설정되어 있다고 해서 말소기준권리가 되는 것이 아니며 두 가지 사항을 더 확인해야 합니다. 첫째, 부동산 전체를 점유하고 있는지, 둘째, 경매신청 또는 배당요구를 했는지 여부입니다. 먼저 두 번째 조건을 확인해보겠습니다. 등기부를 정리해놓은 위 표의 마지막 칸을 보면 '갑구 4번 2019-06-19 임의경매 임○○'을 확인할 수 있습니다. 이를 통해 전세권자가 경매신청을 했다는 것을 알 수 있습니다.

그렇다면 마지막으로 전세권자가 전부를 점유하고 있는지를 확인해야 합니다. 임차인에 관한 사항은 매각물건명세서를 통해 확인할 수 있습니다.

본 사건의 매각물건명세서입니다. 매각물건명세서를 보면 임차인 부분에 임○○ 씨의 점유부분이 '주거용 건물 전부'라고 표시되어 있습니다. 그렇다면 전세권이 말소기준권리가 될 수 있는 세 가지 조건을 모두 갖추게 되어 이 사건의 말소기준권리가 됩니다.

이렇게 확인을 했음에도 불구하고 전세권이 말소기준권리가 되는지 확신이 들지 않는다면 매각물건명세서의 최선순위 설정일자 부분을 확인해보시길 바랍니다. 매각물건명세서의 오른쪽 상단에 '최선순위 설정일자'에 적혀 있는 '2017.06.08 전세권'이 바로 말소기준권리라는 뜻입니다.

말소기준권리 찾기 연습

다음은 등기부를 접수번호 순서대로 정리해놓은 표입니다. 말소기준권리에 해당하는 권리사항에 '○' 표시를 하고, 말소기준권리보다 위에 있는 권리에는 '인수', 밑에 있는 권리에는 '소멸'이라고 표시하세요.

1)

권리 설정일	권리사항	말소기준
2015-03-10	소유권이전	
2015-03-12	근저당	
2016-08-25	가압류	
2017-01-23	전세권(일부 점유, 배당요구○)	

2)

권리 설정일	권리사항	말소기준
2016-04-12	전세권(일부 점유, 배당요구○)	
2016-05-10	가압류	
2017-01-15	근저당	
2018-01-09	강제경매	

3)

권리 설정일	권리사항	말소기준
2017-03-01	전세권(전부 점유, 배당요구×)	
2018-09-15	가압류	
2018-12-20	가압류	
2019-04-26	임의경매	

4)

권리 설정일	권리사항	말소기준
2017-06-23	담보가등기	
2018-01-09	근저당	
2018-06-08	근저당	
2020-03-18	임의경매	

정답 및 해설

1)

권리 설정일	권리사항	말소기준
2015-03-10	소유권이전	해당 없음
2015-03-12	근저당	○
2016-08-25	가압류	소멸
2017-01-23	전세권(일부 점유, 배당요구○)	소멸

: 말소기준권리는 두 번째 근저당이며, 아래에 있는 모든 권리는 소멸입니다.

2)

권리 설정일	권리사항	말소기준
2016-04-12	전세권(일부 점유, 배당요구○)	인수
2016-05-10	가압류	○
2017-01-15	근저당	소멸
2018-01-09	강제경매	소멸

: 말소기준권리는 두 번째 가압류이며 말소기준권리보다 앞서는 전세권은 인수, 말소기준권리보다 늦은 근저당과 강제경매는 소멸입니다.

※ 전세권이 말소기준권리가 될 수 없는 이유는 배당요구는 했지만 일부만 점유하고 있기 때문입니다.

3)

권리 설정일	권리사항	말소기준
2017-03-01	전세권(전부 점유, 배당요구×)	인수
2018-09-15	가압류	○
2018-12-20	가압류	소멸
2019-04-26	임의경매	소멸

: 말소기준권리는 두 번째 가압류이며 이보다 앞서는 전세권은 인수, 말소기준권리보다 늦은 가압류와 임의경매는 소멸입니다.

※ 전세권은 부동산의 전부를 점유하고 있지만 배당요구 또는 경매신청이 없어 말소기준권리가 될 수 없습니다.

4)

권리 설정일	권리사항	말소기준
2017-06-23	담보가등기	○
2018-01-09	근저당	소멸
2018-06-08	근저당	소멸
2020-03-18	임의경매	소멸

: 말소기준권리는 첫 번째 담보가등기이며 말소기준권리보다 앞서는 권리는 없고, 말소기준권리보다 늦은 근저당과 임의경매는 소멸입니다.

주택임대차보호법과 임차권을 제대로 이해하자

부동산 경매를 하다 보면 수많은 임차인과 협의를 해야 하고 명도과정을 거쳐야 합니다. 권리분석을 할 때도 임차인을 보호하는 법률을 알아야 낙찰자의 입장에서 위험한 물건인지, 위험한 물건처럼 보이는 것인지 판단할 수 있습니다. 따라서 임차인을 보호하는 「주택임대차보호법」에 대해 제대로 배워야 합니다. 이 법의 강력한 보호를 받는 임차인이 있는 물건은 입찰자의 입장에서는 입찰하면 안 되는 위험한 물건이 될 수 있습니다.

부동산 경매 투자를 위해서만이 아니라 우리도 언제든 임차인이 될 수 있기 때문에 「주택임대차보호법」은 생활상식으로 생각하고 반드시 그 내용을 알아두는 것이 좋습니다. 「주택임대차보호법」은 사회적 약자인 임차인을 보호하기 위해 현행 민법으로 보호받기 어려운 부분을 강화해 임차인의 권리를 위한 국민 주거생활의 안정을 위해 제정된 특례법입니다.

임차권의 가장 대표적인 두 가지 형태는 확정일자 임차권(확정일자+전입신고) 대항력을 얻는 방법과 부동산에 전세권을 설정하는 방법인데, 이를 통해 임차인의 보증금을 지킬 수 있습니다. 지금부터 두 임차권의 차이점에 대해서 알아보도록 하겠습니다.

확정일자 임차권과
전세권의 비교

관련 보호법

「주택임대차보호법」의 종류가 중요한 이유는 앞으로 나올 임차인의 권리를 강화시켜주는 법의 적용을 임차권의 종류에 따라 받을 수도 있고 못 받을 수도 있기 때문입니다.

- **확정일자 임차권**: 「주택임대차보호법」의 보호를 받습니다.
- **전세권**: 「민법」의 보호를 받습니다.

등기부 기재 여부

- **확정일자 임차권:** 앞서 권리분석 부분에서 설명드렸듯이 등기부에 기재되지 않는 대표적인 권리 중 하나입니다. 임차권은 전입세대열람을 통해서 임대차 내역을 확인해볼 수 있습니다. 하지만 전입세대열람에서도 세대주의 이름과 전입일자만 알 수 있을 뿐 보증금액 등 계약의 상세한 내역은 알 수 없습니다. 기본적으로 임차권은 채권의 성격을 지니지만 확정일자를 통해 물권화된 채권으로 불립니다. 자세한 것은 배당 부분에서 설명드리겠습니다.

- **전세권:** 등기부에 바로 기재되며 계약금액 등이 자세히 표시되어 제3자에게 공시되고 권리주장을 할 수 있는 물권입니다.

성립요건

- **확정일자 임차권:** 점유 + 전입신고 + 확정일자가 필요합니다.
- **전세권:** 등기부에 설정이 되었다면 전입신고와 확정일자가 없더라도 전세권설정등기 그 자체만으로도 효력이 있습니다.

대항력의 발생시점

대항력이란 제3자에게 대항할 수 있는 권리를 말합니다. 발생시점에 따라 말소기준권리를 기준으로 선순위 임차인이 되기도 하고, 후순위 임차인이 되기도 합니다. 따라서 대항력의 발생시점은 권리분석에서 가장 중요한 요소입니다.

- **확정일자 임차권:** 임차인이 전입신고를 한 다음 날 0시에 비로소 대항력이 발생됩니다.
- **전세권:** 등기를 한 당일에 대항력이 발생됩니다.

우선변제권

우선변제권이란 「주택임대차보호법」상 임차인이 보증금을 우선해서 변제받을 권리를 말합니다.

- **확정일자 임차권:** 단독건축물(단독주택), 집합건축물(아파트)에 상관없이 토지와 건물에 모두 우선변제권이 있습니다.
- **전세권:** 집합건물에 한해 건물과 토지 모두 우선변제권이 인정되며, 건물과 토지가 따로 거래가 가능한 일반건축물에서 건물에만 설정된 전세권은 건물금액에 대해서만 배당받을 수 있습니다.

  예를 들어 토지 6천만 원+건물 4천만 원으로 감정된 단독주택이 경매로 나와 1억 원에 낙찰이 되었습니다. 8천만 원에 전세를 살고 있던 H씨는 건물 4천만 원에 대해서만 배당받을 수 있고 토지 6천만 원에 대해서는 권리주장을 하지 못합니다. 그렇기 때문에 단독주택에 전세권설정을 할 때는 건물과 토지에 모두 설정하는 것이 좋고, 가능하다면 전입신고를 같이 해두는 것이 좋습니다.

대항력 취득 절차

- **확정일자 임차권**: 계약서를 들고 가까운 동주민센터에 방문해 전입신고와 계약서에 확정일자 도장을 받으면 간단하게 취득할 수 있으며, 임대인의 동의도 필요하지 않습니다. 인터넷을 통한 전입신고도 가능하니 참고하시길 바랍니다.
- **전세권**: 임대인의 동의가 반드시 필요하며 등기소에서 신청할 수 있습니다. 필요한 서류는 임대인의 등기필증, 인감증명서, 인감도장, 위임장, 전세계약서이며 본인의 주민등록증과 도장도 지참해야 합니다.

전대차 가능 여부

- **확정일자 임차권**: 임대인의 동의 없이 임차권의 양도나 전대차가 불가능합니다.
- **전세권**: 등기된 권리로, 임대인의 동의 없이도 양도와 전전세가 가능합니다.

경매신청 절차

물권과 채권은 경매신청 방법에서도 차이가 납니다. 물권은 별도의 소송 없이 바로 경매신청이 가능하며 이를 임의경매라고 부릅니다. 채권은 별도의 소송을 통해서 경매신청이 가능하며 이를 강제경매라고 부릅니다.

- **확정일자 임차권:** 소송을 통해 강제경매를 신청할 수 있습니다.

  (채권)

- **전세권:** 별도의 소송 없이 임의경매를 신청할 수 있습니다.

  (물권)

· 확정일자 임차권 vs. 전세권 ·

	확정일자 임차권	전세권
관련 보호법	주택임대차보호법	민법
등기부 기재 여부	등기부 미기재 (물권화된 채권)	등기부 기재 (물권)
성립요건	점유＋전입신고＋확정일자	전입하지 않아도 무방
대항력 발생시점	전입신고 다음 날 0시	등기 당일에 효력
우선변제권	건물 및 토지에 대해 우선변제권	단독건물은 건물에만 우선변제권 (집합건물은 건물＋토지에만 우선변제권)
대항력 취득 절차	동주민센터에서 즉시 가능 (임대인 동의 ×)	등기소에서 가능 (반드시 임대인 동의 ○)
전대차 가능 여부	임대인 동의 없이 임차권 양도·전대차 불가	자유로운 양도, 임대·전전세 가능
경매신청 절차	보증금 체납 시 소송을 통해 강제경매 신청 가능	보증금 체납 시 별도 소송 없이 임의경매 신청 가능

임차인의 대항력은
어떤 경우에 성립되는가?

「주택임대차보호법」에 명시된 임차인의 권리에는 대항력, 우선변제권, 최우선변제권이 있습니다. 부동산 경매는 대부분 사람들이 점유하고 있는 부동산에 투자를 하는 것이므로 임차인의 권리에 대해서 정확하게 알고 있어야 위험에 대처하고 미리 준비할 수 있습니다.

가장 먼저 대항력에 대해서 알아보도록 하겠습니다. 대항력은 주택의 소유자가 제3자로 변경되어도 임대차계약의 효력을 주장할 수 있는 권리입니다. 쉽게 말해 임차인이 대항력을 갖추면 집주인이 누구든 몇 번이 바뀌든 임대차계약 기간 동안은 거주할 수 있습니다.

경매에서는 임차인의 대항력 유무와 그 발생시점에 따라 낙찰자가 임차인의 보증금을 모두 돌려주기 전까지 부동산을 인도하지 않을 권리가 생기기도 합니다. 대항력의 성립요건과 발생시점은 다음과 같습니다.

- **대항력의 성립요건:** 전입신고(사업자등록) 및 점유
- **대항력의 발생시점:** 전입신고를 한 다음 날 0시

전입신고는 동주민센터나 정부민원포털 민원24 홈페이지(www.minwon.go.kr)를 통해 신청할 수 있으며, 대항력은 전입신고를 한 다음 날 '0시'에 발생한다는 점을 꼭 기억하시길 바랍니다.

대항력을 갖춘 임차인 중에서도 말소기준권리보다 빨리 대항력을 갖춘 선순위 임차인과 말소기준권리보다 늦게 대항력을 갖춘 후순위 임차인이 있습니다. 이 두 임차인이 경매 과정에서 어떤 차이점이 있는지를 간단한 사례를 통해 알아보도록 하겠습니다.

후순위 임차인
B씨

B씨는 오래전부터 살고 싶은 아파트가 있었습니다. 하지만 인기가 너무 많은 탓에 매매, 전세, 월세가 1년에 한두 개 정도밖에 나오지 않았습니다. 어느 날 평소 자주 들러 친분이 쌓인 공인중개사에게서

전세물건이 하나 나왔다고 연락이 왔습니다. B씨는 기쁜 마음으로 바로 계약서를 작성하고 계약금을 보냈습니다. 얼마 후 이사를 마치고 기분 좋게 집에서 휴식을 취하고 있는데 누군가가 초인종을 눌렀습니다. 바로 우체부였습니다.

- **우체부**: B씨 맞으시죠?
- **B씨**: 네, 맞는데요. 무슨 일이시죠?
- **우체부**: 법원에서 우편물이 왔습니다.
- **B씨**: 법원이요?

평생 바르게 살아왔던 B씨는 의아해하며 우편물을 열어보았습니다. 내용을 확인한 B씨는 당황했습니다. 이사를 온 집이 경매가 진행되고 있으니 임차인은 배당요구를 하라는 통지서였기 때문입니다. B씨는 그래도 전입신고를 해놓아서 대항력이 있기 때문에 보증금은 지킬 수 있을 것이라 생각하고 지인에게 도움을 청해 배당요구신청을 했습니다. 시간이 흘러 경매가 마무리되어 낙찰자가 집으로 찾아왔습니다.

- **낙찰자**: 이 집의 낙찰자입니다. 이사 일정 협의 때문에 왔습니다.
- **B씨**: 이사는 가야죠. 제 보증금을 다 돌려받으면 이사 갈 겁니다.
- **낙찰자**: 지금 세입자 분께서는 보증금 전액을 배당받지 못하십니다. 그리고 배당을 받으시려면 집을 먼저 비워주셔야 합니다.

– B씨: 보증금을 다 못 받는다고요? 저는 대항력이 있는 임차인입니다. 대항력이 있으면 보증금을 전액 지킬 수 있다고 알고 있는데요.

– 낙찰자: 대항력은 있으시지만 말소기준권리보다 늦게 전입을 하셔서 후순위 임차인이기 때문에 협조를 해주시지 않으시면 강제집행으로 해결할 수밖에 없습니다. 이사 일정에 협조 부탁드립니다.

B씨처럼 많은 사람들이 대항력만 갖추게 되면 낙찰자에게 권리 주장을 할 수 있을 것이라고 생각합니다. 하지만 대항력의 성립일이 말소기준권리보다 전이냐 후냐에 따라 '선순위 임차인'과 '후순위 임차인'으로 나뉩니다.

그제서야 등기부를 자세히 살펴보니 B씨의 전입일은 2018년 12월 27일이었고, 말소기준권리인 근저당의 설정일은 2018년 12월 9일이었습니다. 그러므로 B씨는 후순위 임차인이 되어 보증금 전액을 배당받지 못함에도 낙찰자에게 권리주장을 할 수 없었으며 결국 이사를 가게 되었습니다.

선순위 임차인
J씨

J씨는 B씨와 같은 날 같은 아파트 바로 옆집으로 이사를 왔습니다. 평소에도 꼼꼼한 성격의 J씨는 아무런 권리가 없는지 등기부를 계약

하는 날 한 번, 잔금을 치르고 이사를 들어가는 날 또 한 번 확인을 하고 나서야 이사를 했습니다. 행복하게 살고 있던 어느 날 법원에서 경매가 진행된다는 통지서를 받았습니다. B씨와 마찬가지로 J씨도 배당요구신청을 했고, 경매가 진행된 후 낙찰자가 집에 방문했습니다.

- **낙찰자**: 이 집의 낙찰자입니다. 이사 일정 협의 때문에 왔습니다.
- **J씨**: 보증금을 다 돌려받으면 이사를 갈 예정입니다.
- **낙찰자**: 네. 보증금의 대부분은 법원에서 배당받으실 것이고 배당을 받지 못한 보증금은 제가 드리도록 하겠습니다.
- **J씨**: 네. 그럼 저도 이사할 곳을 알아보도록 하죠.

J씨도 B씨와 마찬가지로 임대차계약으로 거주하던 중이었고 그 집이 경매로 넘어가 낙찰이 된 상황이었지만 결과는 많이 달랐습니다. B씨는 보증금을 다 받지 못하고 얼굴을 붉히며 이사를 나갔지만 J씨는 보증금을 전액 배당받고 순탄하게 이사를 했습니다.

이 사례에서 두 사람의 차이점은 무엇일까요? 그것은 바로 대항력이 말소기준권리보다 빠르냐 아니냐의 차이였습니다. B씨는 계약을 할 때 안전하다는 말만 믿고 계약을 했지만 이미 등기부에는 근저당이 설정되어 있는 상태였습니다. 반면 J씨는 계약을 할 때 꼼꼼히 등기부를 살펴 아무런 권리가 없는 것을 확인하고 임대차계약을 맺은 후 전입신고를 한 것입니다.

이처럼 대항력이 있다고 하더라도 중요한 것은 대항력의 성립일입니다. 권리(보증금)를 지키기 위해서는 자신의 대항력 성립일보다 앞서는 권리가 없는 것을 확인해야 합니다. 임차인의 대항력은 해당 부동산을 점유하고 전입신고를 한 다음 날 0시부터 발생하니 반드시 알아두시길 바랍니다.

임차인의 우선변제권은 어떤 경우에 성립되는가?

우선변제권은 임차인이 부동산 경매 절차에 참여해 배당을 받아갈 수 있는 권리입니다. 우선변제권의 성립요건을 갖추면 채권인 임차권이 성립된 날짜에 따라 순서대로 배당받을 수 있는 물권의 성격을 지니게 됩니다. 임차인이 우선변제권을 갖기 위해서는 임대차계약서에 확정일자를 받아야 하는데 관할 동주민센터뿐만 아니라 관할 법원, 등기소 및 온라인 등기소(www.iros.go.kr) 등에서도 받을 수 있습니다. 하지만 전입신고는 관할 동주민센터와 민원24(www.minwon.go.kr)에서만 가능하니 참고하시길 바랍니다.

「주택임대차보호법」에 따르면 우선변제권의 성립요건은 다음과 같습니다.

- **우선변제권의 성립요건**: 대항력요건+확정일자+배당요구
- **우선변제권의 발생시점**: 대항력요건을 구비 후 확정일자를 받은 당일

우선변제권이 성립하려면 대항력요건(전입신고+점유)과 확정일자를 받고 경매 절차에서 배당요구를 해야 합니다. 우선변제권의 발생 시점은 대항력요건을 구비한 후 확정일자를 받은 당일입니다. 대항력은 우선변제권의 성립요건 중 하나이기 때문에 반드시 있어야 합니다. 예를 들어 오늘 전입신고와 확정일자를 받고 부동산을 점유했다면 우선변제권은 언제 생길까요? 정답은 오늘이 아니라 대항력이 생기는 다음 날 '0시'입니다.

대항력과 확정일자를 받았다고 하더라도 임차인이 배당요구를 하지 않았다면 배당에 참여할 수 없습니다. 임차인이 배당을 받기 위해서는 기본적으로 배당요구를 해야 합니다.

지금까지 「주택임대차보호법」의 임차인 권리 강화를 위한 두 가지 권리(대항력, 우선변제권)에 대해 알아보았습니다. 기초를 확실하게 다지고 가는 의미에서 대항력과 우선변제권에 대한 문제를 풀어 보고 임차인의 마지막 권리인 최우선변제에 대해서 알아보도록 하겠습니다.

대항력과 우선변제권 연습

임차인이 점유와 배당요구를 한 것으로 간주하고 문제를 풀어봅시다.

1)

설정일	권리자	권리내용
2018-12-27	임차인	전입신고
2018-12-27	은행	근저당

A. 대항력 성립일시는 언제인가?

B. 우선변제권 성립일시는 언제인가?

C. 선순위 권리는 무엇인가?

D. 배당 후 임차인은 인수인가, 소멸인가?

2)

설정일	권리자	권리내용
2018-12-27	임차인	전입신고
2018-12-27	임차인	확정일자
2018-12-28	은행	근저당

A. 대항력 성립일시는 언제인가?

B. 우선변제권 성립일시는 언제인가?

C. 선순위 권리는 무엇인가?

D. 배당 후 임차인은 인수인가, 소멸인가?

3)

설정일	권리자	권리내용
2018-12-27	임차인	전입신고
2018-12-27	임차인	확정일자
2018-12-27	은행	근저당

A. 대항력 성립일시는 언제인가?

B. 우선변제권 성립일시는 언제인가?

C. 선순위 권리는 무엇인가?

D. 배당 후 임차인은 인수인가, 소멸인가?

4)

설정일	권리자	권리내용
2018-12-26	임차인	전입신고
2018-12-27	은행	근저당
2018-12-27	임차인	확정일자

A. 대항력 성립일시는 언제인가?

B. 우선변제권 성립일시는 언제인가?

C. 선순위 권리는 무엇인가?

D. 배당 후 임차인은 인수인가, 소멸인가?

정답 및 해설

1)

A. 2018년 12월 28일 0시

B. 성립 안 됨

C. 은행의 근저당

D. 소멸

임차인의 대항력은 전입신고를 한 2018년 12월 27일의 다음 날 0시인 12월 28일 0시에 발생되고, 우선변제권은 확정일자를 받지 않았기 때문에 성립되지 않습니다. 선순위 권리는 2018년 12월 27일에 설정된 근저당이며, 임차인의 대항력은 근저당보다 늦은 2018년 12월 28일 0시에 발생되었기 때문에 후순위 임차인이 되어 경매 절차로 인해 보증금 배당 여부와는 상관없이 소멸하며 낙찰자에게 대항할 수 없습니다. 임차인과 은행은 같은 날 권리신고를 했지만 전입신고에 의한 대항력은 다음 날 0시에 발생되기 때문에 설정 즉시 효력을 발휘하는 근저당에게 밀려나게 되는 것입니다.

전입신고를 하고 이사하는 날 집주인이 근저당 설정도 동시에 한다면 위와 같은 상황이 벌어지게 됩니다. 그렇기 때문에 등기부는 반드시 계약할 때 한 번, 잔금을 치를 때 한 번, 전입하는 날 한 번씩 총 3번에 걸쳐서 확인하는 것이 좋고, 여의치 않다면 계약할 때와 전입신고를 하는 날에는 반드시 확인해야 보증금을 확실히 지킬 수 있습니다.

2)

A. 2018년 12월 28일 0시

B. 2018년 12월 28일 0시

C. 임차인의 대항력

D. 인수

임차인의 대항력은 전입신고를 한 2018년 12월 27일의 다음 날 0시인 12월 28일 0시에 발생되고, 우선변제권은 확정일자를 받고 대항력이 발생된 2018년 12월 28일 0시에 성립됩니다. 선순위 권리는 2018년 12월 28일 0시에 설정된 임차인의 대항력입니다. 그런데 말소기준권리인 근저당도 2018년 12월 28일에 설정되었습니다. 앞서 임차인의 대항력이 다음 날 '0시'에 발생하는 것을 계속 강조했던 이유를 1번과 2번 문제에서 확인할 수 있습니다. 선순위·후순위는 0시를 기준으로 결정됩니다. 그 이유는 수백, 수천만 원에 해당하는 돈이 왔다 갔다 하기 때문입니다. 낙찰자는 말소기준권리보다 설정일시가 빠른 임차인이 낙찰 후에 배당을 받지 못한 금액을 인수해 보증금을 물어주어야 합니다. 임차인은 배당을 전액 다 받기 전까지 명도를 거부할 권리가 있습니다.

3)

A. 2018년 12월 28일 0시

B. 2018년 12월 28일 0시

C. 은행의 근저당

D. 소멸

임차인의 대항력은 전입신고를 한 2018년 12월 27일의 다음 날 0시인 12월 28일 0시에 발생되고, 우선변제권은 확정일자를 받고 대항력이 발생된 2018년 12월 28일 0시에 성립됩니다. 선순위 권리는 말소기준권리인 2018년 12월 27일 설정된 은행의 근저당이고, 그다음 날인 12월 28일 0시에 설정된 임차인의 대항력은 근저당보다 늦게 설정되었기 때문에 후순위 임차인이 됩니다. 경매 절차에서 배당을 전액 받지 못하더라도 낙찰자에게 대항할 수 없습니다.

4)

A. 2018년 12월 27일 0시

B. 2018년 12월 27일

C. 임차인의 대항력

D. 인수

임차인의 대항력은 전입신고를 한 2018년 12월 26일의 다음 날 0시인 12월 27일 0시에 발생되고, 우선변제권은 대항력이 발생되고 확정일자를 받은 2018년 12월 27일 당일에 성립됩니다. 말소기준권리인 은행의 근저당이 2018년 12월 27일에 성립되어 2018년 12월 27일 0시의 임차인의 대항력이 선순위 권리가 됩니다. 경매 절차에서 배당을 전액 받지 못하면 임차인의 보증금은 낙찰자가 인수해야 합니다. 이 사건에서 주의해야 할 부분은 바로 이 배당입니다.

　이 사례에서는 임차인의 우선변제권 성립일자와 은행의 근저당 설정일자가 같습니다. 이런 경우 배당 순서는 어떻게 정해야 할까요? 전입신고가 빠른 임차인이 먼저일까요? 같은 날 등기가 되었다고 하더라도 접수번호를 따져서 순서를 정할 수도 있습니다. 하지만 그것은 등기부에 등기된 권리들끼리의 순위를 정할 때만 해당됩니다. 은행의 근저당은 등기부에 등기가 되는 반면 임차인의 확정일자는 등기부에 등록되지 않기 때문에 접수번호로 선순위를 정할 수 없습니다. 그래서 이런 경우의 배당순서는 두 권리 간을 동 순위로 보고 동시에 배당을 합니다.

근저당과 임차인 모두 자신의 채권금액만큼 안분배당을 받는 것으로 배당이 진행됩니다. 두 권리가 배당금을 나눠서 배당받기 때문에 임차인의 보증금이 전액 배당되는 일은 거의 없습니다. 하지만 임차인은 대항력이 빨리 발생된 선순위 임차인이므로, 배당을 받지 못한 나머지 보증금을 낙찰자에게 요구할 수 있습니다.

임차인의 최우선변제권은 어떤 경우에 성립되는가?

최우선변제는 임차인의 보증금을 지킬 수 있는 가장 좋은 제도입니다. 임차인의 권리를 강화시켜주는 「주택임대차보호법」의 제도 중 임차인의 권리를 가장 잘 지켜주는 소액임차인 최우선변제는 성립 요건만 충족한다면 권리의 순서에 상관없이 최우선적으로 배당받을 수 있는 아주 강력한 권리입니다.

만약 이렇게 강력한 권리를 아무런 제한 없이 배당을 해준다면 기존에 설정된 권리자들은 큰 손해를 보게 될 것입니다. 은행의 입장에서 생각해본다면 아무리 등기부에 1등으로 근저당을 설정해놓더라도 뒤에 있는 소액임차인들이 먼저 배당을 받아가기 때문에 금전적인 손해가 나는 것을 그저 바라볼 수밖에 없을 것입니다. 그렇다면 은행에서는 지금처럼 부동산을 담보로 돈을 빌려주려 하지 않을 것이고, 임차인의 강화된 권리를 악용하는 사례들도 많아질 것입니다.

소액임차인 최우선변제권은 설정된 권리들에 앞서 배당을 받는 특별우선채권으로 총 배당금의 1/2 금액 내에서만 배당받을 수 있습니다. 자세한 내용은 「주택임대차보호법」 제8조에서 확인할 수 있습니다.

주택임대차보호법 제8조

제8조(보증금 중 일정액의 보호)

① 임차인은 보증금 중 일정액을 다른 담보물권자(擔保物權者)보다 우선하여 변제받을 권리가 있다. 이 경우 임차인은 주택에 대한 경매신청의 등기 전에 제3조제1항의 요건을 갖추어야 한다.

② 제1항의 경우에는 제3조의2제4항부터 제6항까지의 규정을 준용한다.

③ 제1항에 따라 우선변제를 받을 임차인 및 보증금 중 일정액의 범위와 기준은 제8조의2에 따른 주택임대차위원회의 심의를 거쳐 대통령령으로 정한다. 다만 보증금 중 일정액의 범위와 기준은 주택가액(대지의 가액을 포함한다)의 2분의 1을 넘지 못한다. 〈개정 2009. 5. 8.〉

[전문개정 2008. 3. 21.]

「주택임대차보호법」의 소액임차인 최우선변제 제도의 보호를 받으려면 '대항력+배당요구+소액임차보증금'이 성립되어야 합니다. 즉 첫 경매개시결정등기 전에 대항요건(주택의 인도와 주민등록전입)을 갖추어야 하고, 배당요구의 종기일까지 반드시 배당요구를 해야

하며, 보증금의 액수가 소액임차인에 해당하는 보증금의 범위 내에 포함되어야 합니다.

•소액임차인 범위•

담보물권 설정일	지역	보증금 범위	최우선 변제금
1990. 02. 19 ~ 1995. 10. 18	서울특별시, 직할시	2,000만 원 이하	700만 원
	기타 지역	1,500만 원 이하	500만 원
1995. 10. 19 ~ 2001. 09. 14	특별시, 광역시(군지역 제외)	3,000만 원 이하	1,200만 원
	기타 지역	2,000만 원 이하	800만 원
2001. 09. 15 ~ 2008. 8. 20	수도권정비계획법에 의한 수도권 중 과밀억제권역	4,000만 원 이하	1,600만 원
	광역시 (군지역과 인천광역시지역 제외)	3,500만 원 이하	1,400만 원
	그 밖의 지역	3,000만 원 이하	1,200만 원
2008. 08. 21 ~ 2010. 07. 25	수도권정비계획법에 따른 수도권 중 과밀억제권역	6,000만 원 이하	2,000만 원
	광역시 (군지역과 인천광역시지역 제외)	5,000만 원 이하	1,700만 원
	그 밖의 지역	4,000만 원 이하	1,400만 원
2010. 07. 26 ~ 2013. 12. 31	서울특별시	7,500만 원 이하	2,500만 원
	수도권정비계획법에 따른 과밀억제권역 (서울특별시 제외)	6,500만 원 이하	2,200만 원
	광역시(수도권정비계획법에 따른 과밀억제권역에 포함된 지역과 군지역은 제외), 안산시, 용인시, 김포시, 광주시	5,500만 원 이하	1,900만 원
	그 밖의 지역	4,000만 원 이하	1,400만 원

담보물권 설정일	지역	보증금 범위	최우선 변제금
2014. 01. 01 ~ 2016. 03. 30	서울특별시	9,500만 원 이하	3,200만 원
	수도권정비계획법에 따른 과밀억제권역(서울특별시 제외)	8,000만 원 이하	2,700만 원
	광역시(수도권정비계획법에 따른 과밀억제권역에 포함된 지역과 군지역은 제외), 안산시, 용인시, 김포시, 광주시	6,000만 원 이하	2,000만 원
	그 밖의 지역(세종시 포함)	4,500만 원 이하	1,500만 원
2016. 03. 31 ~ 2018. 09. 17	서울특별시	1억 원 이하	3,400만 원
	수도권정비계획법에 따른 과밀억제권역(서울특별시 제외)	8,000만 원 이하	2,700만 원
	광역시(수도권정비계획법에 따른 과밀억제권역에 포함된 지역과 군지역은 제외), 안산시, 용인시, 김포시, 광주시, 세종시	6,000만 원 이하	2,000만 원
	그 밖의 지역(세종시 제외)	5,000만 원 이하	1,700만 원
2018. 09. 18 ~ 현재	서울특별시	1억 1천만 원 이하	3,700만 원
	수도권정비계획법에 따른 과밀억제권역, 세종시, 용인시, 화성시	1억 원 이하	3,400만 원
	광역시(수도권정비계획법에 따른 과밀억제권역에 포함된 지역과 군지역은 제외) 안산시, 김포시, 광주시, 파주시	6,000만 원 이하	2,000만 원
	그 밖의 지역	5,000만 원 이하	1,700만 원

소액임차인 최우선변제권의 성립요건을 자세히 살펴보면 확정일자가 없다는 것을 알 수 있습니다. 확정일자는 우선변제권에서는 필

요하지만 소액임차인 최우선변제권의 성립요건은 아닙니다.

소액임차기준권리에는 저당권, 담보가등기, 근저당권이 있습니다. 말소기준권리와 비슷하기 때문에 혼동하는 사람들이 많은데 소액임차기준권리와 말소기준권리를 혼동해서는 안 됩니다. 최우선변제는 위의 세 가지 중 가장 빨리 설정된 권리를 기준으로 금액이 확정됩니다. 만약 세 가지 기준권리 없이 부동산 경매가 진행되는 경우 실무에서는 '배당 당일'을 기준으로 현행법에 따라 배당을 실시합니다. (다만 확정일자부 임차권과 전세권에 대해서는 법에 명시된 사항은 없고 판례 등으로 인정된 사례들이 있습니다.)

소액임차 보증금의 기준일 계산

많은 임차인들이 소액임차인의 해당 여부를 전입신고한 날짜 또는 계약일을 기준으로 판단하는데 이는 잘못된 생각입니다. 소액임차인의 해당 여부는 부동산의 최초 담보물권 설정일을 기준으로 판단합니다. 임차인이 언제 이사를 왔는지, 언제 계약을 했는지, 언제 전입을 했는지 등의 이사 시기와는 전혀 관계가 없습니다. 다음 사례를 통해 자세히 알아보도록 하겠습니다.

서울에 사는 K씨는 2015년 2월 19일부터 8천만 원의 전셋집에 살고 있습니다. 그러던 중 집이 경매로 넘어간다는 소리를 들어 등기부를 확인해보았더니 2008년 8월 22일 설정된 최초 근저당권자가 경매신청을 해서 경매가 진행되고 있었습니다. K씨는 자신의 전입일을 기준으로 최소한 3,200만 원은 배당받을 수 있겠다고 생각해 배당일 법원에 참석했지만 K씨에게 배당금은 전혀 없었습니다.

이 사례에서 K씨가 최우선변제를 받을 수 없었던 이유는 소액임차보증금을 판단하는 기준권리가 임차인의 전입일자가 아닌 근저당 등 담보물권의 설정일을 기준으로 판단되기 때문입니다. 2008년 8월 22일 기준으로 수도권은 보증금 6천만 원 이하면 배당받을 수 있었지만 K씨의 보증금은 8천만 원이었기 때문에 최우선변제 금액을 받을 수 없었던 것입니다.

만약 이 사례에서 K씨의 보증금이 6천만 원이었다면 2천만 원을 최우선변제로 배당받을 수 있겠지만, 그 집의 낙찰가가 3천만 원이었다면 K씨는 배당금액의 1/2 내에서 배당을 받으므로 최우선변제 배당금은 1,500만 원을 넘을 수 없습니다.

인터넷으로 확인하는
소액임차인의 범위

대법원은 인터넷 등기소를 통해 누구나 쉽게 정보를 제공받고 임대차 관련 법률 정보를 확인할 수 있도록 했습니다. 「주택임대차보호법」과 「상가건물 임대차보호법」에 따르면 보증금이 일정 금액 이하인 소액임차인은 주택이나 상가건물이 경매에 넘어갈 경우 보증금 중 일정액을 다른 권리자들보다 우선해 배당받을 수 있습니다. 하지만 임차인을 위한 법인데도 불구하고 관련 내용이 정리된 사이트가 없어 임차인들은 자신이 최우선변제 대상인 소액임차인지 아닌지를 판단하기 어렵고, 소액임차인이라도 우선변제를 받을 수 있는 금액이 얼마인지 알기 어렵다는 문제가 지속적으로 제기되었습니다.

이에 2014년 10월 2일부터 대법원 인터넷등기소(www.iros.go.kr)에서 소액임차인 최우선변제 보증금을 쉽게 확인할 수 있는 서비스가 시작되었습니다. 구체적인 확인 절차는 다음과 같습니다.

1. 대법원 인터넷등기소 사이트에 접속해 오른쪽 하단의 '소액임차인의 범위 안내'를 클릭합니다.

2. 오른쪽 하단의 버튼을 눌러 전체 내용을 확인할 수 있습니다.

- 경매개시결정의 등기 전에 주택의 **인도**와 **주민등록**을 갖춘 경우에는 보증금 중 일정액을 다른 담보물권자보다 우선하여 변제받을 수 있습니다(**주택임대차보호법 제8조**).
- 경매개시결정의 등기 전에 건물의 **인도**와 **사업자등록**을 갖춘 경우에는 보증금 중 일정액을 다른 담보물권자보다 우선하여 변제받을 수 있습니다(**상가건물임대차보호법 제14조**).

※ 1. 이 자료는 **검색의 편의를 위해** 주택임대차보호법, 상가건물임대차보호법 및 수도권정비계획법의 내용을 정리한 것입니다. **참고자료 로만 활용**하시기 바랍니다.
   2. 법령의 개정(법제처 국가법령정보센터에서 확인 가능) 및 행정구역 변경(해당 자치단체 홈페이지에서 확인 가능)에 따라 **그 내용이 변 경될 수 있음**을 주의하시기 바랍니다(법제처 국가법령정보센터 바로가기)

• 아래 전국지도에서 **서울특별시, 광역시/도**를 **선택**하면 해당지역의 주택임대차보호법 또는 상가건물임대차보호법에서 정하고 있는 **우 선변제 받을 임차인 및 보증금 중 일정액의 범위와 기준**을 확인할 수 있습니다

소액임차인 범위 등 안내 전체보기 ❏

◉ 전체 조회   ◉ 주택임대차보호법 조회   ◉ 상가건물임대차보호법 조회

3. 지도에서 지역을 클릭하면 지역별 내용을 확인할 수 있습니다.

4. 저당, 근저당, 담보가등기 등의 담보물권 기준시점을 찾아 자신이 보호받을 수 있는 보증금 범위를 확인합니다.

기준시점	지역	임차인 보증금 범위	보증금 중 일정액의 범위
1990. 2. 19.~	서울특별시	2,000만원 이하	700만원
1995. 10. 19.~	서울특별시	3,000만원 이하	1,200만원
2001. 9. 15.~	서울특별시	4,000만원 이하	1,600만원
2008. 8. 21.~	서울특별시	6,000만원 이하	2,000만원
2010. 7. 26.~	서울특별시	7,500만원 이하	2,500만원
2014. 1. 1.~	서울특별시	9,500만원 이하	3,200만원
2016. 3. 31.~	서울특별시	1억원 이하	3,400만원
2018. 9. 18.~	서울특별시	1억 1천만원 이하	3,700만원

5. 본인의 지역이 과밀억제권역에 포함되는지 정확하게 확인합니다.

■ 2001. 1. 29. ~ 2009. 1. 15.
○ 서울특별시
○ 인천광역시[강화군, 옹진군, 중구 운남동·운북동·운서동·중산동·남북동·덕교동·을왕동·무의동, 서구 대곡동·불로동·마전동·금곡동·오류동·왕길동·당하동 원당동, 연수구 송도매립지(인천광역시장이 송도신시가지 조성을 위하여 1990. 11. 12. 송도 앞 공유수면매립공사면허를 받은 지역), 남동유치지역은 각 제외]
○ 경기도 중 의정부시, 구리시, 남양주시(호평동·평내동·금곡동·일패동·이패동·삼패동·가운동·수석동·지금동 및 도농동에 한한다), 하남시, 고양시, 수원시, 성남시, 안양시, 부천시, 광명시, 과천시, 의왕시, 군포시, 시흥시(반월특수지역 제외)

■ 2009. 1. 16. ~ 2011. 3. 8.
○ 서울특별시
○ 인천광역시(강화군, 옹진군, 서구 대곡동·불로동·마전동·금곡동·오류동·왕길동·당하동·원당동, 인천경제자유구역 및 남동 국가산업단지는 각 제외)
○ 경기도 중 의정부시, 구리시, 남양주시(호평동·평내동·금곡동, 일패동, 이패동, 삼패동, 가운동, 수석동, 지금동, 도농동만 해당), 하남시, 고양시, 수원시, 성남시, 안양시, 부천시, 광명시, 과천시, 의왕시, 군포시, 시흥시(반월특수지역 제외)

■ 2011. 3. 9. ~ 2017. 6. 19.
○ 서울특별시
○ 인천광역시(강화군, 옹진군, 서구 대곡동·불로동·마전동·금곡동·오류동·왕길동·당하동·원당동, 인천경제자유구역 및 남동·국가산업단지는 각 제외)
○ 경기도 중 의정부시, 구리시, 남양주시(호평동·평내동·금곡동, 일패동, 이패동, 삼패동, 가운동, 수석동, 지금동, 도농동만 해당), 하남시, 고양시, 수원시, 성남시, 안양시, 부천시, 광명시, 과천시, 의왕시, 군포시, 시흥시[반월특수지역(반월특수지역에서 해제된 지역 포함) 제외]

■ 2017. 6. 20. ~
○ 서울특별시
○ 인천광역시(강화군, 옹진군, 서구 대곡동·불로동·마전동·금곡동·오류동·왕길동·당하동·원당동, 인천경제자유구역(경제자유구역에서 해제된 지역을 포함한다) 및 남동 국가산업단지는 각 제외)
○ 경기도 중 의정부시, 구리시, 남양주시(호평동, 평내동, 금곡동, 일패동, 이패동, 삼패동, 가운동, 수석동, 지금동, 도농동만 해당), 하남시, 고양시, 수원시, 성남시, 안양시, 부천시, 광명시, 과천시, 의왕시, 군포시, 시흥시[반월특수지역(반월특수지역에서 해제된 지역 포함) 제외]

소액임차보증금(서울지역 기준) 연습

문제를 통해 말소기준권리와 소액임차보증금 기준권리를 찾아보고, 소액임차인의 최우선변제권을 정리하도록 하겠습니다(확정일자 임차권과 전세권은 법이 아닌 판례로 인정받는 사례들도 있습니다).

1)

설정일	권리내용	권리금액	소액기준	말소기준
2001-09-14	가압류	3,000만 원		
2001-09-15	담보가등기	4,500만 원		
2003-01-10	임차인 (전입신고○, 확정일자×, 배당신청○)	3,500만 원		

A. 소액임차 기준권리는 무엇인가?

B. 소액임차보증금의 범위는 얼마인가?

C. 최우선변제 배당금액은 얼마인가?

2)

설정일	권리내용	권리금액	소액기준	말소기준
1997-02-15	임차인 (전입신고○, 확정일자×, 배당신청○)	5,000만 원		
2002-01-01	가압류	1,500만 원		
2008-10-10	근저당	2,000만 원		

A. 소액임차 기준권리는 무엇인가?

B. 소액임차보증금의 범위는 얼마인가?

C. 최우선변제 배당금액은 얼마인가?

3)

설정일	권리내용	권리금액	소액기준	말소기준
2013-12-09	근저당	3,000만 원		
2014-01-01	담보가등기	2,500만 원		
2014-08-25	전세권 (전입신고×, 확정일자○, 배당신청○)	8,000만 원		

A. 소액임차 기준권리는 무엇인가?

B. 소액임차보증금의 범위는 얼마인가?

C. 최우선변제 배당금액은 얼마인가?

4)

설정일	권리내용	권리금액	소액기준	말소기준
2010-07-25	근저당	3,000만 원		
2011-05-08	임차인① (전입신고○, 확정일자○, 배당신청○)	5,000만 원		
2012-08-05	임차인② (전입신고○, 확정일자×, 배당신청○)	5,500만 원		
2013-02-19	임차인③ (전입신고○, 확정일자○, 배당신청×)	6,000만 원		

A. 소액임차 기준권리는 무엇인가?

B. 소액임차보증금의 범위는 얼마인가?

C. 최우선변제 배당금액은 얼마인가?

정답 및 해설

1)

설정일	권리내용	권리금액	소액기준	말소기준
2001-09-14	가압류	3,000만 원		○
2001-09-15	담보가등기	4,500만 원	○	
2003-01-10	임차인 (전입신고○, 확정일자×, 배당신청○)	3,500만 원		

A. 담보가등기

B. 4천만 원 이하일 경우 1,600만 원 배당

C. 1,600만 원

소액임차보증금 최우선변제의 기준권리는 2001년 9월 15일에 설정된 담보가등기입니다. 말소기준권리는 2001년 9월 14일에 설정된 가압류입니다. 이처럼 말소기준권리와 최우선변제의 기준권리가 다른 경우도 있으니 주의해야 합니다.

소액임차보증금의 기준권리인 담보가등기가 설정된 당시의 수도권 보증금 범위는 4천만 원 이하로, 이에 해당할 경우 1,600만 원을 최우선변제금으로 지급하고 있습니다. 임차인의 보증금이 3,500만 원으로 보증금 범위에 들어가기 때문에 1,600만 원을 다른 권리에 우선해 배당받을 수 있습니다.

2)

설정일	권리내용	권리금액	소액기준	말소기준
1997-02-15	임차인 (전입신고○, 확정일자×, 배당신청○)	5,000만 원		
2002-01-01	가압류	1,500만 원		○
2008-10-10	근저당	2,000만 원	○	

A. 근저당

B. 6천만 원 이하일 경우 2천만 원 배당

C. 2천만 원

소액임차보증금 최우선변제의 기준권리는 2008년 10월 10일에 설정된 근저당입니다. 말소기준권리는 2002년 1월 1일에 설정된 가압류입니다. 이 경우에도 앞선 사례와 마찬가지로 말소기준권리와 최우선변제의 기준권리가 다르니 주의해야 합니다.

소액임차보증금의 기준권리인 근저당이 설정된 2008년 10월 10일의
수도권 보증금 범위는 6천만 원 이하로, 이에 해당할 경우 2천만 원을 최
우선변제금으로 지급하고 있습니다. 임차인이 처음 전입했던 1997년 2월
15일에는 보증금 범위가 3천만 원 이하였기에 최우선변제를 받을 수 없었
지만 근저당이 설정된 2008년 10월 10일을 기준으로는 보증금 범위가 6천
만 원이 되어 최우선변제를 받을 수 있는 사례입니다.

3)

설정일	권리내용	권리금액	소액기준	말소기준
2013-12-09	근저당	3,000만 원	○	○
2014-01-01	담보가등기	2,500만 원		
2014-08-25	전세권 (전입신고×, 확정일자○, 배당신청○)	8,000만 원		

A. 근저당

B. 7,500만 원 이하일 경우 2,500만 원 배당

C. 배당 없음

소액임차보증금 최우선변제의 기준권리는 2013년 12월 9일에 설정된 근
저당입니다. 말소기준권리는 소액임차보증금 기준권리와 똑같은 날에 설
정된 근저당입니다. 소액임차보증금의 기준권리인 근저당이 설정된 당시

의 수도권 보증금 범위는 7,500만 원 이하로, 이에 해당할 경우 2,500만 원을 최우선변제금으로 지급하고 있습니다.

이 사건의 임차인은 소액임차보증금의 세 가지 성립요건 중에서 두 가지를 만족하지 못했습니다. 즉 임차인은 전입신고(대항력)를 하지 않았고, 보증금이 보호범위(7,500만 원)를 넘어섰기 때문에 최우선변제를 받을 수 없습니다.

4)

설정일	권리내용	권리금액	소액기준	말소기준
2010-07-25	근저당	3,000만 원	○	○
2011-05-08	임차인① (전입신고○, 확정일자○, 배당신청○)	5,000만 원		
2012-08-05	임차인② (전입신고○, 확정일자×, 배당신청○)	5,500만 원		
2013-02-19	임차인③ (전입신고○, 확정일자○, 배당신청×)	6,000만 원		

A. 근저당

B. 6천만 원 이하일 경우 2천만 원 배당

C. 2천만 원(임차인①&②), 임차인③은 배당 없음

소액임차보증금 최우선변제 및 말소기준권리는 2010년 7월 25일 설정된 근저당입니다. 근저당이 설정된 당시 수도권 보증금 범위는 6천만 원 이하로, 이에 해당할 경우 2천만 원을 최우선변제금으로 지급하고 있습니다.

이 사례에서는 전입일이 다른 3명의 임차인이 거주 하고 있는데, 다가구주택(원룸)에서 흔히 볼 수 있는 상황입니다. 이제 3명의 임차인을 살펴볼까요?

- **임차인①**: 소액임차보증금의 세 가지 성립요건을 모두 만족시키기 때문에 최우선변제금 2천만 원 배당
- **임차인②**: 소액임차보증금의 세 가지 성립요건을 모두 만족시키기 때문에 최우선변제금 2천만 원 배당
- **임차인③**: 소액임차보증금의 세 가지 성립요건을 모두 만족시키지 못하기 때문에 최우선변제금 2천만 원을 배당받지 못함(배당요구 없음)

임차인①은 모든 권리신고를 잘해서 문제가 없고, 임차인②는 확정일자가 없지만 소액임차인의 성립요건은 아니기 때문에 배당받는 것은 문제가 없습니다. 하지만 임차인③은 배당을 받기 위해 반드시 해야 하는 배당요구를 하지 않았습니다. 배당요구가 없다면 특수한 경우를 제외하고는 배당에 참여할 수 없습니다.

이처럼 배당요구신청은 경매 절차에서 중요한 부분이기 때문에 배당요

구종기의 연기를 신청할 수 있습니다. 본인이 책임질 수 없는 사유로 경매 진행 사실이나 배당요구종기를 알지 못해 놓친 경우, 임차인은 권리신고 및 배당요구신청서 제출과 함께 배당요구종기의 연기신청서를 법원에 제출해야 합니다. 법원에서 배당요구종기의 연기신청이 타당하다고 판단될 경우 신청이 받아들여집니다.

소액임차보증금의 범위에 해당하는 임차인이 10~20명이 있는 물건의 경우 아무런 제한사항 없이 최우선변제를 해준다면 1순위로 설정된 근저당의 권리를 심각하게 침범하는 결과가 나오기 때문에 법률상 최우선변제로 받아갈 수 있는 금액은 매각대금의 1/2을 넘지 못한다고 규정하고 있습니다.

예를 들어 20명의 임차인이 있는 다가구주택을 10억 원에 낙찰받았다면, 임차인들은 5억 원 안에서 최우선변제금액을 받을 수 있으며, 5억 원이상일 경우에는 최우선변제를 받지 못합니다.

권리분석의 처음과 끝, 매각물건명세서

매각물건명세서는 집행관의 현황조사보고서, 임대차관계조사서, 이해관계인 또는 임차인들의 권리신고 및 배당요구신청서를 토대로 작성되며 경매 입찰자에게는 매우 중요한 서류입니다. 매각물건명세서는 경매계에 접수된 여러 문서를 종합해 작성된 공문서이기 때문에 신뢰도가 상당히 높습니다. 만약 매각물건명세서와 점유현황조사서의 내용이 다르다면 매각물건명세서를 기준으로 권리분석을 해야 문제가 없습니다.

예를 들어 대항력이 있는 선순위 임차인이 있음에도 불구하고 매각물건명세서에 선순위 임차인의 표시를 하지 않았다면 입찰자가

매각물건명세서를 믿고 낙찰을 받고 난 후 대항력 있는 선순위 임차인의 존재를 알았을 때 법원은 매각물건명세서의 하자로 인한 매각불허가 신청을 받아주어야 합니다.

이 판례처럼 매각물건명세서에 중대한 하자가 있다면 매각불허가판정으로 구제를 받을 수 있는 길이 있기 때문에, 권리분석을 하고 난 다음 반드시 매각물건명세서와 일치하는지 확인하는 과정을 거쳐야 합니다.

매각물건명세서 열람은 첫 매각기일 일주일 전부터 가능합니다.

경매법원에서는 매각물건명세서와 함께 감정평가서, 점유현황조사서 등의 서류도 경매계에 비치해 일반인이 열람할 수 있도록 제공하고 있습니다.

매각물건명세서의 기재사항

제105조(매각물건명세서 등)

① 법원은 다음 각호의 사항을 적은 매각물건명세서를 작성해야 한다.

 1. 부동산의 표시
 2. 부동산의 점유자와 점유의 권원, 점유할 수 있는 기간, 차임 또는 보증금에 관한 관계인의 진술
 3. 등기된 부동산에 대한 권리 또는 가처분으로서 매각으로 효력을 잃지 아니하는 것
 4. 매각에 따라 설정된 것으로 보게 되는 지상권의 개요

② 법원은 매각물건명세서·현황조사보고서 및 평가서의 사본을 법원에 비치해 누구든지 볼 수 있도록 해야 한다.

매각물건명세서
보는 방법

❶ 사건

모든 소송에는 사건번호가 있습니다. 해당 사례는 2019타경 12345 부동산임의경매 사건으로 앞의 '2019'는 경매사건이 접수된 연도를, 뒤의 '12345'는 2019년에 12345번째로 경매사건이 접수되었다는 것을 표시합니다.

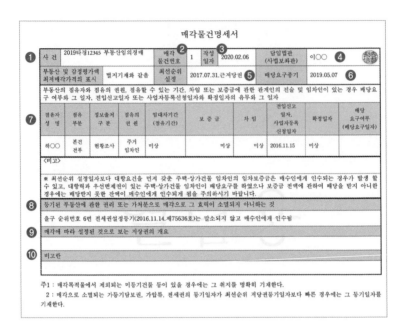

매각물건명세서

① 사건	2019타경12345 부동산임의경매	② 매각물건번호	1	③ 작성일자	2020.02.06	담임법관 (사법보좌관)	이○○ ④ 🔴
부동산 및 감정평가액 최저매각가격의 표시	별지기재와 같음	최선순위 설정	2017.07.31.근저당권 ⑤			배당요구종기	2019.05.07 ⑥

부동산의 점유자와 점유의 권원, 점유할 수 있는 기간, 차임 또는 보증금에 관한 관계인의 진술 및 임차인이 있는 경우 배당요구 여부와 그 일자, 전입신고일자 또는 사업자등록신청일자와 확정일자의 유무와 그 일자

⑦ 점유자성명	점유부분	정보출처구분	점유의권원	임대차기간 (점유기간)	보증금	차임	전입신고일자, 사업자등록신청일자	확정일자	배당요구여부 (배당요구일자)
하○○	본건전부	현황조사	주거임차인	미상		미상	미상	2016.11.15	미상	

〈비고〉

※ 최선순위 설정일자보다 대항요건을 먼저 갖춘 주택·상가건물 임차인의 임차보증금은 매수인에게 인수되는 경우가 발생 할 수 있고, 대항력과 우선변제권이 있는 주택·상가건물 임차인이 배당요구를 하였으나 보증금 전액에 관하여 배당을 받지 아니한 경우에는 배당받지 못한 잔액이 매수인에게 인수되게 됨을 주의하시기 바랍니다.

⑧ 등기된 부동산에 관한 권리 또는 가처분으로 매각으로 그 효력이 소멸되지 아니하는 것

을구 순위번호 6번 전세권설정등기(2016.11.14.제75636호)는 말소되지 않고 매수인에게 인수됨

⑨ 매각에 따라 설정된 것으로 보는 지상권의 개요

⑩ 비고란

주1 : 매각목적물에서 제외되는 미등기건물 등이 있을 경우에는 그 취지를 명확히 기재한다.
　2 : 매각으로 소멸되는 가등기담보권, 가압류, 전세권의 등기일자가 최선순위 저당권등기일자보다 빠른 경우에는 그 등기일자를 기재한다.

　　부동산 경매에는 임의경매와 강제경매가 있습니다. 임의경매는 저당권, 전세권 등의 등기부상 표시되는 물권자가 법원에 바로 신청하는 것을 말하고, 강제경매는 채권자가 압류 또는 지급명령을 통해 경매신청을 하는 것을 의미합니다.

구분	임의경매	강제경매
신청권자	전세권, (근)저당권 등 담보물권	채권
신청 절차	법원에 바로 신청 가능	채권확정 소송 후 경매신청 가능

　　그러므로 이 사례는 근저당권자가 2019년에 12345번째로 경매신청을 한 사건을 의미하고, 경매물건을 검색할 때는 이 사건번호로

검색하면 됩니다.

❷ 매각물건번호

한 사건에 2개 이상의 물건이 있다면 물건에 순서를 정해 번호를 표시하는데 이것을 물건번호라고 합니다. 이 경우 반드시 사건번호와 함께 물건번호도 기재해야 하고, 물건번호를 기재하지 않으면 최고가로 입찰을 했어도 입찰 무효처리가 됩니다.

[예) Y씨 소유의 아파트 3채가 동시에 경매로 진행될 때: 2020타경12345(1), 2020타경12345(2), 2020타경12345(3)]

❸ 작성일자

경매가 시작된 후 접수된 감정평가서 및 현황조사서, 이해관계인들의 권리신고 및 임차인의 배당요구신청서를 토대로 작성되며, 모든 서류를 종합해 매각물건명세서를 작성한 일자를 표시합니다. 매각물건명세서에 중대한 하자나 변경사항이 있을 때 법원은 이를 재작성해야 합니다. 매각물건명세서가 재작성된 경우 시일에 따라서 매각기일을 다시 지정해 진행하기도 합니다.

❹ 담임법관(사법보좌관)

해당 담임법관(사법보좌관)의 책임 아래 매각물건명세서의 작성이 이루어졌다는 것을 표시한 부분입니다.

❺ 최선순위 설정일자

매각물건명세서에서 반드시 확인해야 할 부분 중 하나입니다. 최선순위 설정일자에 표시된 '2017. 7. 31 근저당권'이 바로 2019타경12345 부동산 임의경매사건의 말소기준권리입니다. 본인이 등기사항전부증명서를 정리하고 말소기준권리를 찾아보았다면 매각물건명세서의 '최선순위 설정일자'에 표시된 말소기준권리와 일치하는지 확인해야 합니다.

건물 등기 사항 ⬇ 건물열람일 : 2019-02-28						🔍 등기사항증명서
구분	성립일자	권리종류	권리자	권리금액	상태	비고
갑2	2011-11-17	소유권(지분)	박애자		이전	매매 (2분의 1)
갑3	2011-11-17	소유권(지분)	채명기		이전	매매 (2분의 1)
을6	2016-11-14	전세권	유성만외1명	2,300,000,000원	인수	특별매각조건에의한 인수
을10	2017-07-31	(근)저당	웰컵저축은행	1,300,000,000원	소멸기준	(주택) 소액배당 10000 이하 3400 (상가) 소액배당 6500 이하 2200
을13	2018-06-29	(근)저당	웰컵저축은행	480,000,000원	소멸	
갑5	2018-09-07	가압류(지분)	에스아이티씨로지스틱스코리아	110,105,492원	소멸	
갑6	2018-09-19	가압류	서울보증보험	1,751,166,754원	소멸	
갑7	2018-10-26	가압류(지분)	중소기업진흥공단	125,735,110원	소멸	
갑8	2018-10-30	가압류(지분)	농협은행	884,803,751원	소멸	
갑9	2018-10-30	가압류(지분)	농협은행	9,951,466원	소멸	
갑10	2018-10-30	가압류(지분)	기술보증기금	50,000,000원	소멸	
갑11	2019-01-29	가압류(지분)	신용보증기금	50,000,000원	소멸	
갑12	2019-02-19	임의경매	웰컵저축은행	청구: 1,345,144,779원	소멸	

❻ 배당요구종기

임차인들이 배당요구신청을 할 수 있는 마지막 날입니다. 임차인들이 자신의 보증금을 배당받기 위해서는 반드시 배당요구종기일 이전에 배당요구를 해야 합니다. 배당을 받을 수 있는 임차인이 개인사정으로 인해 배당요구를 배당요구종기일보다 늦게 하거나 하지 않았다면 배당에 참여할 수 없습니다. 말소기준권리보다 후순위 임차인이면 낙찰자에게 문제가 없지만, 선순위 임차인이라면 낙찰자가 보증금을 인수합니다.

매각물건명세서 작성은 사람이 하는 일이라 임차인의 배당요구 신청일자가 기재되지 않는 경우도 있습니다. 이런 경우엔 법원의 '문건 접수·송달 내역'을 확인해보면 임차인이 언제 배당요구신청을 했는지 확인할 수 있습니다.

접수일	접수내역	결과
2019.02.19	채권자 휩00000 0000 보정서 제출	
2019.02.20	등기소 서0000000 000 등기필증 제출	
2019.02.28	집행관 차00 현황조사보고서 제출	
2019.03.05	가압류권자 중0000000 채권계산서 제출	
2019.03.05	가압류권자 농000 0000 채권계산서 제출	
2019.03.05	감정인 주000 00000000 감정평가 연기신청 제출	
2019.03.11	가압류권자 서00000 0000 채권계산서 제출	
2019.03.11	기타 신00 감정평가서 제출	
2019.03.14	채권자 휩00000 0000 보정서 제출	
2019.03.27	채권자 휩00000 0000 열람및복사신청 제출	
2019.03.29	가압류권자 기00000 열람및복사신청 제출	
2019.04.01	채권자 휩00000 0000 주소보정서(박애자) 제출	
2019.04.01	채권자 휩00000 0000 주소보정서(채명기) 제출	
2019.04.16	채권자 휩00000 0000 주소보정서(박애자) 제출	
2019.04.16	채권자 휩00000 0000 주소보정서(채명기) 제출	
2019.04.19	가압류권자 기00000 권리신고 및 배당요구신청서 제출	
2019.05.03	가압류권자 중000000000 채권계산서 제출	
2019.05.03	가압류권자 기00000 배당요구신청 제출	
2019.05.08	채권자 휩00000 0000 주소보정서(박애자) 제출	

본 사례는 선순위 전세권자가 존재하는데 법원의 문건 접수 내역에서 배당요구종기일(2019년 5월 7일) 이전에 전세권자가 배당요구를 한 내역은 보이지 않습니다.

❼ 부동산의 점유자와 점유의 권원, 점유할 수 있는 기간, 차임 또는 보증금에 관한 관계인의 진술 및 임차인이 있는 경우 배당요구 여부와 일자, 전입신고일자 또는 사업자등록신청일자와 확정일자의 유무와 그 일자

등기된 권리면 등기부와 집행관의 현황조사보고서를 통해 임차인의 권리신고 및 배당요구신청서를 토대로 현재 점유하고 있는 점유자 또는 임차인의 정보가 작성되며, 입찰자들이 직접 확인할 수 없는 내용들입니다.

그 내용들을 자세히 살펴보면 점유자의 성명, 점유부분은 전부 또는 일부(방 한 칸)로 표시되며, 정보출처 구분은 집행관이 현장에서 확인한 '현황조사', 임차인이 계약서 등의 서류를 기준으로 신고한 '권리신고', 등기된 권리일 경우에는 등기부를 기준으로 한 '등기사항전부증명서'로 나눌 수 있습니다. 세 가지의 내용이 모두 다른 경우에는 모든 서류를 토대로 신고한 '권리신고'의 내용이 맞는 것으로 봐야 합니다.

그리고 중요하게 확인해야 할 부분이 바로 보증금란과 전입신고일자, 확정일자, 배당요구일자입니다. 임차인의 전입일, 확정일자, 그리고 배당요구일자가 나오면 보증금이 표시되기 때문에 권리분석을 할 때 반드시 필요한 정보이지요.

이 매각물건명세서를 간단하게 권리분석해보겠습니다. 임차인의 전입신고일(2016년 11월 15일)과 전세권설정등기일(2016년 11월 14일)보다 말소기준권리인 근저당의 설정일자(2017년 7월 31일)가

늦어 선순위 임차인(전세권자)이 됩니다. 임차인이 배당을 받지 못한 금액은 낙찰자가 인수를 해야 하지요.

임차인이 배당을 받으려면 배당요구가 꼭 필요합니다. 매각물건 명세서의 임차인란의 가장 오른쪽 끝을 보면 배당요구 여부가 표시됩니다. 즉 이 물건은 선순위 임차인의 보증금 23억 원을 낙찰자가 모두 인수해야 되는 위험한 물건입니다.

❽ 등기된 부동산에 관한 권리 또는 가처분으로 매각허가에 의해 그 효력이 소멸되지 아니하는 것

본 사례는 '을구 순위번호 6번 전세권설정등기(2016.11.14. 제75636호)는 말소되지 않고 매수인에게 인수됨'이 기재되어 있기 때문에 경매 절차가 모두 끝나더라도 전세권설정등기는 말소되지 않고 낙찰자가 인수해야 한다는 것을 정확하게 표시하고 있습니다.

인수해야 되는 권리(임차인의 보증금 23억 원)가 있기 때문에 위험한 물건입니다. 만약 입찰을 하더라도 최소한 인수해야 하는 임차인의 보증금 23억 원 이상이 떨어진 금액에서 입찰해야 합니다. 예를 들어 30억 원에 입찰을 하려 했다면 23억 원 이상 낮은 7억 원 이상을 쓰면 안 됩니다. 그 이상을 쓰게 되면 결과적으로 30억 원이 넘는 금액에 낙찰을 받은 것과 똑같은 상황이 되는 것입니다.

❾ 매각허가에 의해 설정된 것으로 보는 지상권의 개요

매각으로 인해서 지상권 또는 법정지상권의 성립여지가 있는 경우에 '법정지상권 성립여지 있음' 등을 기재하는 곳입니다. 본 사건은 '공란'이므로 지상권 또는 법정지상권의 성립여지가 없다는 것을 표시하고 있습니다. 만약 성립여지가 있다면 다음과 같이 표시됩니다.

※ 매각에 따라 설정된 것으로 보는 지상권의 개요

지상건물을 위해 이 사건 토지부분에 법정지상권이 성립할 여지가 있음

❿ 비고란

입찰자가 알아야 하고 주의해야 될 사항을 기재하며, 등기부에 나타나지 않은 권리들을 기재해 입찰 시 주의사항에 대해 알려줍니다. 비고란에 표시되는 내용은 제시외 건물 포함 여부, 유치권신고 여부, 분묘기지권 여부, 농지취득자격증명서가 필요한지 여부, 공유자우선매수신고 여부, 특별매각조건(보증금 20%) 등을 기재합니다.

※ 비고란

1. 일괄매각 2. ① 토지는 지목은 '임야'이나 현황 전원주택용지로 조성 중임. ② 토지 지상 컨테이너 매각에서 제외. 3. ① 2014. 10. 15. 주식회사 ○○○○로부터 6억 6천만 원의 유치권신고가 있었으나 그 성립 여부는 불분명함. ② 2015. 02. 03. 신청채권자로부터 유치권배제 신청 있음.

예를 들어 유치권 신고가 있는 경우, 위 자료처럼 '주식회사○○ ○○로부터 6억 6천만 원의 유치권신고가 있었으나 그 성립 여부

는 불분명함'이라고 표시됩니다. 본 사례는 '공란'으로 비어 있어 입찰자가 추가로 주의해야 할 사항이 없다는 것을 알려주고 있습니다. 비고란에 가장 많이 표시되는 내용은 '대지권 미등기이나 평가 및 매각대상에 포함됨'입니다. 일부 서적이나 인터넷 커뮤니티에서는 대지권 미등기이나 감정가격에 포함되어 있으면 무조건 안전하다고 말하는 곳들이 많습니다. 하지만 대지권 미등기가 된 사유에 대해서는 반드시 확인해야 합니다.

※ 비고란

대지권은 미등기 상태임. 최저매각가격에 대지권가격이 포함되어 있어 매수인이 추가로 부담할 금액은 없음. 본건 건물 지번이 "OOOO"에서 "OOOO"으로 변경되었음.

이럴 때는 동일번지의 다른 물건들을 찾아보면 쉽게 대지권 미등기가 위험한지 아닌지를 판단할 수 있습니다. 위의 자료는 '대지권 미등기'가 있던 물건의 상황을 확인하기 위해 가져온 같은 단지의 다른 호수 아파트의 매각물건명세서 비고란입니다. 마찬가지로 '대지권은 미등기 상태임'이라고 기재되어 있습니다. 뒤이어 '최저매각가격에 대지권가격이 포함되어 있어 매수인이 추가로 부담할 금액은 없음. 본건 건물 지번이 ○○○○에서 ○○○○으로 변경되었음.'이라고 기재되어 있습니다. 즉 매각물건명세서에서 매수인이 추가로 부담할 금액은 없다고 정확히 알려주고 있습니다.

흔히 대지권 미등기가 표시되는 아파트는 분양 당시 미분양되어 토지대금을 주지 못한 아파트나, 아직 지번정리가 끝나지 않아 주소가 ○○블럭 ○○롯트 등으로 표시되는 택지개발지구의 아파트에서 볼 수 있습니다. 지금은 거의 정리된 상태이지만, 대표적인 예로 인천 마전동의 아파트를 검색해보면 과거 사례에 '대지권 미등기'라고 표시된 것을 볼 수 있습니다.

본 사례를 마지막으로 정리해보면, 임차인 유○○ 외 1명의 전세권설정등기일인 2016년 11월 14일이 말소기준권리인 ○○저축은행의 근저당 설정일인 2017년 7월 31일보다 빠르기 때문에 선순위 임차인이나 배당요구를 하지 않아 임차인 유○○ 외 1명은 배당에 전혀 참여할 수 없습니다. 그러므로 임차인 유○○ 외 1명의 보증금 23억 원은 모두 낙찰자가 인수하는 물건입니다. 따라서 입찰 시 주의가 필요합니다.

3초 권리분석의 비법은 5번의 최선순위 설정일자(말소기준권리)를 확인한 후 7번 임차인의 전입신고 날짜와 비교했을 때 누가 선순위인지 아닌지를 확인하면 되고, 8번~10번 비고란이 '공란'이라면 안전한 물건이라고 할 수 있습니다.

이처럼 매각물건명세서는 입찰자가 조심해야 하거나 개인적으로 확인할 수 없는 내용들을 잘 설명해주는 아주 중요한 자료입니다. 경매 투자를 오래한 사람들도 실수하는 경우가 많으므로 매각물건명세서만큼은 반드시 꼼꼼하게 챙겨보시길 바랍니다.

지금까지 권리분석 시 가장 중요한 자료인 매각물건명세서를 보는 방법에 대해 알아보았습니다. 다시 한번 권리분석의 3단계를 정리해보겠습니다. 첫째, 등기사항전부증명서에 있는 권리들을 접수번호 순으로 정리하고, 둘째, 말소기준권리를 찾고 인수해야 하는 권리가 있는지 확인하며, 셋째, 매각물건명세서를 보고 본인의 권리분석이 맞는지와 등기부에 나오지 않는 특수권리들이 있는지 확인하면 됩니다.

5장에서는 앞에서 배운 이론을 바탕으로 인터넷으로 임장을 하
는 방법, 현장에서 정보를 손쉽게 얻을 수 있는 방법과 수익률
분석 및 입찰 시 주의사항까지 실전에서 꼭 필요한 저만의 특급
노하우를 담았습니다.

5장

현장에서 꼭 필요한
실전 노하우

인터넷으로 정보를
수집하는 노하우

마음에 드는 물건을 발견했다면 바로 현장으로 가기 전에 해야 할 것이 있습니다. 사전에 조사가 가능한 부분들을 최대한 조사해가야 현장답사를 할 때 시간을 절약할 수 있습니다.

대부분의 투자자들은 본업이 따로 있고 부동산 경매는 재테크의 일환이라고 생각하고 있습니다. 예전처럼 시세조사, 주변 역과의 거리, 건물의 방향, 주변 환경, 생활편의시설과의 거리 등을 현장에서 다 확인할 필요가 없을 정도로 지금은 인터넷으로 많은 정보를 얻을 수 있는 시대입니다. 사전에 인터넷으로 충분한 정보를 파악한 후 최종적으로 투자가치가 있는 물건에만 임장을 가는 것이 좋습니다.

인터넷으로
시세 및 임대료 조사하기

현재 상당수의 부동산이 인터넷을 통해 거래되고 있습니다. 부동산 직거래를 하는 초대형 온라인 카페와 TV에서 광고하는 각종 부동산 앱들까지 생겼을 만큼 인터넷을 통한 부동산 거래가 상당히 활발한 편입니다.

인터넷으로 정보를 수집하려면 우선 투자하고자 하는 물건이 있는 지역의 주변 부동산을 검색한 뒤 최소 3곳 이상에 전화를 걸어 비슷한 물건의 전월세가격과 매매가격을 확인해야 합니다. 전화로 확인하기 전에 네이버 부동산과 다음 부동산의 매물정보를 사전에 확인해보면 통화할 때 더욱 세밀한 정보를 얻을 수 있습니다.

그다음은 국토교통부 실거래가 사이트(rt.molit.go.kr)에서 아파트 및 다세대·다가구주택, 연립주택 등의 실거래가 정보를 확인하는 것입니다. 한 가지 주의해야 할 점은 국토교통부 실거래가 사이트에 등록되는 거래내역은 약 3개월 전의 정보라는 것입니다. 그러므로 현재의 거래가격과 차이가 있는지 잘 확인해야 합니다.

마지막으로 직거래 카페를 통해 비슷한 조건의 부동산 임대료 등을 파악할 수 있습니다. 본인이 투자하고자 하는 빌라 또는 건물의 주소를 검색했을 때 운이 좋다면 현재 경매가 진행되는 물건의 정보를 얻을 수도 있기 때문에 반드시 해당 건물 또는 주소로 검색해보길 바랍니다.

자신의 수익률 기준에
부합하는지 확인하기

인터넷과 전화를 통해 임대료 및 매매가격을 확인했다면 이제 수익률 계산을 해볼 수 있습니다. 본인의 투자 목적에 따라 사전조사를 할 때 확인해야 할 사항이 다릅니다. 임대수익을 원한다면 임대수익률과 임대수익금을 중점으로, 단기매매를 원한다면 현재 거래되는 금액과 매매의 빈도 등을 중점으로 확인해야 합니다. 따라서 입찰을 하기 전 본인이 임대수익을 원하는지, 아니면 단기매매로 시세차익을 원하는지를 선택해야 합니다.

　예를 들어 낙찰가가 4,100만 원인 아파트에 금리 5%의 대출을 80% 받고 세금 및 명도비용이 100만 원, 그리고 보증금 500만 원에 월세 30만 원을 받았다고 가정하면 임대수익률 계산식은 다음과 같습니다(계산의 편의와 이해를 돕기 위해 반올림해 표기했습니다).

임대수익률 계산공식

$$\frac{(월\ 임대수익 - 월\ 이자비용) \times 12 = 연\ 임대수익}{낙찰금액 + 세금\ 및\ 부대비용 - 대출금 - 임대보증금 = 실투자금} \times 100 = 임대수익률$$

$$\frac{(30만\ 원 - 14만\ 원) \times 12 = 192만\ 원}{4,100만\ 원 + 100만\ 원 - 3,300만\ 원 - 500만\ 원 = 400만\ 원} \times 100 = 48\%$$

부동산 경매에서 가장 중요한 절차 중 하나가 수익률 계산입니다. 시세파악이나 임대료 조사가 제대로 되었고, 본인이 원하는 임대수익률이 있다면 가장 어려움을 겪는 낙찰가를 산정하는 데 있어서도 문제없을 것입니다.

인터넷 지도
100% 활용하기

부동산 투자를 하려면 지도와 반드시 친해져야 합니다. 인터넷에서 제공되는 지도들이 갈수록 발전하고 있어 컴퓨터 앞에 앉아서도 정말 많은 정보를 쉽게 얻을 수 있게 되었습니다. 지도를 통해 부동산 주변에 대형마트, 지하철, 버스정류장, 인접한 고속도로, 상가, 관공서 등 편의시설의 입지요건을 확인할 수 있습니다. 그리고 지도에서 지하철역과 부동산의 대략적인 거리와 소요시간도 알려주기 때문에 예전처럼 시계나 나침반을 들고 역에서 도보로 몇 분이 걸리는지 일일이 돌아다니며 확인하지 않아도 됩니다.

일반지도를 통해 부동산의 주변 환경을 대략적으로 보았다면 로드뷰를 통해 더욱 자세히 주변을 돌아봅니다. 로드뷰로 거리 사진을 제공받아 마치 그 동네를 직접 방문한 것처럼 자세하게 주변 환경을 살필 수 있습니다. 로드뷰는 특히 상가에 투자할 때 상권분석을 위해 자주 쓰입니다. 주의해야 할 점은 현재와 다른 점이 있을 수 있으니 사진이 찍힌 시점이 언제인지를 파악하고 현장을 확인하는 것도 꼭 필요합니다.

그 외 위성지도와 지적도를 통해서 대지의 모양과 지목, 그리고 개발계획구역이나 뉴타운, 정비구역 같은 개발 관련 정보를 얻을 수 있으니 개발 가능성을 염두에 두고 투자할 수도 있습니다.

현장으로 임장을 떠나기 전 인터넷을 통해 이러한 정보들을 습득하고 가면 훨씬 더 효율적으로 현장답사를 할 수 있으니 반드시 사전조사를 하길 바랍니다.

투자하기 전 최종 관문인 현장답사 노하우

사전조사를 모두 끝내고 수익률 분석까지 마쳤다면 이제 정말 투자를 해도 괜찮은 물건들만 남은 것입니다. 최종적으로 투자하기 전 마지막 관문인 현장답사를 통과하면 됩니다.

현장에 가면 인터넷으로 확인할 수 없었던 건물의 현황과 내·외부의 노후화 정도를 집중적으로 살펴봅니다. 권리분석이 서류상으로 인수해야 될 권리가 있는지 없는지를 파악하는 과정이었다면, 현장답사는 낙찰대금 이외에 필요한 추가비용(수리비, 공과금 등)의 유무를 확인하는 과정입니다. 예전처럼 녹음기, 지도, 노트, 나침반, 카메라 등의 임장도구들을 가지고 다닐 필요 없이 스마트폰 하나로 모든 것이 해결됩니다. 현장답사(임장)를 갈 때 어떤 것들을 살펴보아야 하는지 알아보겠습니다.

건물 내부와 외부를
반드시 확인

임장을 갔다면 내부 확인은 필수입니다. 내부를 확인하는 이유는 내부 수리비 등의 추가비용이 발생하는지 확인하는 절차라고 생각하면 됩니다.

　예전에 한 회원이 입찰하는 당일 아침에 법원으로 가면서 전화를 걸어왔던 적이 있습니다. "권리분석은 확인했고 시세조사도 다 잘했는데 입찰하기 전 마지막으로 확인하기 위해 전화를 했다."라고 말하며 꼼꼼히 살펴주었던 기억이 있습니다. 경기도 부천역 인근에 위치한 당시 2년 전 준공된 빌라였고 권리분석은 전혀 문제가 없었으며 깔끔한 물건이었습니다. 전화를 끊기 전에 마지막으로 "권리상은 문제가 없습니다. 내부는 확인하셨습니까?"라고 질문했는데 돌아온 대답은 "아니요."였습니다. 그 회원은 "2년밖에 안 된 신축 건물인데 내부에 문제가 있겠습니까?"라고 말했지만 저는 "내부를 보지 않았다면 입찰을 포기하는 게 좋겠습니다."라고 이야기했습니다. 하지만 수익률이 정말 좋은 관계로 입찰하기로 이미 결심한 상태였기 때문에 저는 "그럼 입찰가를 지금 생각하신 것보다 많이 낮추는 게 좋겠습니다."라고 제안했습니다. 결국 그 회원은 입찰가를 낮춰서 입찰했고 낙찰받았습니다.

일주일 후 내부를 확인한 그 회원이 다시 연락해왔습니다. 첫마디가 "낙찰 취소 신청을 할 수 있을까요?"였습니다. 왜 그러냐고 물어봤더니 내부를 보았는데 안방 천장에서 물이 쏟아지듯 새서 안방은 아예 사용하지 않고 문을 닫아놔 온통 곰팡이 투성이었다고 했습니다. 그 집이 빌라의 가장 꼭대기 층이었고, 부실공사로 인해 천장에 수많은 균열이 생겨 있던 것이었습니다. 단순한 옥상 방수공사로만 끝나지 않는 경우였지요.

모든 절차에는 이유가 있습니다. 현장답사를 갔을 때 가장 중요한 것은 건물의 내·외부를 살피는 것입니다. 처음엔 초인종을 누르기가 두려울 수 있습니다. 하지만 이 사례처럼 생각지도 못한 큰 손해를 볼 수도 있기 때문에 내부를 보지 못했다면 입찰은 포기하는 것이 좋습니다.

부재중일 땐 같은 라인의
윗집·아랫집을 공략

임장을 다니다 보면 현장에 방문했을 때 점유자가 없는 경우가 대부분이기 때문에 건물의 내부를 보는 것은 하늘의 별 따기입니다. 만약 내부에 사람이 있더라도 문전박대를 당하거나 대꾸가 없는 집이 상당수일 것입니다. 투자자의 입장에서는 한 번 방문하는 것이지만 점유자의 입장에서는 하루에도 수차례 모르는 사람들이 집 앞을 어슬렁거리며 문을 두드리고 벨을 누르기 때문에 점유자들과 이야기를 해보면 스트레스가 엄청나다는 것을 알 수 있습니다. 그 외에도 여러 가지 이유로 경매가 진행되는 부동산의 내부를 보는 것은 쉽지 않습니다. 그렇다고 내부를 보지 못한 채 돌아오기보다는 같은 라인의 아랫집이나 윗집을 방문해 내부구조와 누수 여부를 확인하는 것이 좋습니다.

윗집과 아랫집 중 한 곳만 볼 수 있다면 아랫집을 확인해야 합니다. 윗집을 확인했을 땐 아무런 문제가 없어 낙찰받았는데 명도를 하고 이사하려 하니 아랫집 천장에서 물이 새고 있다며 누수공사와 도배, 장판 등의 공사를 요구하기도 합니다. 아파트에서는 흔치 않은 일이지만 빌라에서는 층간 누수가 빈번하게 일어나기 때문에 현장 방문 시 아랫집에 누수흔적이 있는지 없는지를 파악해야 합니다.

현장답사는 낙찰금액 이외에 내부 인테리어 및 기타 수리비 등 추가비용이 얼마나 들어갈지를 판단하는 과정이기 때문에 되도록이면 내부를 볼 수 있도록 노력하고 꼼꼼하게 잘 살펴봐야 합니다. 간혹 현장답사를 단순히 부동산이 어디 있는지, 외관이 쓸 만한지, 동네 분위기가 어떤지 정도만 확인하고 투자하는 분들이 많습니다. 물론 주변 환경과 입지요건도 중요하지만 정말 중요한 것은 내부입니다. 따라서 현장답사를 할 때 '추가비용이 얼마나 들어갈까?'를 생각하면서 건물 내부를 살펴본다면 더 많은 정보를 얻을 수 있고, 입찰가를 정하는 데 있어서도 큰 도움이 될 것입니다.

가끔 아랫집이나 윗집이 아닌 옆집으로 임장을 가는 분들도 있습니다. 그러나 같은 건물이라고 해서 모든 세대가 다 같은 평수와 같은 구조일 것이라 생각하면 오산입니다. 외관으로 봤을 때는 확인할 수 없지만 안으로 들어가면 많은 차이가 있다는 것을 알 수 있습니다.

예를 들어 'ㄱ'자 형태의 빌라를 임장했는데 1호 라인과 2호 라인이 남향과 동향으로 일조량의 차이가 상당한 경우, 같은 면적이라도 구조상 길쭉한 직사각형의 구조와 정사각형에 가까운 구조로 되어 있는 경우, 바로 옆 건물과 붙어 있어 조망권이 없는 경우 등 수없이 많은 요인들로 인해 매매가격과 임대가격에 차이가 있을 수 있으니 유의해야 합니다.

경기도 부천에 사는 L씨는 경매물건 검색 중 마음에 드는 빌라를 발견하고 현장답사를 위해 직접 찾아갔습니다. 경매물건은 402호였는데 아무리 벨을 눌러봐도 사람이 나오지 않아 고민을 하고 있던 중 401호의 문이 열리며 아주머니가 "그 집은 늦게나 돼야 들어오던데, 지금은 사람이 없을 걸요?"라고 말해주었습니다. L씨는 내부를 보지 못했다면 다른 집이라도 확인하고 오라는 말이 문득 생각나 401호 아주머니에게 양해를 구하고 그 집의 내부를 보며 시세조사를 했습니다.

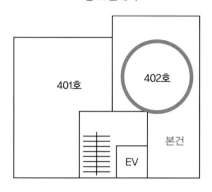

위의 평면도를 보면 L씨가 입찰할 401호와 옆집인 402호의 구조에 차이가 있다는 것을 알 수 있습니다. 401호는 옆으로 넓은 구조인 데 반해 402호는 길쭉하게 뻗어 있는 구조입니다. 같은 면적이지만 임대인들은 401호를 더 선호한다고 합니다. 그래서 같은 빌라임에도 불구하고 임대료는 401호가 보증금 500만 원에 월세 40만 원, 402호는 보증금 500만 원에 월세 35만 원으로 차이가 있었지요. 임차인들의 선호도와 내부구조의 차이는 매매가에도 영향을 미칩니다. 401호의 매매가는 7천만 원인 반면 402호는 6천만 원이었습니다.

경매로 진행되는 물건은 402호지만 L씨는 402호도 401호와 똑같을 거라는 생각에 현장답사를 마치고 집으로 돌아왔습니다. 현장답사를 가기 전 예상 입찰금액은 5천만 원이었지만 현장답사를 하고 난 후 좀 더 써도 되겠다는 생각에 결국 6,500만 원에 입찰해 일반매매로 구입할 수 있는 가격보다 더 높은 가격에 낙찰받았습니다.

큰 하자가 발견되면
전문가와 동행

원룸 등의 다가구주택과 같은 물건을 임장할 때 내부를 둘러보던 중 지하층에 물이 고여 있거나 크고 작은 하자들이 많이 발견된다면 근처 배관업체의 사장님과 동행해 대략적인 진단을 받고 견적을 뽑아보는 것이 좋습니다. 견적이 정확하지 않더라도 대략적인 수리비를 감안해 입찰금액을 낮추는 전략이 필요합니다. 또한 혼자서는 보지 못했던 하자들을 전문가들은 꼼꼼하고 빠르게 찾아낼 수 있습니다.

조금이라도 의심되는 부분이 있거나 잘 모르는 부분은 과감하게 전문가와 동행해 알아보는 것이 좋습니다. 전문가와 동행할 때는 단순히 동행만 하는 것이 아니라 '전문가는 이런 물건들을 볼 때 어떤 부분을 주로 보는지' '흔히 발생하는 하자들은 어떤 부분을 확인하면 알 수 있는지' 등을 동행하는 내내 질문하며 알아내야 합니다. 가급적이면 소정의 출장비 또는 음료수 한 박스(음료수를 사는 김에 오래된 슈퍼마켓에 방문하며 뜻밖의 고급정보를 얻을 수도 있습니다)를 건네며 성의 표시를 하면 좋습니다. 이렇게 친분을 쌓은 후 낙찰받은 물건을 수리를 맡기게 되면 더 많이 신경 써주시기도 하기 때문에, 처음 경매를 시작하는 분들이라면 전문가와의 임장은 필수입니다.

수익률에 영향을 주는
공과금 확인

임장 시 공과금 확인은 필수입니다. 아파트라면 관리사무소에 들러 현재 미납된 관리비를 확인해야 합니다. 관리비가 밀려 있으면 얼마나 밀려 있겠냐고 생각하는 사람도 있겠지만 금액이 1천만~1,500만 원에 육박하는 물건들을 심심치 않게 볼 수 있습니다. 물론 낙찰받았을 때 밀린 관리비 전액이 아닌 공용 부분만 인수하면 된다고 하지만 그 금액도 무시할 수 없습니다. 만약 1천만 원이 밀려 있다면 300만~400만 원 정도가 공용 부분일 것입니다. 결코 적은 돈이 아니기 때문에 수익률 계산에 차질이 생기기도 합니다.

다세대 및 다가구주택의 경우에는 외부에 계량기가 있어 고객번호를 통해 미납 공과금을 조회해볼 수 있습니다. 물론 전기요금이나 가스비 등은 소유권이전을 받은 순간부터 인수하면 되고, 이전의 미납내역은 말소신청을 할 수 있습니다. 하지만 지역에 따라 협상이 잘되지 않는 경우가 있기 때문에 항상 최악의 경우를 염두에 두고 입찰하는 것이 현명합니다.

추가적으로 아파트 관리실을 방문해 해당 물건에 본인 이외에 임장을 온 사람이 몇 명이나 되는지 확인해보는 것도 좋습니다. 잠재적인 경쟁자 수를 확인할 수도 있으니 이 또한 하나의 정보이고 소소한 재미일 수도 있습니다.

명도를 위한
점유자의 정보 습득

임장을 하면서 점유자를 만나면 좋지만 만나지 못하는 경우에는 적어도 누가 거주하고 있는지 정도는 확인하는 것이 좋습니다. 간혹 전입도 되어 있지 않고 그냥 거주하고 있는 점유자가 있는데, 이런 경우 협의에 의해 명도가 안 될 때는 강제집행을 해야 합니다(전입이 안 되어 있는 세입자의 경우 대부분 이사비를 받을 목적으로 거주하기 때문에 강제집행이 될 가능성이 훨씬 높습니다).

점유자의 이름을 모르면 강제집행 신청을 할 수 없습니다. 일단 소유자의 이름으로 집행신청을 한 다음 2~3개월이 지난 후 집행을 하러 방문했는데 소유자가 아닌 점유자가 있으면 신청대상자가 달라서 집행을 할 수가 없습니다. 그러면 집행관은 집행불능조서를 작성하는데 그 서류를 가지고 다시 한번 인도명령 절차를 진행해야 합니다. 이처럼 명도를 진행할 때 점유자의 이름을 모른다면 그만큼 시간을 손해 보게 됩니다. 향후 빠른 명도를 위해 점유자의 이름을 반드시 확인해두시길 바랍니다.

그 외에도 가족 구성을 파악한다거나, 이웃집에 방문해 어떤 성향의 사람이 거주하고 있는지를 물어보고 확인해두면 낙찰 후 대략적인 명도 시나리오를 생각해볼 수 있습니다. 입찰하기 전 미리 명도의 난이도가 어떨지 예상해보고, 강제집행까지 갈 것이 확실해 보이는 물건은 최종 입찰가격을 계획보다 조금 낮춰서 입찰하는 것이 현명합니다. 명도에 관한 사항은 뒤에서 더 자세히 다루도록 하겠습니다.

임장은 아침과 밤, 최소 2번

꼼꼼하게 임장을 하기 위해서는 시간을 달리해서 밝은 아침에 한 번, 어두운 저녁에 한 번 가보는 것이 좋습니다. 매번 같은 시간에 임장을 간다면 비슷한 결과물만 가지고 돌아오지만 시간을 달리해서 가면 더 많은 것을 볼 수 있습니다.

밝은 아침에 임장을 할 때는 깨끗한 동네였지만 저녁이 되면 가로등 없는 어두운 거리에 쓰레기들이 나뒹구는 우범지대일 수도 있습니다. 반대로 저녁에 방문했을 때는 가로등도 밝고 거리도 깨끗해 살기 좋겠구나 생각했던 곳이 아침에 다시 방문하면 건물의 노후가 훨씬 심각하거나 흉물스러워 보이기까지 하는 곳도 많습니다.

저녁에는 활기가 넘치는 상업지역이라도 아침이 되면 쓰레기가 가득한 조용한 지역이 되고, 일과시간에는 활기가 넘치는 업무지역이라도 저녁이 되면 불이 꺼진 어둡고 높은 건물만 있듯이 부동산의 낮과 밤은 위치와 용도에 따라 많은 차이점이 있습니다. 임장을 2번 이상 가게 된다면 출근할 때 한 번, 퇴근할 때 한 번 가보아야 그 차이를 확실히 알 수 있습니다.

동반자와
함께하는 임장

혼자 임장을 다니게 되면 아무리 꼼꼼하게 확인한다고 하더라도 빠뜨리는 부분이 생기기 마련입니다. 또한 본인만의 기준으로 부동산을 평가하게 됩니다. 하지만 살아온 환경이나 현재의 직업에 따라 자신의 눈에는 나쁘게만 보이던 단점들이 동행한 사람에게는 충분히 해소 가능한 장점으로 보이기도 합니다.

똑같은 부동산이라도 보는 사람의 관점에 따라 투자하고 싶은 물건이 될 수도 있고, 투자하고 싶지 않은 물건이 될 수도 있습니다. 자신이 보지 못하는 부분의 하자를 지적하는 것도 동행한 사람의 몫입니다. 저의 경우에도 혼자 갔을 때는 발견하지 못했던 하자를 입찰을 하루 앞두고 다시 한번 방문했을 때, 아내가 발견해 예상 수리비가 상당히 올라가 결국 입찰을 포기했던 적이 있습니다.

임장은 무조건 혼자보다는 둘이 좋습니다. 하지만 그렇다고 너무 많은 인원이 몰려다니면 오히려 역효과가 날 수 있으니 부동산에 방문하는 인원은 2~3명이 가장 적당합니다. 같이 다니는 인원이 3명 이상이라면 역할을 나누어 공인중개사 방문 팀, 해당 부동산 방문 팀으로 나눠 조사를 하는 것이 좋습니다.

마지막으로 임장을 갈 때 남성보다는 여성이 내부를 확인할 수 있을 확률이 훨씬 더 높습니다. 낯선 남자들이 문을 두드린다면 저 같아도 쉽사리 문을 열지 않을 것입니다. 하지만 여성의 경우에는 남성에 비해 경계를 덜 받기 때문에 현장 방문 시 부부 콘셉트로 방문하는 것도 좋은 방법입니다.

실제로 수익률이 상당히 좋은 물건에 투자하기 위해 조사는 모두 끝냈지만 내부를 보지 못해 부동산에 7차례나 방문한 적이 있었습니다. 하지만 결국 내부를 볼 수 없어 당시 회원들 중 미모(?)를 담당하던 여자 회원 5명과 함께 임장을 갔는데 너무도 쉽게 문이 열려 당황스러웠던 적도 있습니다.

높은 수익률을 내는 입찰가 산정의 비법

처음 인터넷 자료수집 단계에서의 예상수익률과 현장답사를 다녀 온 후의 자료들을 종합해 수익률 분석을 합니다. 수익률 분석은 경매 절차에서 가장 중요한 부분입니다. 경매는 시세보다 무조건 저렴하게 낙찰을 받아야 하고, 동시에 수익이 발생해야 합니다. 미래의 가치로 부동산을 판단하기보다는 현재의 가치에 집중해서 투자를 해야 실패하지 않습니다. 예를 들어 현재 1억 원의 아파트가 있는데 향후 1억 5천만 원에 팔 생각으로 1억 1천만 원에 낙찰을 받는 것은 잘못된 투자방식입니다.

수익률 분석 과정에서 실패하면 입찰가를 잘못 설정하게 되고 잘

못된 입찰가는 결국 투자의 실패로 이어져 그동안 쏟은 정성과 시간, 노력이 모두 물거품이 되고, 최종적으로 막대한 금전적 손실을 입을 수밖에 없습니다. 그만큼 수익률 분석과정이 중요하기 때문에 신중한 자세가 필요합니다.

최악의 경우를 생각하고
수익률을 계산하자

수익률을 분석할 때 지나치게 관대한 사람들이 종종 있습니다. 이런 생각은 투자에 굉장한 손실을 가져옵니다. 최종적으로 투자 수익률을 계산할 때는 무엇이든 최악의 경우를 생각해 최대한 많은 비용으로 수익률을 계산해야 실제로 낙찰 후에 원하는 수익률 이상의 수익을 낼 수 있습니다. 다음 사례를 같이 봅시다.

M씨와 N씨는 시세가 7,500만 원이고 임대료가 보증금 1천만 원에 월세 30만 원인 똑같은 수익형 부동산 물건에 입찰하려 합니다. 평소에 낙천적이고 긍정적인 성격의 M씨는 신용관리를 잘했기 때문에 80%의 대출에 3%의 이자는 무리 없이 받을 것이라 생각했습니다. 그리고 명도도 어렵지 않다고 생각해 명도비용은 제외하고, 도배와 장판은 본인이 직접 할 생각으로 재료비만 계산해 낙찰금액 외에 들어갈 비용을 세금을 포함해 100만 원으로 잡았습니다. 목표로 한 수익률보다 예상수익률이 매우 좋아 반드시 가지고 싶다는

생각에 최종적으로 입찰가를 7천만 원으로 결정했습니다. 입찰가격이 7천만 원이었지만 수익률은 38%가 넘었습니다. 은행의 이자가 3%라고 가정하더라도 10배가 넘는 엄청난 수익률인 셈입니다.

낙찰 후 예상한 대로 진행된다면 괜찮지만 문제는 예상대로 되지 않을 때 발생합니다. 예상과 다르게 현재 대출 규제가 심해 최대 70%에 금리가 4%인 대출만 받을 수 있었습니다. 이후 명도를 하는 과정에서 협의가 되지 않아 200만 원의 비용을 들여 강제집행을 하게 되었고, 내부도 문제가 많아 인테리어 및 보수비용이 추가로 200만 원이 더 들었습니다. 그 외에도 크고 작은 문제들로 예상하지 못한 비용이 더 늘어나 최종적으로 세금을 포함한 600만 원의 추가비용이 발생해 38%였던 수익률은 9%로 급격하게 떨어졌습니다.

반면 N씨는 평소 꼼꼼한 성격으로 최악의 경우를 대비해서 수익률을 계산했습니다. 대출 70%에 4%의 이자로 계산하고 명도비용 100만 원, 도배·장판도 150만 원을 잡고 그 외에 소소한 금액들도 모두 비용에 넣어 추가비용을 세금을 포함해 500만 원으로 잡았습니다. 최종 입찰가격은 6천만 원으로 정했는데, 임대를 주었을 때 예상수익률은 14%였습니다. 입찰가가 M씨에 비해 1천만 원이나 낮았지만 예상수익률은 절반에도 못 미쳤습니다.

그런데 낙찰 후 3%의 이자로 80% 대출이 가능했고 명도 또한 세입자가 이미 이사를 간 상태라 필요한 서류만 건네주고 간단하게 끝났습니다. 명도가 끝나고 내부를 확인했는데 인테리어를 한 지 얼마 되지 않아 따로 수리할 곳이 없었습니다. 바로 임대를 놓을 수 있는 상황이었기에 명도를 한 지 일주일 만에 임대계약을 하게 되었습니다. 결국 최종 수익률은 72%로 예상수익률 14%보다 훨씬 높았습니다. M씨도 N씨처럼 최악의 경우를 생각해 모든 비용을 넣고 수익률을 계산했다면 입찰가를 무리하게 올리지 않았을 것입니다.

두 가지 사례를 비교했을 때 예상수익률 분석이 얼마나 중요한 과정인지 확인할 수 있습니다. 수익률을 계산할 때는 최악의 경우를 생각해 최대한 보수적으로 접근해야 최종적으로 높은 수익률을 낼 수 있습니다.

실수 없는 입찰을 위한 최종 확인사항

이제 모든 준비는 끝났습니다. 입찰할 때 필요한 준비물을 빠짐없이 챙겨 법원으로 가면 됩니다. 본인이 직접 입찰을 하는 경우 신분증과 도장, 보증금만 있으면 됩니다. 하지만 대리인이 입찰을 간다면 대리인의 신분증과 도장, 입찰자의 인감도장과 인감증명서, 그리고 위임장을 가져가야 합니다.

입찰법정을 방문하면 보증금 10원이 부족해서, 대리인이 위임장을 챙기지 않아서, 인감도장이 바뀌었는데 지난 인감증명서를 가지고 와서 등등 최고가로 매수신고를 했음에도 불구하고 낙찰받지 못하는 경우들이 있습니다. 지금부터 투자자들이 입찰법정에서 주로

하는 실수들과 입찰하기 전 최종적으로 확인해야 할 사항들에 대해
알아보고, 법원을 100% 이용하는 몇 가지 팁도 알려드리도록 하겠
습니다.

입찰표 작성은
입찰법정이 아닌 집에서

입찰표는 집에서 미리 작성해가는 것이 좋습니다. 입찰 당일 법정에
서 작성하다 보면 법정에 있는 수많은 사람들이 모두 자신과 같은
물건에 입찰하는 듯한 기분이 듭니다. 그래서 법정에서 충동적으로
입찰가격을 올리는 사람을 종종 볼 수 있습니다. 본인이 분위기에
잘 휩쓸리는 성격이라면 반드시 집에서 입찰표를 작성해서 법원에
방문하시길 바랍니다. 입찰표 작성을 잘못하면 지금까지의 노력이
물거품이 됩니다. 입찰 전날 목욕을 하고 경건한 마음으로 차분하게
입찰표를 작성한다면 최소한 실수는 하지 않을 것입니다.

하루에 한 번 꼴로 나오는 실수 중 가장 큰 실수가 바로 입찰가격
을 잘못 작성하는 것입니다. 7억 원에 입찰해야 되는 물건을 실수로
70억 원에 입찰한 경우도 실제로 발생한 적이 있습니다. 이런 실수
는 입찰법정에서 서둘러 입찰표를 작성할 때 자주 발생하며, 입찰금
액을 기입할 때 '원' 단위부터 작성해서 발생합니다.

입찰금액을 기입할 때는 반드시 큰 단위의 금액부터 숫자를 적고

낮은 단위로 숫자를 기입해야 합니다. '원' 단위부터 적는 사람들이 '0'을 하나 더 쓰는 실수를 범하는 것이지요. 입찰가 7억 원의 부동산의 보증금은 적어도 6천만 원 이상입니다. 한순간의 실수로 6천만 원을 날려버리는 것입니다. 한순간의 실수에 대한 대가가 너무 크다고 생각하지 않나요? 본인이 입찰표 작성을 잘못한 것이기 때문에 보증금을 돌려받을 방법은 없습니다. 이런 실수를 하지 않으려면 집에서 차분하게 입찰표를 작성해보는 것이 좋습니다.

입찰표는 꼭 해당 법원에서 제공하는 서류를 쓰지 않아도 됩니다. 인터넷을 통해 다운받은 양식에 해당 법원과 날짜 표기만 잘하면 됩니다. 입찰표를 작성한 뒤 제출하기 전에 마지막으로 반드시 꼼꼼히 확인해야 합니다.

입찰 시 준비서류

- **본인이 입찰할 경우**
  ① 신분증
  ② 도장
  ③ 매수신청 보증금

- **개인의 대리인이 입찰할 경우**
  ① 본인의 인감증명서
  ② 본인의 인감이 날인된 위임장

③ 대리인의 도장

④ 대리인의 신분증

⑤ 매수신청 보증금

• 2인 이상이 공동으로 입찰할 경우

① 공동입찰신고서

② 공동입찰자 목록(지분 표시)

③ 불참자의 위임장, 인감증명서

④ 참석자의 도장, 신분증

⑤ 매수신청 보증금

• 법인 명의로 대리인이 입찰할 경우

① 법인의 등기사항전부증명서

② 법인의 인감도장

③ 법인의 인감도장이 날인된 위임장

④ 대리인의 신분증

⑤ 대리인의 도장

⑥ 매수신청 보증금

[전산양식 A3360] 기일입찰표(흰색)   용지규격 210mm×297mm(A4용지)
(앞면)

기 일 입 찰 표

지방법원 집행관 귀하   입찰기일 :   년   월   일

사 건 번 호	타 경 호	물건 번호	※물건번호가 여러개 있는 경우에는 꼭 기재

<table>
<tr><td rowspan="9">입

찰

자</td><td rowspan="3">본인</td><td>성 명</td><td></td><td>전화
번호</td><td></td></tr>
<tr><td>주민(사업자)
등록번호</td><td></td><td>법인등록
번 호</td><td></td></tr>
<tr><td>주 소</td><td colspan="3"></td></tr>
<tr><td rowspan="3">대리인</td><td>성 명</td><td></td><td>본인과의
관 계</td><td></td></tr>
<tr><td>주민등록
번 호</td><td></td><td>전화번호</td><td>-</td></tr>
<tr><td>주 소</td><td colspan="3"></td></tr>
</table>

입찰 가격	천 억	백 억	십 억	억	천 만	백 만	십 만	만	천	백	십	일	원	보증 금액	백 억	십 억	억	천 만	백 만	십 만	만	천	백	십	일	원

보증의 제공방법	□ 현금· 자기앞수표 □ 보증서	보증을 반환 받았습니다. 입찰자

주의사항.
 1. 입찰표는 물건마다 별도의 용지를 사용하십시오, 다만, 일괄입찰시에는 1매의 용지를 사용하십시오.
 2. 한 사건에서 입찰물건이 여러개 있고 그 물건들이 개별적으로 입찰에 부쳐진 경우에는 사건번호외에 물건번호를 기재하십시오.
 3. 입찰자가 법인인 경우에는 본인의 성명란에 법인의 명칭과 대표자의 지위 및 성명을, 주민등록란에는 입찰자가 개인인 경우에는 주민등록번호를, 법인인 경우에는 사업자등록번호를 기재하고, 대표자의 자격을 증명하는 서면(법인의 등기사항증명서)을 제출하여야 합니다.
 4. 주소는 주민등록상의 주소를, 법인은 등기기록상의 본점소재지를 기재하시고, 신분확인상 필요하오니 주민등록증을 꼭 지참하십시오.
 5. 입찰가격은 수정할 수 없으므로, 수정을 요하는 때에는 새 용지를 사용하십시오.
 6. 대리인이 입찰하는 때에는 입찰자란에 본인과 대리인의 인적사항 및 본인과의 관계 등을 모두 기재하는 외에 본인의 위임장(입찰표 뒷면을 사용)과 인감증명을 제출하십시오.
 7. 위임장, 인감증명 및 자격증명서는 이 입찰표에 첨부하십시오..
 8. 일단 제출된 입찰표는 취소, 변경이나 교환이 불가능합니다.
 9. 공동으로 입찰하는 때에는 공동입찰신고서를 입찰표와 함께 제출하되, 입찰표의 본인란에는"별첨 공동입찰자목록 기재와 같음"이라고 기재한 다음, 입찰표와 공동입찰신고서 사이에는 공동입찰자 전원이 간인 하십시오.
10.입찰자 본인 또는 대리인 누구나 보증을 반환 받을 수 있습니다.
11.보증의 제공방법(현금· 자기앞수표 또는 보증서)중 하나를 선택하여 ☑표를 기재하십시오.

기일입찰표 양식

위 임 장

대리인	성 명		직업	
	주민등록번호	-	전화번호	
	주 소			

위 사람을 대리인으로 정하고 다음 사항을 위임함.

다   음

지방법원   타경   호 부동산

경매사건에 관한 입찰행위 일체

본인 1	성 명	(인)	직 업	
	주민등록번호	-	전 화 번 호	
	주 소			
본인 2	성 명	(인)	직 업	
	주민등록번호	-	전 화 번 호	
	주 소			
본인 3	성 명	(인)	직 업	
	주민등록번호	-	전 화 번 호	
	주 소			

* 본인의 인감 증명서 첨부
* 본인이 법인인 경우에는 주민등록번호란에 사업자등록번호를 기재

지방법원 귀중

위임장 양식

공 동 입 찰 신 고 서

법원 집행관   귀하

사건번호   20   타경   호

물건번호

공동입찰자   별지 목록과 같음

위 사건에 관하여 공동입찰을 신고합니다.

20   년 월 일

신청인   외   인(별지목록 기재와 같음)

※1. 공동입찰을 하는 때에는 <u>입찰표에 각자의 지분을 분명하게 표시하여야 합니다.</u>
   2. 별지 공동입찰자 목록과 사이에 <u>공동입찰자 전원이 간인</u>하십시오.

용지규격 210mm×297mm(A4용지)

공동입찰신고서 양식

공 동 입 찰 자 목 록

번호	성 명	주 소		지분
		주민등록번호	전화번호	
	(인)			
	(인)			
	(인)			
	(인)			
	(인)			
	(인)			
	(인)			
	(인)			
	(인)			
	(인)			

용지규격 210mm×297mm(A4용지)

공동입찰자 목록 양식

법원에 가기 전
확인사항

이 모든 과정을 끝내고 법원에 입찰하러 갔는데 자신이 입찰할 물건이 경매로 진행되지 않는다고 하면 정말 당황스러울 것입니다. 실제로 이런 당황스러운 일들이 간혹 벌어지기도 하므로 꼭 확인해야 합니다. 경매는 관계자의 신청에 따라 입찰 당일에도 경매 절차가 연기되거나 변경될 수 있습니다. 당일 연기 또는 변경신청이 접수되어 진행이 안 되는 것은 어쩔 수 없지만, 전날까지 접수된 내역은 대법원 법원경매정보 사이트(www.courtauction.go.kr)를 통해 진행 여부를 확인할 수 있습니다. 다른 지역으로 입찰을 가기 위해서 새벽에 일찍 출발했는데 법원에 도착해서 연기 또는 변경된 것을 알았다면 하루를 그냥 허비할 수도 있기 때문에 반드시 인터넷을 통해 먼저 확인하는 것이 좋습니다.

유료 경매 사이트는 늦게 업데이트되는 경우가 간혹 있습니다. 그러므로 경매 진행 여부는 반드시 대법원 법원경매정보 사이트를 이용해 법원으로 출발하기 전에 꼭 확인하길 바랍니다.

경매사건 확인하는 방법

1. 대법원 법원경매정보 사이트에 접속해 중앙의 '빠른물건검색' 아래의 '경매사건검색'을 클릭하거나 상단 메뉴에 '경매물건'을 클릭합니다. 주로 많이 쓰는 검색은 '기일별검색'과 '경매사건검색'입니다.

2. 경매사건검색 화면입니다. 입찰이 진행되는 법원과 사건번호를 입력

합니다.

3. 경매사건의 상세페이지입니다. 상단에 기일내역을 클릭합니다.

4. 입찰하고자 하는 물건의 경매 진행 여부를 확인할 수 있습니다. 현재 검색한 물건은 '변경'이 되어 경매가 진행되지 않는 사건입니다.

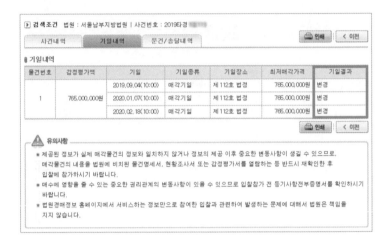

법원 주차 및
보증금 찾기

많은 사람들이 자가용을 이용해 법원을 방문합니다. 자가용을 이용하면 편하고 빠르게 갈 수 있지만 법원은 항상 민원인들로 주차난이 극심한 곳이다 보니 대부분의 법원은 차량5부제를 다음과 같이 시

인천지방법원 차량5부제
승용차 선택요일제(전자태그식) 및 끝번호요일 위반 차량 진입 및 주차금지
월: 1/6, 화: 2/7, 수: 3/8, 목: 4/9, 금: 5/0

행하고 있습니다.

차량5부제는 법원마다 요일이 다를 수 있으니 자신의 차량이 5부제에 걸리지 않는지 확인하고 가는 것이 좋습니다. 차량5부제에 걸리지 않는다고 해도 오전 9시~9시 30분 사이에 법원에 도착하지 못하면 주차할 공간이 부족합니다. 그러면 주변의 유료주차장을 이용해야 하는데 법원 인근의 유료주차장은 대부분 가격이 비싸다는 단점이 있습니다. 입찰을 하면 최소 3시간 정도는 주차를 해야 하기 때문에 자가용을 이용해 법원에 가는 분들은 평소보다 조금 일찍 출발하는 것이 좋습니다.

입찰보증금은 가급적이면 전날 준비해두는 것이 좋습니다. 본인의 주거래 은행이 신한은행이라면 입찰 당일 법원에서 입찰보증금을 찾을 수도 있습니다. 대부분의 법원에는 신한은행이 있기 때문에 경매를 본격적으로 하는 사람들이라면 신한은행 통장을 하나 정도는 만들어두는 것도 좋은 방법입니다. 예전에 입찰보증금을 만 원, 천 원, 그리고 백 원짜리 동전으로 준비해 입찰한 분이 있었습니다. 그분이 낙찰이 되어 보증금을 확인하는 데 오랜 시간이 걸려 개찰절차가 많이 늦어졌던 경우도 있었습니다. 보증금이 1천만 원에 가까운 물건이라 입찰보증금을 만 원권과 천 원권으로 두툼하게 가지고 오셨는데, 만약 백 원짜리 동전 하나라도 사라지면 보증금 부족으로 최고가매수신고인의 자격을 잃을 수도 있었습니다. 입찰보증금은 반드시 한 장으로 된 수표를 뽑아 입찰을 하는 것이 분실의 염려도 없으며 출입금도 편합니다.

6장에서는 다양한 부동산의 종류와 각 부동산에 투자할 때의 유의사항, 중점적으로 조사해야 하는 부분, 입찰 시 고려해야 할 점들에 대해 설명하고, 투자금액에 따라 투자대상 물건을 선별하는 방법을 간략하게 소개했습니다.

6장

부동산 경매물건별 투자 포인트

경매로 아파트에
투자할 때의 핵심 포인트

아파트의 매매가 또는 임대료는 빌라(다세대주택), 원룸(다가구주택) 등에 비해 정보가 많고 투명하게 공개되기 때문에 조사에 어려움을 겪는 사람들이 거의 없습니다. 아파트 시세를 조사하는 방법에는 국토교통부 실거래가 열람, 대형 포털 사이트에 등록된 부동산 매물과 최근 경매낙찰사례 등을 종합적으로 비교하는 방법과 인근 공인중개소를 통해 확인하는 방법이 있습니다. 공인중개소를 통해 시세조사를 할 때는 집을 살 때의 가격과 팔 때의 가격을 알아보는 것이 중요합니다. 조사를 해보면 살 때와 팔 때의 시세가 적게는 1천만 원에서부터 많게는 2천만 원 이상 차이 나기도 합니다. 이외에도 최근

거래량을 조사해 낙찰 후 목적에 맞게 임대 또는 매매가 될 때까지의 기간을 대략적으로 예상해야 합니다.

층과 향,
위치가 중요하다

아파트는 층과 향(向)이 중요합니다. 하지만 그 외에 아파트 주 출입구와의 근접성도 임대료에 영향을 줍니다. 예를 들어 버스정류장이 주 출입구에 있는 아파트는 같은 단지라도 주 출입구에서 걸어서 3분 거리인 A동과, 출입구와 먼 데다 경사가 있어 걸어서 10분이 걸리는 B동을 비교했을 때 A동의 선호도가 훨씬 높습니다.

체납관리비를
꼭 확인하자

아파트를 임장할 때 가장 중요한 부분은 체납관리비를 확인하는 것입니다. 체납관리비는 낙찰금액 외에 추가적으로 들어가는 비용으로 모두 수익률과 연관되기 때문에 체납관리비가 없을수록 유리합니다. 체납관리비는 적게는 10만 원에서부터 많게는 1천만 원 이상인 경우도 종종 있어 입찰 전 주의해서 확인해야 합니다.

하지만 2013년 4월 26일에 부동산 경매 투자자들에게 유리한 대법원의 판례가 나오면서 낙찰자의 부담을 덜어주었습니다. 판례의 요지를 정리해보면 낙찰자가 인수한 건물의 전 소유자(채무자)에게 상환받을 수 없음이 확신되는 체납관리비는 양도세 계산 시 필요경비로 인정해 인수한 관리비를 양도차액에서 필요경비로 포함해야 한다는 내용입니다.

관련 판례
대법원2012두28285, 2013. 4. 26. 판결
원심판결
서울고등법원 2012. 11. 15. 선고, 2012누3608 판결

【주문】
상고를 기각한다.
상고비용은 피고가 부담한다.

【이유】
상고이유를 판단한다.

1. 구 소득세법(2009. 12. 31. 법률 제9897호로 개정되기 전의 것) 제97조 제1항은 양도소득 세액의 산정을 위한 거주자의 양도차익의 계산에 있어서 양도가액에서 공제할 필요경비의 하나로 제1호 가목에서 '제94조 제1항 각 호의 자산의 취득에 소요된 실지 거래가액'을 정한다. 나아가 구 소득세법 시행령(2010. 2. 18. 대통령령 제22034호로 개정되기 전의 것. 이하 같다) 제163조 제1항은 "법 제97조 제1항 제1호 가목에서 '취득에 소요된 실지거래가액'이라 함은 다음 각 호의 금액을 합한 것을 말한다."고 하면서 제1호에서 '제89조 제1항의 규정을 준용해 계산한 취득원가에 상당하는 가액'을 들고 있는데, 위 시행령 제89조 제1항 제1호는 타인으로부터 매입한 자산은 '매입가액에 취득세·등록세 기타 부대비용을 가산한 금액'을 그 취득가액으로 하도록 정하고 있다.

2. 원심은 그 판시와 같은 사실을 인정한 다음, 원고가 이 사건 건물의 낙찰로 인하여 전 소유자 이○○이 부담하는 공용부분 체납 관리비 납부의무를 법적으로 승계했을 뿐만 아니라 이○○에게 구상권을 행사하더라도 이를 상환받을 가망이 없고 관리규약에 정해진 단전·단수 등의 조치를 피하기 위해 부득이 이 사건 건물에 관한 공용 부분 체납관리비 ○○○원을 납부했다는 등의 사정을 들어 그 비용은 '매입가액에 가산되는 부대비용'으로서 양도가액에서 공제할 필요경비에 해당한다는 이유로, 이 사건 처분 중 이를 필요경비로 공제하지 아니한 부분은 위법하다고 판단했다. 앞서 본 법규정의 내용과 관련 법리 등에 비추어 살펴보면, 원심의 이러한 판단은 정당한 것으로 수긍할 수 있고, 거기에 상고이유의 주장과 같이 양도가액에서 공제할 필요경비에 관한 법리를 오해하는 등의 위법이 있다고 할 수 없다.

3. 그러므로 상고를 기각하고 상고비용은 패소자가 부담하기로 해, 관여 대법관의 일치된 의견으로 주문과 같이 판결한다.

경매로 다세대주택에 투자할 때의 핵심 포인트

건물 내부와 외관을 꼼꼼하게 확인하자

다세대주택은 아파트와 비교해봤을 때 관리상태가 상당히 좋지 않습니다. 아파트는 전문 관리업체와 계약해 장기수선충당금을 걷어 크고 작은 하자 보수에 신경을 씁니다. 하지만 다세대주택의 경우에는 관리인이 따로 없어, 입주민이 자율적으로 계단청소 등만 주기적으로 할 뿐입니다. 외벽 방수공사와 같은 큰 공사를 해야 할 때는 전체 견적을 뽑아 세대별로 비용을 1/n 로 부담하기 때문에 예상치 못한 목돈이 들어가는 경우도 있습니다. 이런 경우 세대별로 합의가 잘되면 문제가 없지만 대부분 본인의 집에는 문제가 없다며 잘 협조하려 하지 않습니다. 그렇기 때문에 다세대주택은 공사를 제때 하지 못하는 일이 많아 아파트와 비교했을 때 건물의 노후가 상당히 빨리 진행되는 편입니다.

또한 다세대주택의 경우 정직하게 집을 짓는 사람들도 있지만 일명 '날림공사'로 기초공사부터 허술하게 해 다른 사람에게 팔아버릴 목적으로 건물을 짓는 경우도 많습니다. 그렇기 때문에 아무리 신축이라고 하더라도 건물 내·외부에 크고 작은 하자들을 쉽게 발견할 수 있습니다. 그러므로 다세대주택의 내·외부 확인은 필수이며, 만약 확인을 하지 못했다면 입찰을 하지 않는 것이 가장 현명한 방법입니다.

예전에 한 회원이 수도권에 위치한 지하의 다세대주택을 낙찰받은 적이 있습니다. 낙찰 가능한 가격이 전세가에 비해 저렴하다는 점이 낙찰받은 이유였습니다. 낙찰가는 약 1,800만 원, 전세가격은 2천만 원으로 충분히 저렴한 가격이었습니다. 문제는 내부 확인을 못 했다는 것입니다. 낙찰을 받고 현장에 도착했을 때 그 회원은 깜짝 놀랄 수밖에 없었습니다. 내부가 물로 가득 차 현관문을 통해 물이 조금씩 흘러나오고 있었기 때문이지요. 결국 700만 원가량을 들여 바닥과 내부 벽면을 다 뜯어고치는 대공사를 할 수밖에 없었습니다.

경매가 진행되는 부동산이 제일 높은 층이라면 반드시 옥상에 올라가서 방수공사 상태를 확인해야 합니다. 방수공사에 필요한 재료들은 가격이 비싸기 때문에 사전에 방문해 현재 상태를 살펴보고 보수공사를 부분적으로 해도 되는지 아니면 전체적으로 해야 하는지에 따라 추가비용을 예상해서 수익률 계산에 포함해야 합니다. 만약 본인이 손재주가 있다면 직접 공사를 하는 방법도 있습니다.

방의 개수와
발코니도 중요하다

같은 면적의 다세대주택을 비교해보면 방이 2칸인 다세대주택과 방이 3칸인 다세대주택의 가격에 차이가 있음을 확인할 수 있습니다. 물론 주거 형태와 가족 구성에 따라 선호도의 차이는 있습니다.

방이 2칸인 다세대주택은 방의 면적을 넓게 쓸 수 있고 작은 거실도 있다는 장점이, 방이 3칸인 다세대주택은 방은 좁지만 활용도가 높다는 장점이 있습니다. 짐을 쌓아두는 창고로 사용할 수도 있고, 아이들 방으로 만들 수도 있으며, 작업실이나 서재 등 다양한 용도로 이용할 수 있기에 같은 면적의 다세대주택일 경우 방이 3칸인 곳이 매매가격 기준으로 500만~2천만 원 정도 더 비쌉니다. 물론 매매가격이 높은 만큼 임대료도 더 많이 받을 수 있다는 장점이 있습니다. 따라서 투자물건으로 다세대주택을 보고 있다면 방의 개수를 각별히 신경 써야 합니다.

다세대주택에 투자할 때는 발코니도 중요한 투자 포인트입니다. 아파트에는 기본적으로 발코니가 있지만 다세대주택에는 없는 곳들도 많습니다. 발코니가 있으면 다용도실, 세탁실 등 다양한 용도로 사용할 수 있고, 바깥 공기가 내부로 직접 들어오지 않아 냉난방과 건물관리에도 중요한 역할을 합니다. 만약 투자하려는 다세대주택에 발코니가 있다면 투자를 긍정적으로 생각해보아도 좋습니다.

경매로 다가구주택에 투자할 때의 핵심 포인트

주변 평균 임대료를 파악하자

먼저 비슷한 조건의 인근 다가구주택들의 평균 임대료를 파악해야 합니다. 평균 임대료를 조사할 때는 반드시 본인이 투자하고자 하는 부동산과의 거리와 면적, 방의 개수 등을 고려해야 합니다. 특히 가까운 곳에 신축 중인 다가구주택이나 원룸이 있다면 임대료 조사는 필수입니다. 5년 전 건축된 건물과 일주일 전에 지어진 건물의 임대료가 똑같다면 대부분의 사람들은 일주일 전 지어진 건물을 선호할 것이 당연하기 때문이지요.

다가구주택의 평균 임대료를 확인하는 방법은 생각보다 간단합니다. 원룸의 경우 방의 개수가 많기 때문에 집주인이 직접 임대를 주는 경우들도 많이 있습니다. 원룸 밀집 지역을 돌아다니다 보면 건물 외벽에 현수막 또는 스티커로 집주인의 연락처가 붙어 있는 곳들을 쉽게 발견할 수 있습니다. 만약 본인의 거주지역과 멀다면 네이버나 카카오맵 로드뷰를 통해서도 확인할 수 있습니다. 최근에는 부동산 직거래 앱이 많이 생겨서 집주인들과 쉽게 연락이 되기도 합니다. 부동산 앱으로 검색하다 보면 간혹 경매가 진행 중인 물건을 발견해 운 좋게 실내 사진을 보는 경우도 있고, 현재 임차인이 어떤 조건에 거주하는 중인지도 확인할 수 있습니다.

인근 다가구주택의
공실률을 조사하자

다가구주택은 반드시 공실률을 확인해야 합니다. 한 건물에 최소 8가구부터 최대 20가구가 있어야 하고, 그중에서 최소 70% 정도는 임대가 되어야 수익을 올릴 수 있습니다.

학교 근처나 공업단지 안의 원룸은 3개월, 6개월의 단기 계약 수요가 많은 편입니다. 기숙사에 들어가지 못한 학생들은 방학이 되면 고향으로 돌아가고, 공업단지에서는 발령에 따라 이동해야 하는 계약직 또는 특수 파견된 사람들이 주로 거주하기 때문에 계약기간이 대체로 짧습니다. 겨우 10가구의 임대를 다 주었는데 1~2개월 사이에 또 공실이 발생하는 일이 반복된다면 영원히 임대수익을 얻지 못할 수도 있는 것이 바로 다가구주택입니다.

투자할 부동산 주변의 다가구주택을 조사해 총 가구 수 대비 절반 이하가 거주하고 있다면 투자를 재고해보아야 합니다. 아무리 저렴한 가격에 다가구주택이 나왔더라도 임대가 되지 않는다면 결국엔 투자금 손실이 날 뿐입니다. 그만큼 다가구주택이나 원룸에 투자를 할 때 가장 중요한 것이 바로 공실률이니 꼭 확인해야 합니다.

경매로 오피스텔에 투자할 때의 핵심 포인트

체납관리비와
공실률이 중요하다

오피스텔은 같은 면적의 아파트와 비교했을 때 관리비가 1.5배가량 더 많이 나옵니다. 아파트에 비해 세대수가 적고, 전용 부분보다 공용 부분이 더 많은 비중을 차지하고 있기 때문에 기본적으로 관리비가 많이 나올 수밖에 없습니다. 1천만 원의 체납관리비가 있다면 그중 인수해야 할 공용관리비가 아파트는 300만 원가량인 반면 오피스텔은 600만 원가량이 되기도 합니다. 전용 부분이 많은 아파트의 관리비는 본인이 도시가스, 전기 등을 어떻게 쓰느냐에 따라 절약할 수도 있지만 오피스텔은 본인은 아낀다고 해도 기본적으로 부과되는 공용 부분의 관리비가 많기 때문에 체납관리비 확인은 필수 중의 필수입니다.

오피스텔도 다가구주택과 마찬가지로 공실률이 중요합니다. 특히 오피스텔의 경우에는 공실률이 높아지면 각 세대에 부과되는 관리비도 많아지기 때문에 거주 목적으로 오피스텔을 알아보고 있다면 평균 관리비와 그 내역을 더욱 상세히 확인해야 합니다.

매매를 원한다면
높은 임대수익률을 유지하라

임대수익형 오피스텔은 초기에 분양할 때를 제외하고는 매매가 잘되지 않습니다. 그렇기 때문에 공실일 때 거래하는 것보다 임차인이 있을 때 매수자가 만족할 만한 임대수익이 난다면 매매가 더 잘 됩니다. 일반적으로 임대수익률 목표를 10%로 잡고 있다면 오피스텔에 투자할 때는 최소 15~20%가 나오는 물건에 입찰해야 매도할 때도 시간이 오래 걸리지 않습니다. 물론 임대수익이 좋아 오랜 기간 보유하겠다는 분들은 그럴 필요가 없지만 아무리 임대수익형 부동산이라고 해도 결국 매매를 하는 시점은 다가오기 때문에 그때를 고려해야 더욱더 성공적인 투자를 할 수 있습니다.

경매로 상가에 투자할 때의 핵심 포인트

상가에 투자할 때는 접근성·가시성 등의 입지적 요건과 지형지세 파악, 주변 점포의 개수와 상권의 특성, 배후지 세대수, 교통망과의 연계성, 도로 조건, 유동인구 등을 꼼꼼히 조사한 후에 투자하는 것이 좋습니다. 하지만 상가를 오랫동안 운영해오던 사람이 아니라면 상권을 보는 눈도 부족하고 어떤 업종에 임대를 주어야 할지 막막할 수 있습니다.

실제로 상가를 낙찰받아 기존의 임차인을 내보낸 후 같은 업종으로 다시 임대를 주려 했으나 사업자 승인이 떨어지지 않는 바람에 수개월간 임차인을 찾지 못해 공실인 상가들도 많습니다. 기존에 영

업 중이던 상가 주변이 개발되면서 학교가 들어왔거나, 기존의 법이
바뀌면서 신규 승인이 안 되는 경우도 많기 때문에 상가에 투자하기
위해서는 전문적으로 공부를 해야 하고 관련 법들도 더 많이 알아야
합니다.

위험부담이 적은
상가에 투자하기

상가가 주거용 부동산에 비해 수익이 높은 것은 누구나 아는 사실이
지만 상가임대가 잘되거나 장사가 잘되어서 손님이 많아야 수익도
높을 것입니다. 그만큼 높은 위험성도 있는 투자인 셈이지요.

하지만 상가도 그런 걱정 없이 최대한 안전하게 투자하는 방법이
있습니다. 바로 현재 임차인에게 재임대를 주는 것입니다. 물론 현
재 임차인이 있는 상황에서, 임차인도 재임대를 원한다는 판단이 들
었을 때 투자하면 됩니다.

한 예로 2013년에 인천 ○○동에서 음식점으로 운영 중이던 상가
의 경매가 진행된 적이 있습니다. 음식점은 1층의 1개 호실(109호)과
2층의 3개 호실(207호·208호·209호)을 사용하고 있었는데 그중 경매
가 진행된 곳은 209호였습니다.

2층 3개의 호실을 하나로 합쳐 음식점 홀의 용도로 사용하고 있
었습니다. 그런데 음식점에 들러 내부를 확인해보니 음식점에 반드

·인천 ○○동 음식점 사용 현황·

시 있어야 하는 주방이 보이질 않았습니다. 알고 보니 해당 음식점은 2층 홀에서 주문을 하면 1층의 주방(109호)에서 음식을 준비해 덤웨이터(음식 전용 엘리베이터)를 통해 2층으로 올려보내는 구조였습니다. 이 덤웨이터가 설치된 공간이 바로 경매가 진행되고 있는 209호였습니다.

먹자골목에서 몇 년간 성실하게 영업을 잘해왔고 단골손님도 생긴 상황에서 상가의 209호가 경매로 넘어갔다면 낙찰자는 임대차 계약을 새로 맺어서라도 기존의 임차인이 계속 영업을 하길 바랄 것입니다. 주방인 109호와 연결되어 있는 호수는 209호밖에 없을뿐더러 음식 전용 엘리베이터 제품 및 설비 비용이 500만~1천만 원을 호가하기 때문이지요.

이런 정보를 습득한 다음에는 상가를 운영하고 있는 음식점 주인의 의사를 확인하는 과정이 필요합니다. 낙찰 후 임대를 확실히 할 의사가 있는지 없는지를 알아보는 과정이지요. 물론 거짓을 이야기할 수도 있지만 협의가 잘 된다면 좋은 투자처가 될 수 있습니다.

이처럼 상가 투자 시 경매가 진행되는 상가가 단독으로 영업을 하는 곳보다는 다른 호수와 함께 쓰고 있는 물건이 재임대 가능성이 높습니다. 이러한 상가의 장점은 명도가 필요 없으며, 임대도 이미 되어 있기 때문에 수익이 바로 발생한다는 것입니다.

상가는 공실의 위험이 높아 투자를 고민하는 사람들이 많습니다. 하지만 이 사례와 같은 물건들을 찾아 조사한 후 투자한다면 위험부담이 적은 상가 투자를 할 수 있습니다.

투자금액대별
투자대상 물건 선별하기

투자금
5천만 원 미만

경매를 시작하는 많은 분들이 5천만 원 미만의 투자금으로 투자를 시작하고 싶어 합니다. 그 이상의 투자금을 가지고 계신 분들도 경매라는 생소한 투자처에서 경험을 쌓기 위해 5천만 원 미만으로 투자를 시작하기도 합니다.

5천만 원 미만으로 투자할 수 있는 낙찰금액대는 최대 1억 5천만 원입니다. 세금과 각종 부대비용을 생각한다면 1억 3천만 원 선에서 낙찰받을 수 있는 물건을 위주로 찾아보는 것이 좋습니다. 임대수익형과 시세차익형으로 나눠 살펴보겠습니다.

임대수익형

기본적으로 1억 원 안팎의 경매물건으로는 시세차익을 보기 어렵습니다. 다만 임대수익을 기본으로 하고 시세차익은 보너스라는 개념으로 투자에 임한다면 광역시급의 소형 아파트에 투자하는 것을 추천드립니다. 5천만 원 미만의 투자라면 시세차익형보다는 안전하게 2년의 기간을 잡고 임대수익형으로 투자하는 편이 좋습니다. 여기서의 핵심 포인트는 본인의 투자금액으로 해당 지역의 중심지에 최대한 가까이 들어가는 것이며, 이는 모든 부동산 투자의 기본입니다.

시세차익형

앞서 시세차익을 보기 어려운 금액대라고 말씀드렸지만 그래도 자본금 증액을 원하는 분들이 있다면 단기플랜으로는 토지 투자, 장기플랜으로는 재개발 초기단계에 진입할 경우 P(프리미엄)5000 미만으로 투자하는 것을 추천드립니다. 재개발을 보고 들어가는 것은 말 그대로 장기플랜이기 때문에 많은 인내심이 필요합니다. 단기플랜 토지 투자의 포인트를 한 가지만 알려드리자면 인접 토지주에게 파는 것을 목적으로 접근해보는 것을 추천드립니다.

투자금
1억 원 미만

투자금 1억 원은 투자대상의 범위가 확 늘어나는 구간입니다. 상가, 아파트, 다가구주택 등 거의 대부분의 물건에 투자해볼 수 있는 금액이라 기준을 잡고 전략만 잘 세운다면 투자자금을 두세 배로 불리는 게 크게 어렵지 않은 단계라고 할 수도 있습니다. 매입 가능한 금액으로는 최대 3억 원에서 안정적으로는 2억 5천만 원 정도입니다.

임대수익형

투자금 1억 원으로는 소형 다가구주택(원룸), 상가, 1억 원 미만의 아파트 2~3채 등을 매입해서 임대수익을 올릴 수 있습니다. 하지만 투자금 1억 원 단계에서는 임대수익형보다는 시세차익형으로 투자하는 것이 더 좋습니다. 물론 5천만 원 미만의 투자 포인트처럼 임대수익형으로 낙찰을 받아 시세차익을 노릴 수도 있겠지만 1억 원부터는 본격적으로 투자의 성향이 나뉘기 때문에 같은 물건이라도 임대수익형 물건과 시세차익형 물건을 보는 관점이 아예 달라집니다.

시세차익형

현재 비규제 지역의 저평가된 대형평수를 투자대상으로 찾아보시길 추천드립니다. 최근 가파른 시세상승으로 소형 아파트를 분양

해도 돈이 많이 남기 때문에 대형평수의 공급이 상대적으로 적었습니다. 또한 대형평수들은 면적과 임대, 매매에 부담이 따르기 때문에 이 점들을 감안해서 저평가되어 있는 수도권지역의 대형평수를 찾아 투자하는 것도 좋은 방법입니다.

투자금
5억 원 미만

투자금 5억 원은 상승장에서는 크게 고민할 것이 없는 금액대입니다. 서울에서 전세를 끼고 살 수 있는 물건에 투자하는 아주 간단한 전략입니다. 하지만 금액대가 커지는 만큼 심리적인 부담감이 상당한 구간이기도 합니다. 또한 상승기가 끝나고 하락기에 접어들 경우에도 버틸 만한 물건을 잡고 있어야 합니다. 이때부터는 다른 물건들을 다 정리하고 '똘똘한 한 채'를 보유하기만 해도 충분히 기대수익을 얻을 수 있습니다.

임대수익형

그럼에도 불구하고 임대수익을 얻고자 한다면 경매를 통한 상가 투자 또는 고시촌, 사무실 밀집지역의 다가구주택(원룸)을 추천드립니다. 이미 수익이 좋은 상권의 상가는 수익률이 1~2%도 잘 나오지 않습니다. 간혹 경매로 채권금액이 상당히 높은 좋은 상권의 물건들이 나오기도 합니다. 아무리 장사가 잘되는 상권의 상가라고 할지라도 채권금액이 높으면 경매를 막을 수 없습니다. 결국 경매로 진행되는 물건을 낙찰받는다면 우량임차인을 통한 안정적인 임대수익을 얻을 수 있습니다.

시세차익형

앞서 말씀드린 것처럼 서울 중심지의 아파트에 투자하면 됩니다. 신축을 갭투자로 사거나 앞으로 신축이 될 물건들을 매입하는 방법 중 본인의 성향에 맞는 방법을 선택하시면 됩니다.

투자금
10억 원 이상

마지막으로 투자금 10억 원 이상일 때는 다른 금액대처럼 아파트나 상가, 공장 등에 투자해볼 수도 있겠지만 꼬마빌딩에 투자해보는 것도 좋은 방법입니다. 현재 시세로 봤을 때는 10억 원이면 수도권에서 적당한 꼬마빌딩을 매입할 수 있으며, 투자자금이 20억 원을 넘어간다면 강남권에 위치한 빌딩도 노려볼 수 있을 것입니다. 아파트가 천에서 억 단위로 가격이 올랐다면 빌딩은 규모에 따라 10억 원이 오르는 일도 비일비재하기 때문에 수많은 연예인들도 빌딩 투자를 하는 것이 아닐까 생각됩니다. 결국 부동산을 투자하는 것은 임대수익으로 조금 더 편안한 생활을 하기 위해서이기 때문에 아파트나 상가를 여러 개 운영하는 것보다 입지 좋은 곳에 있는 건물 하나를 운영하는 것이 훨씬 좋다는 생각입니다.

　대략적인 금액대별 투자 방식에 대해 알아보았는데 실제로 투자를 할 때는 훨씬 더 디테일한 부분까지 신경을 써야 합니다. 투자금액에 따라, 본인의 투자 성향에 따라, 현재 상황에 따라 투자대상 물건을 다각도로 검토하며 수익을 만들어내는 것 또한 경매 투자자의 필수 덕목이 아닐까 생각됩니다.

7장에서는 낙찰을 받은 후 필요한 자금 대출과 집을 비우는 명도 과정에 대해 자세히 설명합니다. 명도의 기본 절차와 첫 만남에 주도권을 잡아 명도를 쉽게 이끄는 방법, 협의가 되지 않을 때 강제집행을 활용해 명도를 하는 방법, 좋은 조건으로 경락잔금대출을 받아 수익률을 높이는 방법 등을 담았습니다.

모르면 손해 보는
명도와 대출의 기술

명도의 기술,
기본을 지키면 된다

낙찰을 받았다면 이제부터는 명도를 진행해야 합니다. 명도는 낙찰받은 부동산(점유지)에 거주하고 있는 점유자(소유자, 임차인 등)를 내보내는 과정입니다. 명도는 빠르면 빠를수록 좋기 때문에 낙찰받은 날 바로 해당 부동산에 방문하는 것이 좋습니다. 아직 잔금을 치르지 않은 최고가매수신고인이지만 잔금을 납부할 예정이니 내 집이라 생각하고 절차를 진행하는 것이 좋습니다.

점유지에 방문하기 전 임차인이나 소유자가 할 법한 질문과 요구를 미리 생각해보고 답변을 준비해가면 자연스럽게 대화를 할 수 있습니다. 명도는 사람과 사람이 만나 협의하는 과정이기 때문에 정해진 정답이 없습니다. 상대방의 성향이나 태도에 따라 다양한 방법을 택할 수 있습니다. 본인이 어떻게 하느냐에 따라 쉬워 보였던 명도 상대가 오히려 명도를 어렵게 만들 수도 있습니다.

명도를 할 때는 부동산을 누가 점유하고 있느냐에 따라 협상방법이 달라집니다. 점유자는 크게 '소유자가 점유하고 있는 경우' '임차인이 있는 경우' '전입이 되어 있지 않은 사람이 있는 경우' 이렇게 세 가지로 나눌 수 있습니다. 점유자마다 특성이 다르지만 기본적인 명도 상황은 동일하기 때문에 기본만 지킨다면 명도를 쉽게 진행할 수 있습니다.

명도를 할 때 가장 중요한 것은 바로 첫 만남에 주도권을 잡는 것입니다. 첫 만남에서 주도권을 빼앗기게 되면 쉽게 보였던 명도가 갑자기 어려워집니다. 첫 만남에서 이미 주도권을 빼앗긴 후에 명도를 진행할 때와 그렇지 않을 때의 차이는 상당합니다. 이토록 중요한 명도의 첫 만남에 어떤 준비를 하고 가야 하는지 알아보겠습니다.

명도의 기본 절차는
반드시 알고 가자

점유지에 방문할 때는 명도의 기본 절차에 대해서 반드시 알고 가는 것이 좋습니다. 명도에는 협의에 의한 명도와 강제집행에 의한 명도가 있습니다. 가장 좋은 것은 협의에 의한 명도이지만 상황에 따라 강제집행이 더 유리할 때도 있습니다. 협조를 해주지 않는다면 강제집행을 할 수밖에 없으며 여기에 들어가는 비용은 모두 점유자가 부담해야 한다는 것도 고지해주어야 합니다.

상대방이 임차인이라면 대략적인 배당일자와 배당금액을 알아보고 가는 것이 많은 도움이 됩니다. 배당을 언제, 얼마나 받을지를 임차인에게 미리 알려준다면 그 날짜와 금액에 맞춰 이사 준비를 할 수 있기 때문입니다. 다만 변수가 있기 때문에 "언제 받을 수 있고, 배당금이 얼마입니다."라고 말하는 것보다는 "변수가 있을 수 있으나 통상적으로 낙찰일로부터 40~50일 사이에 배당받으실 수 있고 금액은 얼마 정도 될 것 같습니다."라고 말하는 것이 좋습니다.

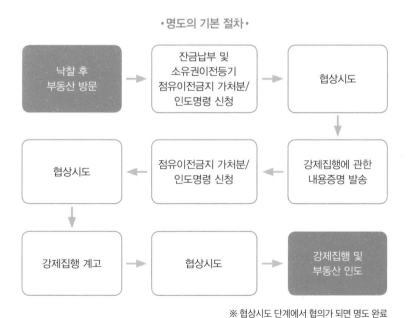

•명도의 기본 절차•

낙찰 후 부동산 방문 → 잔금납부 및 소유권이전등기 점유이전금지 가처분/ 인도명령 신청 → 협상시도

협상시도 ← 점유이전금지 가처분/ 인도명령 신청 ← 강제집행에 관한 내용증명 발송

강제집행 계고 → 협상시도 → 강제집행 및 부동산 인도

※ 협상시도 단계에서 협의가 되면 명도 완료

·명도 안내서 예시·

명 도 안 내 서

안녕하십니까? 이번에 남동구 구월동 ○○-○, ○○빌라 C동 202호를 낙찰받은 ○○○이라고 합니다. 귀하가 거주하시던 집이 경매로 넘어가게 되어 곤혹스러웠을 것이라고 생각됩니다. 선생님의 잘못이 아닌데도 불구하고 20○○년 ○월부터 계속 진행된 경매로 그동안 많이 신경이 쓰이셨을 것 같아 채무자(집주인)를 대신해 사과의 말씀을 드립니다.

이렇게 편지를 남기게 된 이유는 경매로 낙찰된 본 집에 대해서, 앞으로의 과정이 어떻게 되는지 선생님께 말씀을 드리기 위함입니다. 낙찰 후의 '명도' 과정은 다음과 같은 순서로 진행됩니다.

1. 낙찰자는 낙찰받은 2주 후에(○○년 ○월 ○○일 화요일 경) 매각허가 결정을 받은 뒤, 잔금 납부기일을 부여받습니다.

2. 일반적으로 잔금 납부기일은 매각허가 결정 한 달 뒤인 ○월 말 정도까지로 잡힙니다.

3. 잔금 납부기일에서 한 달 정도 후에, 배당기일이 잡힙니다. 예상 배당기일은 ○월 말 정도로, 법원에서 날짜를 지정해준 내용이 들어 있는 우편이 미리 집으로 옵니다.

4. 보증금을 받으시기 위해서는 배당기일에 법원에 가셔서 '명도확인서'와 저의 인감증명서를 함께 제출하셔야 합니다.

5. '명도확인서'란 낙찰자(저)가 기존에 있던 점유자(선생님)가 집을 비워준 이후에, 그 절차가 무사히 완료되었음을 확인하는 증명서입니다.

6. 배당기일 이전에 집을 비워주셔야 제가 명도확인서를 드릴 수 있고, 그 과정을 거쳐야 선생님께서는 배당기일에 법원에 가셔서 보증금을 반환받으실 수 있습니다.

※ 잔금을 납부하게 되면 소유권은 낙찰자에게로 넘어옵니다. 따라서 새로운 소유자가 된 낙찰자는 점유자에게 집을 비워달라고 요구할 수 있는 권리가 있으며, 만약의 상황에는 합법적으로 강제집행을 할 수 있는 '인도명령'의 권리를 갖게 됩니다.

이상이 부동산 경매물건의 낙찰 이후 과정입니다. 다행히도 선생님께서는 「주택임대차보호법」에 의한 최우선변제권이 있어서, 기존의 보증금 1천만 원 중에 전액, 즉 1천만 원 전부를 받으실 수 있습니다. 배당 기일(○월 말 경) 이전에 무사히 이사하셔서, 보증금을 돌려받기 위한 명도확인서와 인감증명서를 받아가시길 바랍니다. 정확한 배당기일과 시간, 장소는 추후 법원의 우편을 통해 공지받으실 수 있습니다.

추가적인 문의 사항이나 연락하실 일이 있으시면 '010-○○○○-○○○○'로 연락 부탁드리겠습니다. 긴 글 읽어주셔서 감사합니다. 선생님의 보증금 반환이 문제 없이 이루어지길 기원하겠습니다.

※ 카페회원 '강쥐안녕'님의 명도 안내서

명도를 좀 더
수월하게 하는 노하우

인정에 이끌려
약속하지 않기

명도를 위해 점유지를 방문하면 소유자는 낙찰자를 향한 피해보상 심리가 있어 협박을 하거나 눈물을 동반한 신세한탄을 하는 경우가 대부분입니다. 이런 경우에는 이야기를 차분하게 들어주고 위로의 말도 건네는 것이 좋습니다. 하지만 눈물과 협박에 못 이겨 사정을 봐준다거나 이사비와 공과금을 낙찰자 본인이 처리해주겠다고 약속하는 것은 금물입니다.

이야기를 들어주는 것은 상당히 바람직하나 첫 만남에서 구체적인 약속을 하게 되면 대부분 낙찰자에게 불리한 상황이 됩니다. 상대방이 어떻게 나올지 모르기 때문에 어떤 요구조건이 있을 때는 반드시 "생각해보고 알려주겠다."라고 말하고 낙찰자는 그 자리에서 어떠한 결정도 내리지 않는 것이 좋습니다.

평소에 경매에 큰 관심이 있던 O씨는 권리분석이 어렵지 않은 소형 아파트를 낙찰받고 소유자를 만났습니다. 소유자는 두 자녀를 둔 40대 후반의 여성이었습니다. 그녀는 "이사 갈 곳 마련해두었지만 지금 가면 아이들의 학교 문제가 있어서 그러는데, 학년이 끝나는 12월까지 2개월 정도만 편의를 봐주시면 안 될까요?"라며 사정을 호소했습니다. 소유자의 사정을 딱하게 여긴 O씨는 흔쾌히 알겠다고 약속했고 미리 준비한 '합의 및 이행각서'에 이사 날짜와 공과금 등을 정산하기로 한 내용을 작성하고 서로 도장을 찍고 돌아왔습니다. 자라나는 미래의 꿈나무들의 학업을 방해하면 안 된다는 생각에 O씨는 겨울방학이 될 때까지 기다려주었습니다.

그런데 겨울방학이 되어 다시 방문하자 소유자는 터무니없는 이사비를 요구해왔습니다. "이사비를 주지 않으면 법대로 하라."라고 우기며 막무가내로 나왔습니다. 명도를 쉽게 끝낼 수 있을 것이라는 O씨의 예상과는 달리 상황은 완전히 달라졌습니다. 소유자는 본인이 원하는 기간을 보냈기 때문에 이제 강제집행을 당한다 하더라도 문제될 것이 없었습니다.

지속적으로 터무니없는 금액의 이사비를 요구하는 통에 O씨는 그제서야 강제집행을 위한 절차를 밟게 되었습니다. 강제집행을 하기까지는 최소 2개월이 걸리기 때문에 그만큼의 시간을 더 허비해야 했습니다. 그동안 아무것도 하지 못하고 절차가 빨리 진행되기만을 기다릴 뿐이었습니다. 드디어 2개월이 지나 강제집행을 하는 날, 집 문을 열고 들어가니 TV만 덩그러니 남겨져 있었고 소유자의 가족은 이미 이사를 간 후였습니다.

이 사례처럼 상대방의 사정이 딱하다고 해서 무작정 약속을 하거나 호의를 베풀어서는 안 됩니다. 아무런 대가 없이 요구사항을 다 들어준다면 소유자는 계속해서 더 많은 요구를 하게 됩니다. 그렇기 때문에 아무런 대가 없는 약속은 절대로 해서는 안 됩니다. 점유자의 기분을 상하지 않게 하면서 협의에 의한 명도가 될 수 있도록 유도하는 것이 가장 좋습니다. 하지만 만약의 경우를 대비해 잔금납부와 동시에 인도명령 신청을 반드시 해놓는 것이 좋습니다.

여유로운
마음 가지기

부동산 투자를 할 때는 여유로운 마음을 가져야 합니다. 하나의 절차를 밟기 위해서는 매번 짧게는 일주일에서 길게는 몇 달간의 기다림이 필요하기 때문입니다. 명도를 위해 점유지를 방문했을 때 점유자에게 낙찰자의 조급한 모습을 보여서는 안 되며 최대한 여유 있는 모습을 보여줘야 합니다.

저는 강의시간에 수강생들에게 "명도는 자기 일로 바쁜 사람이 잘한다."라고 자주 이야기합니다. 그만큼 명도는 여유를 가지고 가끔씩만 신경 써주면 되는 것입니다. 본인이 모든 신경을 명도에 쏟는다고 해도 앞서 말한 바와 같이 절차상의 진행기간이 있기 때문에 조급해한다고 해서 그만큼 빨리 진행되는 것이 아닙니다. 빨리 명도를 하기 위해 아무리 몸부림을 쳐도 나가지 못하는 사정이 있는 사람들은 나가고 싶어도 못 나가는 것이지요.

예를 들어 배당금을 받지 못하면 정말 이사할 돈이 없는 사람이라면 명도하기 위해 아무리 노력해봐도 현실적으로 힘든 것이 사실입니다. 반면 특별히 노력하지 않아도 금전적으로 여유가 있고 이사를 빨리 가길 원하는 사람들이라면, 첫 만남에서 바로 이사 날짜를 잡고 쉽게 명도가 끝나는 경우도 있습니다. 상황에 따라서 명도를 빠르게 진행해야 하는 경우도 있지만 기본적으로 여유를 가지고 천천히 진행하는 것이 가장 좋습니다.

명도를 매끄럽게 잘하는 사람들 중에는 간혹 특별한 기술이 있는 사람들도 있지만 대부분은 여유를 가지고 정해진 절차를 실수 없이 진행하는 사람들입니다. 반면 성격이 급해서 명도를 할 때마다 강제집행까지 가는 사람들도 있습니다. 이런 사람들은 점유자에게 일주일에 2~3번씩 연락해 "언제 이사할 거냐?" "강제집행 당하고 싶으냐?" 등의 연락을 계속 하는데, 이럴 경우 오히려 역효과가 날 수 있으니 반드시 조심해야 합니다.

제가 명도를 할 때 가지는 마음가짐은 크게 두 가지입니다.

1. 강제집행까지 생각하고 명도에 임한다.
2. 점유자가 배당을 받는 임차인이라면 연락하지 않는다.

명도에서 가장 최악의 경우가 강제집행으로 인한 명도이기 때문에 여기까지 미리 생각하고 명도를 진행하면 오히려 마음이 편합니다. 저는 모든 명도에서 강제집행을 신청하지만 실제로 집행된 것은 100건 중 5건이 안 될 정도로 적습니다.

배당을 받는 임차인에게 연락하지 않아도 된다는 것은 무슨 의미일까요? 임차인이 배당을 받기 위해서는 낙찰자의 명도확인서와 인감증명서가 필요하기 때문에 날짜가 다가오면 임차인이 먼저 연락해올 것입니다. 낙찰자가 먼저 연락해서 명도를 위해 애쓴다면 공과금 납부나 이사비 요구 같은 임차인의 요구사항은 더 많아지겠지만, 임차인이 명도확인서가 필요해 연락해오는 상황이라면 공과금도 정리되고 명도확인서만 주면 끝나는 경우가 훨씬 많습니다.

명도를 할 때 '여유로운 마음 갖기' '강제집행까지 염두에 두기' '배당받는 임차인에게는 먼저 연락하지 않기', 이 세 가지 원칙만 잊지 않는다면 첫 만남에서 주도권을 가질 수 있고 이후 명도를 쉽게 풀어나갈 수 있을 것입니다.

명도확인서를 활용하면
명도가 쉬워진다

일부라도 배당을 받는 임차인이 있는 명도가 비교적 쉬운 이유는 바로 명도확인서 때문입니다. 임차인의 경우에는 배당을 받기 위해서 낙찰자의 인감도장이 찍힌 명도확인서와 인감증명서가 필요합니다. 그러기 위해선 낙찰자와 반드시 협의해야 합니다.

부동산 경매를 처음 접하고 명도에 자신이 없어 입찰을 망설이고 있다면 일부 또는 전액 배당받을 수 있는 임차인이 살고 있는 물건을 찾아보는 것도 명도에 대한 자신감을 얻을 수 있는 좋은 방법입니다.

배당을 받는 임차인과 명도를 진행하다 보면 이사를 가겠다고는 하지만 대부분의 임차인이 돈을 먼저 받고(배당) 이사를 가고 싶어 합니다. 하지만 명도확인서를 먼저 주게 되면 임차인의 태도가 돌변하는 경우가 많습니다. 앞선 사례에서도 말했듯이 본인이 원하는 것을 가지는 순간 '배째라식'으로 나오는 임차인들이 있으므로 명도확인서를 먼저 주는 상황은 피해야 합니다.

명도확인서는 낙찰자에게 있어 최고의 무기이자 유일한 무기입니다. 배당받는 임차인을 상대로 명도확인서를 잘 이용하면 명도를 쉽게 진행할 수 있습니다.

명 도 확 인 서

사건번호:

이 름:

주 소:

위 사건에서 위 임차인은 임차보증금에 따른 배당금을 받기 위해 매수인에게 목적부동산을 명도했음을 확인합니다.

첨부서류: 매수인 명도확인용 인감증명서 1통

년   월   일

매수인 (인)

연락처(☎) :

지방법원 귀중

내용증명과 강제집행 시 유의해야 할 사항

명도를 진행하다 보면 다짜고짜 욕설을 하는 사람, 울며불며 하소연하는 사람, 협박을 하는 사람, 무리한 이사비를 요구하는 사람 등 다양한 사람들을 만나게 됩니다. 욕을 하거나 하소연을 하는 것은 낙찰자에게 무엇이든 조금이라도 받아내기 위한 일종의 기싸움이라고 생각합니다. 하지만 이런 사람들은 그나마 나은 편입니다. 정말 명도하기 어려운 사람들은 연락이 되지 않는 사람, 대답이 없는 사람, 낙찰자의 이야기를 전혀 듣고 싶어 하지 않는 사람같이 반응이 없는 사람들입니다.

내용증명을 보낼 때
명심해야 할 점

이처럼 점유자가 반응이 없고 대화나 만남 자체를 거부한다면 서면으로 향후 절차와 이사합의에 관한 내용을 정리한 내용증명을 보내면 됩니다. 특히 첫 방문 때 조리 있게 하지 못했던 말이 있거나, 상대방이 이해를 못 하거나 점유자가 고령일 때는 집에서 차분하게 낙찰자의 권리와 점유자의 상황, 향후 절차에 대해 작성한 후 내용증명으로 보내주는 것이 효과적입니다.

내용증명은 특별한 양식이 있는 것은 아닙니다. '내용증명서'라는 제목에 수신인과 발신인의 이름과 주소만 기재되어 있으면 됩니다. 내용은 꼭 딱딱한 말투가 아니어도 상관없으며, 가볍고 편안하게 쓰되 내용에 어울리지 않거나 어려운 말들은 쓰지 않도록 합니다. 마지막으로 내용에 법 조항을 넣어주면 더욱 효과적입니다.

작성이 완료되었다면 내용증명 3부를 준비해 가까운 우체국으로 가서 "내용증명 보내러 왔습니다."라고 말하면 친절하게 처리해줍니다. 내용증명 3부를 준비해야 하는 이유는 1부는 받는 사람에게 발송하는 것이고, 1부는 보내는 사람이 가져야 하며, 마지막 1부는 우체국에서 보관하기 때문입니다. 어떤 내용으로 내용증명을 보냈는지 우체국이 증인이 되어주는 것입니다. 또한 상대방에게 도착하면 알려주는 문자알림 서비스도 있으니 상대방이 내용증명을 받았는지 여부를 확인할 수도 있습니다.

내 용 증 명 서

수신: ○○광역시 ○구 ○○동 ○○-○○ ○○주공2단지 ○○○동 ○○○○호

　　이○○ 귀하

귀 가정의 안녕을 진심으로 기원하며 다음 사항을 알려드리니 양해 부탁드리며 반드시 이행해주시기 바랍니다. 본인은 ○○지방법원 2019타경○○○○○(○) 부동산에 대해 20○○년 ○월 ○○일에 낙찰받아 20○○년 ○월 ○○일에 법원에 잔금을 완납하고 법적으로 소유권이 본인의 명으로 바뀌었음을 알려드립니다. 법원에서 집을 낙찰자에게 인도해주라는 인도명령 결정문도 받아보셨으니 통보받으신 대로 배당기일 전까지 이사를 완료하시고 명도확인서를 받아 법원에 제출해 임차보증금을 받아가시기 바랍니다. 또한 연락이 없으시면 임차금 압류조치를 취할 것을 알려드립니다.

1. 이 부동산의 소유자는 본인이므로 이후의 점유는 불법점유 거주상태이므로 명도하지 않으면 법에 의해 집달관을 통원한 강제집행을 당할 수 있으며, 이후부터 명도 시까지는 점유 기간 동안의 임대료를 월 100만 원씩 청구할 것입니다.

2. 본 건물 시설물을 고의로 파손하거나 훼손할 경우에는 손해배상 청구와 함께 형사처벌을 요구할 것이며, 이러한 사실이 확인될 때에는 바로 조치할 것입니다.

3. 명도 시에는 귀하께서 사용한 각종 공공요금을 미납 없이 전액 완전히 해결하시기 바라며, 만약 해결되지 않은 건이 있으면 법적으로 끝까지 조치할 것임을 분명히 알려드립니다.

4. 귀하께서 어떠한 사정이 있는지는 알 수 없으나 본인은 법원에서 절차에 따라 이 부동산을 취득했으므로 본 부동산의 재산권을 행사하는 데 차질이 발생하지 않도록 하시기 바랍니다.

위의 내용대로 원만하게 해결이 되지 않을 때에는 부득이하게 법적으로 대응해 처리할 수 밖에 없으며 이에 소요되는 모든 비용은 전적으로 귀하의 책임입니다. 또한 민·형사상 손해배상과 책임도 귀하께 지도록 하겠음을 간곡하게 알려드립니다. 부디 불미스러운 일이 발생하지 않고 잘 처리되도록 협력해주시길 바랍니다.

20○○년 ○월 ○일

발신: 신○○

주소: 서울시 ○○구 ○○동 ○○○-○○○

연락처: 010-○○○○-○○○○

내용증명을 보낼 때 한 가지 주의사항이 있습니다. 내용증명은 편안하게 작성해도 상관없다고 했지만 그렇다고 자주 보내라는 뜻은 아닙니다. 간혹 내용증명을 일주일에 2회 이상 보내는 사람들이 있는데, 내용증명은 명도의 전체과정 중 1~2회 정도만 보내는 것이 더 효과적입니다.

강제집행을 신청할 때 명심해야 할 점

명도는 협의에 의한 명도와 강제집행에 의한 명도가 있습니다. 인도명령은 부동산 경매에서만 인정되는 특별한 절차인데, 심리적 압박을 가해 협상을 통해 명도하기 위한 방법으로 많이 쓰이고 있습니다. 실제로 강제집행을 신청하고 명도를 진행해보면 100건 중 90~95건은 협의로 끝납니다.

점유이전금지 가처분에 대해 간략하게 설명해보겠습니다. 점유이전금지 가처분은 인도명령과 같이 설명을 드려야 이해가 쉽습니다. 우선 인도명령은 낙찰자가 잔금을 납부하면서 신청할 수 있으며 명도소송(최소 6개월 소요)에 비해 인도명령(평균 3개월 소요)은 강제집행을 빠르게 진행할 수 있다는 장점이 있습니다. 점유자가 인도명령 대상자라면 잔금납부 이후 6개월 안에 인도명령 신청을 해야 하고, 인도명령 결정문에 기해 강제집행을 신청할 수 있습니다. 다만 강제집행을 위해서는 법을 집행하는 법원, 강제집행을 신청한 낙찰자, 강제집행을 당하는 점유자, 이렇게 세 당사자 모두 강제집행 사실을 알고 있어야 합니다.

인도명령을 신청하면 법원에서 낙찰자와 점유자에게 우편으로 결정문을 발송하기 때문에 법원과 낙찰자는 강제집행이 진행될 것이라는 사실을 알 수 있습니다. 하지만 점유자는 우편물을 고의적으로 받지 않는 경우가 많습니다. 세 당사자가 모두 강제집행 사실을 알아야 강제집행이 진행될 수 있다는 점을 이용해 시간을 최대한 벌자는 생각으로 일부러 받지 않는 것입니다. 그래서 간혹 우편물 송달까지만 오랜 시간이 걸리는 경우도 있습니다. 이렇게 되면 낙찰자는 낙찰을 받았음에도 불구하고 아무것도 할 수 없이 시간을 흘려보내게 됩니다.

그런데 강제집행을 하는 날 아래와 같은 상황이 벌어진다면 어떻게 될까요? 낙찰받은 부동산을 A씨가 점유하고 있어 강제집행 신청을 했는데 집행 당일 방문해보니 B씨가 점유하고 있습니다. 이 경우 A씨 앞으로 인도명령을 신청했기 때문에 B씨는 강제집행 사실을 알지 못해 집행불능으로 강제집행을 할 수 없습니다. 그래서 다시 B씨 앞으로 강제집행 신청을 하고 3주 후 방문했는데 이번에는 C씨가 점유하고 있다면 또 다시 집행불능으로 강제집행을 할 수 없게 됩니다.

이렇게 되면 점유자는 법의 테두리 안에서 영원히 잡히지 않는 술래잡기를 하게 될 것이 뻔합니다. 그렇다면 입찰자들은 명도에 부담을 느껴 점점 입찰을 꺼리게 될 것이며 그 결과 낙찰가가 떨어져 채권자들은 손해를 보게 되고, 은행권에서는 대출을 해주려 하지 않을 것입니다.

이를 방지하기 위해 처음 A씨 앞으로 인도명령을 신청할 때 점유이전금지 가처분을 같이 신청해서 집행문을 받아놓았다면 위와 같은 상황에서 집행 당일 점유지에 B씨 또는 C씨가 있다고 하더라도 현 점유자를 A씨로 간주해 강제집행을 할 수 있습니다.

점유자와 명도에 대한 협의가 원만하지 않을 때는 점유이전금지 가처분을 반드시 신청하는 것이 좋습니다. 강제집행을 위한 인도명령은 점유자에게 결정문이 송달되기까지만 통상 2개월 정도 소요되지만, 점유이전금지 가처분은 집행까지 약 1개월밖에 걸리지 않기 때문에 조금 더 빨리 심리적으로 압박을 가해 점유자를 협상의 테이블로 불러올 수 있는 좋은 수단입니다.

점유이전금지 가처분의 집행은 현장을 방문했을 때 점유자가 없다면 열쇠공과 입회인(성인) 2명을 대동해 강제로 문을 연 다음 집행문을 잘 보이는 벽면에 부착하는 것으로 마무리됩니다.

생각해봅시다. 외출을 하고 돌아왔는데 누군가가 집에 들어와서 집행문을 붙이고 갔는데, 집행문을 훼손하거나 뜯으면 형사처벌을 받는다는 문구가 써 있습니다. 이것을 보고 심리적 압박감을 느끼지 않을 사람이 어디 있을까요? 아무리 강철심장이라고 해도 법의 보호 아래 집행관이 방문했다면 '곧 집행이 되겠구나.'라고 생각해 협의를 위해 연락을 취해오는 점유자들이 많습니다.

실제로 명도를 할 때 어렵지 않게 들을 수 있는 말이 "법대로 해." 입니다. 법대로 하라고 말하는 사람은 최대한 빨리 법대로 진행하면 바로 해결되는 경우가 많으니 법대로 처리하는 것에 대해서 부담을 느낄 필요는 없습니다. 또한 법대로 처리하게 될 경우 그에 따른 모든 비용은 소유자의 배당금이나 재산에서 압류된다는 사실을 꼭 알려주어야 협상이 더 빨리 진행됩니다.

대출을 잘 이용해야
수익률이 높아진다

대출은 수익률과 직결되는 아주 중요한 요소입니다. 경매 절차를 모두 잘 마무리했다고 해도 대출을 실행하는 과정에서 실수한다면 수익률이 떨어질 수 있기 때문입니다. 실제로 좋은 임대수익을 얻을 수 있는 아파트를 낙찰받고도 대출을 제대로 신경 쓰지 않아 수익률이 크게 떨어지는 경우를 쉽게 볼 수 있습니다.

낙찰을 받으면 대출중개인들에게 둘러싸여 법원에서 나오게 됩니다. 손에는 명함이 한가득 쌓일 것이고 연락처를 불러주면 은행, 이자, 대출금액 등이 간략하게 정리된 상당한 양의 문자가 올 것입니다. 그중에 대출금과 이자, 대출연장조건, 중도상환수수료, 변동금리인지 고정금리인지 등을 잘 따져보고 대출받을 은행을 선택하면 됩니다. 경매로 낙찰을 받으면 경매 전용 특별 상품인 '경락잔금대출'을 이용하게 되는데, 경락잔금대출을 이용하면 반드시 법무사와 거래를 해야 하기 때문에 법무비용도 잘 확인해야 합니다. 지금부터 대출을 받을 때 반드시 확인해야 하는 사항에 대해서 알아보도록 하겠습니다.

대출금액은
많을수록 좋다

부동산 취득의 목적이 거주용인지 투자용인지에 따라 대출금액을 정해야 합니다. 실제 거주를 위한 취득이라면 대출금이 집값의 50~60% 이상을 넘지 않는 것이 바람직합니다. 하지만 투자를 위한 취득이라면 대출금액은 많을수록 좋습니다. 한 부동산에 많은 투자금이 묶여 있으면 다른 좋은 물건이 나왔을 때 투자를 할 수 없기 때문입니다. 만약 다음과 같은 조건이 제시되었다면 어떤 조건을 선택해야 할까요?

　1. 낙찰가의 80% 대출, 금리 4%

　2. 낙찰가의 60% 대출, 금리 3%

많은 사람들이 금리가 낮다는 이유로 두 번째 조건을 선택하지만 대출금액이 줄어들면 그만큼 투자금이 많이 들어가기 때문에 투자금 대비 수익률이 좋지 않습니다. 그러므로 투자가 목적이라면 대출을 받을 때는 무조건 대출금액이 많은 것을 골라야 합니다.

예전에 낙찰가의 80% 대출이 가능하다고 한 은행에 방문한 적이 있었습니다. 서류를 작성하던 도중 "대출금을 더 받을 수 있는 상품은 없나요?"라고 호기심에 던진 질문 덕분에 동일한 조건으로 85%의 대출을 받을 수 있었습니다. 낙찰금액에 따라 다르긴 하지만 대출금 5%는 수백만 원에서 수천만 원까지의 큰 차이를 보이는 수치입니다.

변동금리 vs. 고정금리

똑같은 금액의 대출을 받는다고 가정했을 때 금리는 무조건 낮은 것이 좋습니다. 본인의 신용도에 따라 약간의 차이가 있을 수 있으니 신용도 관리에 힘쓰는 것도 돈을 버는 좋은 습관입니다. 낮은 금리를 찾는 것은 그리 어렵지 않습니다. 하지만 고정금리와 변동금리 중 어떤 것이 더 유리한지를 판단하기는 상당히 애매합니다.

일반적으로는 고정금리가 변동금리에 비해 인기가 좋습니다. 앞으로 금리가 어떻게 변할지 예측할 수 없을뿐더러 금리는 상대적이므로 오를 때는 빨리 올라가지만 내려갈 때는 아주 천천히 내려가기 때문에 고정금리를 많이 선호하는 편입니다.

고정금리는 금리가 올라가도 변동이 없다는 장점을 가지고 있는 대신 한 가지 단점을 꼽자면 변동금리에 비해 금리가 약간 높은 편입니다. 예를 들어 변동금리가 3%면 고정금리는 3.5~4% 정도로 크게는 1%까지도 차이가 나기 때문에 대출받을 때 변동금리와 고정금리 중에 어떤 것이 더 유리한지 잘 생각해보아야 합니다. 중요한 것은 금리가 실제로 오르는 시점입니다. 예를 들어 변동금리가 1%이고 고정금리가 1.5%인 상태에서 2년 뒤 변동금리가 2%대로 올라간다고 예상해도 대출 실행 후 2년 동안 아낀 0.5%의 이자차익을 고려하면 변동금리도 유리한 조건이 될 수 있습니다.

부수적인 보험 및
적금 유무 확인하기

예전에 제가 고심 끝에 가장 좋은 조건으로 대출을 받으러 갔는데 서류작성을 하다 보니 3%인 줄 알았던 대출금리가 3.6%로 바뀌어 있었습니다. 어찌된 일인지 물어보니 3%로 대출을 받기 위해서는 적금과 보험 2개를 들어야 하며, 하나의 부수거래를 할 때마다 대출금리가 0.2%씩 낮아진다는 대답이었습니다.

처음에는 전혀 듣지 못했는데, 어렵게 시간을 내서 방문했을 때 이런 이야기를 듣는다면 기분이 상당히 나쁠 수밖에 없습니다. 대출 관련 문자를 받았을 때 다른 곳보다 이율이 많이 저렴하다면 부수거래가 있는지 없는지를 먼저 확인하는 것이 좋습니다.

중도상환수수료
확인하기

중도상환수수료는 단기매매를 목적으로 투자하는 사람들이 반드시 확인해야 하는 항목입니다. 은행이 3년간 대출을 받고 싶어 하는 사람에게 많은 대출금액과 낮은 이율로 대출을 실행했는데 집이 금방 팔려 3개월 만에 대출금을 갚아버린다면 3년간 대출이자를 받을 예정이던 은행의 입장에서는 억울할 수밖에 없습니다. 그래서 계약된 3년 내에 대출금을 상환하면 일종의 위약금 성격의 수수료를 받는데, 이것이 바로 중도상환수수료입니다. 예를 들어 집에 인터넷을 3년 약정으로 저렴하게 설치했는데 얼마 지나지 않아 더 좋은 사은품을 주는 업체로 바꾸려 한다면 기존 업체에 위약금과 그동안 받은 혜택들을 다시 반납해야 하는 것과 마찬가지입니다.

중도상환수수료는 3년에 3%가 일반적입니다. 또한 1년마다 1%가 떨어지는 것이 아니라 3%를 36개월로 나누어 매달 0.083%씩 떨어지게 됩니다.

부록

경매 초보자들이 가장 궁금해하는
24문 24답

Q. 경매 공부를 시작할 때 어떤 책을 보는 게 도움이 될까요?

A. 책을 고르는 저만의 노하우를 소개하며 어떤 책이 경매 공부에
   도움이 되는 책인지 살펴볼까 합니다.

   첫째, 경매 공부를 처음 시작할 때는 가벼운 책부터 보는 것이
   좋습니다. 처음부터 너무 두껍거나 권리분석만 다루는 책을 보
   는 것은 추천하지 않습니다. 그 이유는 경매 공부를 시작하기도
   전에 어렵다고 느껴 다음 책을 볼 엄두가 나지 않기 때문입니다.
   처음에는 그저 가볍고 스토리가 있는 수필 형식의 책을 한 권 읽
   어보는 것이 좋습니다.

둘째, 부동산 경매의 매력에 빠져들게 되면 서서히 권리분석과 실전 사례를 다루는 책을 읽는 것을 추천합니다. 이해가 안 된다면 어느 정도 이해할 수 있을 때까지 같은 책을 여러 번 다시 보기를 바랍니다. 그리고 권리분석을 주로 다루는 책을 고를 때는 가급적이면 최근에 나온 책을 선택하는 것이 좋습니다. 관련 법이 계속 개정되는 데 비해 책은 시시때때로 바꿀 수 없기 때문에 자칫 잘못하면 지난 정보를 배울 수 있습니다.

그렇게 권리분석 책을 이해하게 되면 실전 사례들이 많은 책들을 여러 권 사서 읽어보도록 합니다. 실전 사례가 실린 책을 통해 간접경험을 하고, 본인의 투자 의지와 기술을 동시에 향상시킬 수 있습니다.

셋째, 지도 책을 한 권 준비합니다. 요즘 인터넷 지도가 상당히 잘 되어 있지만 그래도 지도 책이 있으면 한눈에 쉽고 빠르게 찾을 수 있어 좋습니다. 지도 책을 통해 지도 보는 법을 익혀두면 부동산 투자 시 유용하게 사용할 수 있습니다.

같은 책을 본다고 해서 모두 똑같이 경매의 고수가 되거나 성공한 투자자가 되는 것은 아닙니다. 처음 부동산 경매를 접하는 순간부터 단계를 어떻게 밟아나가느냐에 따라 많은 차이가 나게 됩니다. 책을 보는 것도 매우 중요한 투자 기술입니다. 무작정 베스트셀러만 사서 보는 것은 부동산 투자에 대한 잘못된 선입견과 실수를 만들어낼 수 있는 어리석은 행동입니다.

Q. **전용면적과 공급면적, 그리고 분양면적은 어떤 차이가 있나요?**

A. 부동산 투자를 할 때 알아야 할 기본적인 용어들이 있습니다. 개인만 사용하는 단독주택과는 달리 아파트나 빌라와 같은 공동주택은 주차장, 놀이터 등과 같이 공용으로 사용하는 면적이 포함되어 있습니다. 그렇다면 전용면적과 공급면적, 그리고 분양면적에 대해서 알아보고, 어떤 면적을 기준으로 확인해야 하는지 알아보도록 하겠습니다.

전용면적

전용면적은 해당 부동산의 거주자가 실제로 사용하는 면적으로, 방, 거실, 주방, 화장실 등 실제로 거주자가 생활하는 공간의 바닥면적을 말합니다. 분양을 받을 때 전용률이라는 단어를 흔히 볼 수 있는데 전용률이 100%에 가까울수록 실속 있는 아파트입니다. 다만 오피스텔은 아파트에 비해 전용률이 작기 때문에 오피스텔과 상가를 매매할 때는 전용률을 꼼꼼히 살펴보아야 합니다.

공용면적

공용면적은 여러 사람이 공용으로 사용하는 면적으로, 주거공용면적(계단, 복도, 엘리베이터 등)과 기타공용면적(관리사무소, 노인정 등)으로 나뉩니다.

서비스면적

서비스면적은 주택 사업자가 무료로 제공하는 아파트의 발코니나 다락 등의 면적으로, 주거전용면적에서 제외되며 이 면적이 넓을수록 좋습니다.

계약면적

공급면적(분양면적)에 기타공용면적이 포함된 면적으로 분양가에 모두 포함됩니다.

Q. **다세대주택과 다가구주택의 차이점은 무엇인가요?**

A. 다세대주택은 한 건물 안에 여러 세대가 살 수 있도록 지어진 건물로, 건물의 연건평이 200평 이하면서 건축 당시 다세대주택으로 허가받은 주택입니다. 다세대주택은 주택별로 각각 분리등기가 가능하며 매매나 소유가 가능하다는 점이 다가구주택과의 차이점입니다.

다가구주택은 여러 세대가 한 건물에 거주할 수 있도록 국토교통부 장관이 정하는 다가구용 단독주택의 건축기준에 의해 건축된 주택을 말합니다. 다가구주택의 경우 한 가구가 독립해 거주할 수 있는 공간을 하나의 주택으로 인정합니다.

Q. **다세대주택과 다가구주택은 어떻게 확인하나요?**

A. 보통 부동산의 경우는 등기사항전부증명서를 발급받아 바로 확인할 수 있습니다. 다세대주택의 경우 지하 1층을 1층으로 표시하는 경우도 있기 때문에 계약 전에 반드시 확인하고 건축물관리대장을 발급받는 것이 좋습니다.

다세대주택과 다가구주택의 주의해야 할 점

다세대주택에 임대차계약을 맺고 전입신고 및 확정일자를 받을 때 동·호수가

누락되거나 잘못 기재하면 온전한 대항력을 취득하지 못한 것으로 보고 권리

주장을 할 수가 없습니다.

가장 많이 하는 실수가 지하 1층부터 1층으로 시작하는 건물에서 많이 일어납

니다. 대문 앞의 표시는 1층이지만 건축물관리대장에는 지하로 되어 있다면 남

의 집에 전입신고를 하고 사는 꼴이 되므로 반드시 건축물관리대장을 확인해

야 합니다.

반면에 다가구주택은 지번까지만 정확히 기재하고 전입했다면 동·호수가 누

락되거나 잘못 입력했다고 하더라도 대항력을 인정받고 권리주장을 할 수 있

습니다.

Q. **경매사건을 검색하던 중 '취하'라는 단어를 발견했는데, 그럼 이 건**
   은 취소가 된 건가요?

A. 네. 경매 절차 진행이 취소, 정지, 변경 또는 연기되는 사유들이

   있습니다.

   첫째, 배당금이 부족해 경매신청 채권자에게 배당이 1원도 되지

   않을 경우 무잉여에 의해 경매가 취소됩니다. 경매가 진행되는

   부동산의 멸실 등으로 인한 취소, 담보권의 소멸, 원인무효 등의

   사유가 있을 때는 법원이 직권으로 경매 절차를 취소합니다.

   둘째, 경매신청 채권자가 취하 신청을 하면 압류의 효력은 소멸

   되고 경매 절차가 정지됩니다. 매수신고를 한 뒤 경매신청을 취

하하는 경우에는 최고가매수신고인의 동의를 받아야 그 효력이
생깁니다.

셋째, 적법한 절차에 의해 경매 절차가 진행되었으나, 매각공고
된 경매기일에 경매가 실시되지 못하는 경우가 있습니다. 절차
상의 흠결, 경매기록의 보정 또는 중대한 새로운 사항의 추가나
매각조건의 변경 등 권리관계의 변동사유가 있는 경우에 집행법
원의 직권으로 입찰기일을 변경하게 됩니다.

넷째, 채무자나 소유자 또는 이해관계인의 신청이나 신청채권자
의 연기신청으로 매각기일을 다음 기일로 미룰 수 있습니다. 통
상 2회에 한해 연기되는 것이 원칙이나 그 이상도 가능합니다.

Q. **한국인이 아닌 외국인도 경매에 참여할 수 있나요?**

A. 외국인도 부동산 경매에 입찰할 수 있습니다. 대한민국 국적을
보유하고 있지 않은 외국인도 부동산 경매의 매수신청인이 될
수 있습니다. 1988년 6월부터 외국인도 국내 토지취득 및 경매
참가가 가능해졌으며 2017년 1월 20일 외국인 토지법이 폐지가
되고 통합된 「부동산 거래신고 등에 관한 법률」 제8조에서 해당

부동산 거래신고 등에 관한 법률

제8조(외국인등의 부동산 취득 · 보유 신고)
② 외국인등이 상속 · 경매, 그 밖에 대통령령으로 정하는 계약 외의 원인으로 대한민
국 안의 부동산 등을 취득한 때에는 부동산등을 취득한 날부터 6개월 이내에 대통령
령으로 정하는 바에 따라 신고관청에 신고하여야 한다.

내용을 확인할 수 있습니다.

또한 「부동산 거래신고 등에 관한 법률」 제9조에 의하면 다음에 해당하는 토지의 경우는 신고관청으로부터 토지취득의 허가를 받아야 합니다.

부동산 거래신고 등에 관한 법률

제9조(외국인등의 토지거래 허가) ① 제3조 및 제8조에도 불구하고 외국인등이 취득하려는 토지가 다음 각 호의 어느 하나에 해당하는 구역·지역 등에 있으면 토지를 취득하는 계약(이하 "토지취득계약"이라 한다)을 체결하기 전에 대통령령으로 정하는 바에 따라 신고관청으로부터 토지취득의 허가를 받아야 한다. 다만, 제11조에 따라 토지거래계약에 관한 허가를 받은 경우에는 그러하지 아니하다.

1. 「군사기지 및 군사시설 보호법」 제2조제6호에 따른 군사기지 및 군사시설 보호구역, 그 밖에 국방목적을 위하여 외국인등의 토지취득을 특별히 제한할 필요가 있는 지역으로서 대통령령으로 정하는 지역
2. 「문화재보호법」 제2조제2항에 따른 지정문화재와 이를 위한 보호물 또는 보호구역
3. 「자연환경보전법」 제2조제12호에 따른 생태·경관보전지역
4. 「야생생물 보호 및 관리에 관한 법률」 제27조에 따른 야생생물 특별보호구역
   ② 신고관청은 관계 행정기관의 장과 협의를 거쳐 외국인등이 제1항 각 호의 어느 하나에 해당하는 구역·지역 등의 토지를 취득하는 것이 해당 구역·지역 등의 지정목적 달성에 지장을 주지 아니한다고 인정하는 경우에는 제1항에 따른 허가를 하여야 한다.
   ③ 제1항을 위반하여 체결한 토지취득계약은 그 효력이 발생하지 아니한다.

외국인의 경매 입찰 시 준비서류는 다음과 같습니다.

• **직접 입찰:** 여권, 도장, 입찰보증금

• **대리 입찰:** 위임장, 위임자의 서명에 관해 본인이 직접 작성했다는 취지

의 본국 관공서의 증명, 위임장에 대한 국내번역공증서, 대리인의 신분
증, 입찰보증금, 대리인의 도장

법원마다 외국인 입찰에 대한 집행관의 처리 경험의 유무에 따
라 혼선이 있을 수 있으므로 입찰을 하고자 하는 법원에 한 번
더 확인을 하는 것이 좋습니다.

Q. 낙찰 후 언제까지 법원에 잔금을 납부해야 하나요?

A. 최고가매수신고 후 7일이 경과하면 매각허가결정을 하게 되고
7일의 이의신청기간이 지나면 매각허가결정이 확정됩니다. 법
원은 입찰기록이 법원에 돌아온 후 1개월 이내로 대금납부기일
을 정해 최고가매수신고인에게 대금납부 통지서를 발송하며, 매
수신고인은 이 기일 안에 언제든지 잔금을 납부하고 소유권을
취득할 수 있습니다.

낙찰대금은 분납할 수 없으며, 잔금이 마련되지 않은 경우에는
재매각기일 3일 전까지 지연이자(연 20%)와 재매각절차 진행비
용(신문공고, 송달료 등)을 추가로 부담 후 납부하면 소유권이전을
받을 수 있습니다. 잔금을 내지 못해 재매각기일에 다른 사람에
게 낙찰된다면 입찰보증금은 법원에 몰수되고 추후 배당 시 채
권자들에게 배당할 금액에 합산되어 배당금으로 사용됩니다.

Q. **차순위매수신고인은 무엇인가요?**

A. 입찰법정에서 자주 듣게 되는 단어 중 하나가 바로 차순위매수신고인입니다. 차순위매수신고인은 입찰기일에 최저매각가격이상의 금액으로 매수를 신청한 입찰자들 중에서 최고가매수신고인이 입찰한 금액에서 입찰보증금을 뺀 금액 이상으로 입찰한입찰자 중 차순위신고인으로 신고한 사람을 말합니다.

예시) 최저가 1억 원의 아파트 입찰결과(입찰보증금은 최저가격의 10% = 1천만 원)

낙찰자: 1억 2천만 원

입찰자 A: 1억 1,500만 원

입찰자 B: 1억 1,100만 원

입찰자 C: 1억 100만 원

이 사건에서 차순위매수신고 자격이 있는 사람은 낙찰자가 입찰한 1억 2천만 원에서 입찰보증금 1천만 원을 뺀 금액인 1억 1천만 원보다 높은 금액에 입찰한 입찰자 A와 B입니다. 입찰자 C는 1억 1천만 원보다 낮은 금액으로 입찰했기 때문에 차순위신고자의 자격이 없습니다. 이처럼 차순위매수신고를 할 수 있는 입찰자가 많은 경우 입찰금액이 높은 순서로 우선권이 주어집니다. 차순위매수신고인은 경매 절차가 종료되기 전까지 약 한 달이상 입찰보증금을 돌려받지 못하기 때문에 실전에서는 특별한경우가 아닌 이상 차순위매수신고를 하지 않습니다.

Q. **낙찰 후 대출이 안 나오는 경우에는 어떻게 해야 하나요?**

A. 부동산 경매로 투자를 하다 보면 대출이 나오지 않는 특수한 물건을 받았거나, 본인이 신용불량이라 대출이 안 나오는 경우가 있습니다. 또는 대출이 실행은 되지만 대출금이 예상만큼 나오지 않아 잔금을 내지 못하는 경우도 간혹 있으니 사전에 본인의 신용도와 대출가능 여부를 잘 확인하고 입찰해야 합니다. 대금이 미납되었을 때 법원의 처리방법은 다음과 같이 3단계로 나눠볼 수 있습니다.

첫째, 최고가매수신고인이 정해진 기일까지 매각대금을 납부하지 않았다면 법원은 3일 이내에 차순위매수신고인에 대한 매각허가결정을 선고하고 14일 이내로 대금지급기일을 정합니다.

둘째, 낙찰자와 차순위매수신고인 모두 매각대금을 납부하지 않았을 때 법원은 3일 이내에 재경매 명령을 내리고 재경매기일을 지정해 일반 경매 절차와 같은 방법으로 공고하며, 재경매기일은 공고일로부터 7~20일 이내로 정합니다.

셋째, 낙찰자가 대금을 납부하지 않아 재경매일정이 잡혀 진행되고 있더라도 재경매기일 3일 전까지는 매각대금과 연 20%에 상당하는 지연이자와 재경매 절차 진행비용을 납부하고 소유권을 취득할 수 있으며, 이런 경우 재매각절차는 취소됩니다.

Q. **임차인이 월세를 안 내면 어떻게 해야 하나요?**

A. 임대수익을 위해 부동산 투자를 한 사람들 중 임차인의 월세 미

납 문제로 골치 아파하는 사람들이 많습니다. 보통 임대차계약을 할 때 월세가 2번 이상 연체될 경우 계약을 해지할 수 있다는 특약사항을 넣습니다. 그러나 실제로 2개월 동안 월세가 연체되었다고 해서 바로 계약을 해지하는 임대인은 없을 것입니다. 그렇다고 월세가 밀리는 걸 그냥 두고 볼 수도 없는 상황이지요.

우선 2개월 동안 임대료가 밀렸다면 내용증명이나 통화로 협의하는 것이 가장 좋습니다. 무작정 소송하려고 한다면 감정싸움으로 번져 상황이 더 악화되는 경우가 있기 때문입니다. 미납 임대료를 납부할 기간을 정하되 보증금이 50% 이상 사라지기 전까지로 정하는 것이 좋습니다. 보증금이 다 없어질 때쯤 법적 절차를 진행한다면 이미 그 시기가 늦어 더 큰 피해로 이어질 가능성이 높으니 항상 유의해야 합니다.

명도소송은 최소 3~6개월 이상 걸리기 때문에 사전 절차를 잘 진행하는 것도 중요합니다.

Q. **임차인이 배당요구종기일을 모르고 지나가면 배당신청을 아예 못 하는 건가요?**

A. 아니요, 배당요구종기 연기를 신청할 수 있습니다. 하지만 배당요구종기 연기신청은 본인이 책임질 수 없는 사유로 경매진행 사실이나 배당요구종기를 알지 못해 배당요구종기일을 놓친 경우에만 해당됩니다. 이런 경우 임차인은 권리신고 및 배당요구신청서와 함께 배당요구종기의 연기신청서를 법원에 제출해야 합니다.

법원은 임차인의 배당요구종기 연기신청이 타당하다고 판단될 경우 배당요구종기일을 연장하고 배당신청을 받아들입니다. 특별한 사정이 있어 배당요구종기를 연기할 때는 최초 배당요구종기일을 기준으로 6개월 이내로 해야 합니다.

Q. 배당에서 필요비와 유익비가 1순위인데 어떤 비용이 필요비와 유익비인가요?

A. 필요비는 부동산을 유지·보수하는 데 필요한 유지비 및 수리비용이며, 유익비는 꼭 필요하지는 않지만 부동산의 가치증대를 위해 들어간 비용입니다.

경매 절차에서 1순위로 필요비와 유익비를 배당받기 위해서는 경매 목적 부동산의 소유권, 대항력이 있는 임차인, 전세권, 지상권을 취득한 자가 해당 부동산의 보존과 개량을 위해 필요비 또는 유익비를 지출했을 때 경매낙찰대금에서 우선해 상환받을 수 있습니다. 필요비는 지출한 비용을 증빙해야 하고, 유익비는 부동산 가격이 증가한 현존액을 증명해야 합니다.

필요비와 유익비를 인정·불인정한 사례

1. 비용 상환청구를 인정해 배당한 사례

- 임차인이 고장난 기름보일러를 가스보일러로 교체하면서 지출한 비용은 필요비와 유익비에 해당합니다.
- 임차인이 집 앞 도로의 포장비용을 지출한 경우에는 필요비와 유익비에

해당합니다.

2. 비용 상환청구가 인정되지 않아 배당받지 못한 사례

- 임차인이 방바닥의 균열로 인한 연탄가스 중독의 위험을 예방하기 위해 수선한 비용은 임차인의 통상 수선 및 관리의무에 포함되어 필요비와 유익비에 해당하지 않습니다.

- 임차인이 본인의 영업을 위해 치킨튀김시설을 설치한 비용은 필요비와 유익비에 해당하지 않습니다.

Q. **매각불허가가 떨어지는 사유는 무엇인가요?**

A. 매각기일에 최고가매수신고인으로 결정되면 일주일 뒤 매각허가 결정기일이 지정되며, 법원은 다음과 같은 매각불허가사유의 여부 등을 조사해 최종 매각허가 또는 불허가결정을 선고합니다.

- 채무자가 최고가매수신고인이 된 경우: 채무자는 강제경매이건 임의경매이건 매수신청인이 될 수 없습니다. 하지만 채무자가 아닌 소유자는 임의경매에서 매수신청인의 자격을 가집니다.
- 재경매의 전 낙찰자가 최고가매수신고인이 된 경우
- 부동산을 매수할 능력이나 자격이 없는 자가 최고가매수신고인이 된 경우
- 농지인 경우 농지취득자격증명을 제출하지 않은 경우(보증금은 몰수될 수 있음)
- 경매기일 공고사항의 기재 누락이나 기재 착오인 경우, 신문공고 시 기재된 면적과 실제 부동산의 면적의 차이가 크거나 부동산 일부의 기재가 누락된 경우

- 매각물건명세서의 작성에 중대한 오류가 있는 경우

- 선순위 임차인이 누락된 경우

- 감정평가된 부동산의 가격이 시세보다 현저히 낮거나, 부동산의 일부를 누락해 결과적으로 낮게 감정평가된 경우

- 개별경매하는 것이 일괄경매하는 것보다 매각이 유리하거나 고가로 매각할 수 있을 때는 일괄경매를 할 수 없습니다.

- 경매신청채권자에 우선하는 선순위 채권자의 채권액과 절차비용을 변제하고 나면 잉여금액이 없을 경우

- 경매개시 결정의 송달 여부 및 입찰기일 토지가 적법하게 되었는지 여부

- 입찰표의 기재와 관련된 사항의 하자 여부

- 특별매각조건의 준수 여부

- 학교기본재산 여부, 사립학교법에 의해 유치원 등의 학교 기본재산에 대한 주무관청의 허가 여부

Q. **낙찰받은 아파트에 관리비가 밀려 있으면 어떻게 해야 하나요?**

A. 부동산 경매 투자를 하다 보면 아파트 관리비가 연체되어 있는 것을 심심치 않게 볼 수 있습니다. 연체된 아파트 관리비가 있다면 낙찰자가 전액을 승계해야 하는지에 대해서 알아보도록 하겠습니다. 아파트 연체관리비에 대한 대법원의 판례를 보면 "아파트의 이전 입주자가 체납한 관리비가 아파트 관리규약의 정함에 따라 그 특별승계인에게 공용부분에 한해 승계(대법원 2007.2.22. 선고 2005다65821 판결)"된다고 판결한 바 있습니다.

- **공용부분**: 청소비, 오물수거비, 소독비, 승강기유지비, 공용부분 난방, 공용부분 급탕비, 수선유지비
- **전유부분**: 전기, 수도, 하수도, 세대난방, TV수신료
- **일반관리비**: 인건비, 사무비, 교통통신비, 제세공과금, 피복비, 교육훈련비, 부대비용 등

또한 낙찰자가 아파트의 공용관리비를 승계했을 때 그 비용을 양도세 계산 시 필요경비로 인정하라는 대법원의 판결이 나온 적이 있어 세금 부분에서 많은 도움이 되고 있으니 참고하길 바랍니다.

Q. **이사비를 줘야 한다는데 대략 어느 정도 금액이 적당한가요?**

A. 이사비는 낙찰자가 줘야 하는 의무도 없고, 점유자가 받을 권리가 있는 것도 아닙니다. 다만 원만한 협의를 위해 점유자가 협조를 해주면 감사의 의미로 지급하는 것이지요. 이사비의 지급 기준은 강제집행을 했을 때 들어가는 예상비용+a가 됩니다. 강제집행 비용은 평당 5만~6만 원 선으로 잡으면 됩니다.

Q. **수익률 계산은 어떻게 해야 하나요?**

A. 수익률 계산은 투자금 대비 매년 얼마의 이익이 생기는가입니다. 임대수익률을 구하는 공식은 다음과 같습니다.

임대수익률 계산 공식

$$\frac{(\text{월 임대수익} - \text{월 이자비용}) \times 12 = \text{연 임대수익}}{\text{낙찰금액} + \text{세금 및 부대비용} - \text{대출금} - \text{임대보증금} = \text{실투자금}} \times 100$$

임대수익률 계산 예시

$$\frac{(30\text{만 원} - 14\text{만 원}) \times 12 = 192\text{만 원}}{4,100\text{만 원} + 100\text{만 원} - 3,300\text{만 원} - 500\text{만 원} = 400\text{만 원}} \times 100 = 48\%(\text{임대수익률})$$

Q. 원래 살고 있던 사람이 막무가내로 버티면 어떻게 해야 하나요?

A. 이런 경우를 대비해 「민사집행법」에 인도명령제도가 존재합니다. 대항력이 없는 점유자가 막무가내로 버티는 경우에는 인도명령을 통한 강제집행을 할 수 있으며, 이에 소요되는 모든 집행비용은 점유자에게 받을 수 있습니다.

Q. 인도명령을 하면 최대 몇 개월까지 걸리나요?

A. 인도명령 결정문이 언제 송달되느냐에 따라 기간이 크게 차이가 나지만 일반적으로는 2~4개월이면 종료됩니다. 인도명령 신청은 잔금납부 후 6개월 이내에 해야 합니다. 6개월이 경과하면 인도명령 신청권을 상실합니다.

Q. 하루에 여러 개의 물건을 동시 입찰할 수도 있나요?

A. 네. 동일한 물건만 아니라면 몇 개든 상관없이 입찰할 수 있습니다.

Q. 낙찰을 받고 잔금납부까지 했는데 경매가 취소되는 경우도 있나요?

A. 아닙니다. 잔금을 납부하는 동시에 소유권이전을 받아오기 때문에 경매가 취소되는 일은 없습니다. 그러나 잔금을 납부하기 전이라면 경매 절차가 취소되는 경우가 있으니 유의해야 합니다.

Q. 부동산에서 경매물건이라고 하면 꺼려하진 않나요?

A. 간혹 그런 이야기를 듣기도 합니다. 하지만 부동산이 문제가 있어서 경매에 나온 것이 아니라 전 소유자의 채무불이행으로 경매가 진행된 것이기 때문에 일반적으로 매매되는 부동산과 다를 것이 없습니다. 다만 "경매로 싸게 받았으니 싸게 팔아라." 하는 식으로 분위기를 조성하는 곳도 있으니 그럴 때는 다른 공인중개사를 통해 거래하면 됩니다.

Q. 부부공동명의의 장점은 무엇인가요?

A. 부부공동명의의 장점은 다음과 같습니다.

첫째, 자금출처조사 때 뒤따르는 입증에 상대적으로 더 유리합니다. 재산을 취득하면 자금출처조사에 대한 입증이 필요할 때가 간혹 있는데, 자금출처조사 대상이 되었더라도 부부가 소유지분만큼 각자 입증책임이 있기 때문에 공동등기가 훨씬 유리하다고 볼 수 있습니다. 또한 부부 간 6억 원까지는 증여세가 비과세이므로 자금출처조사를 받을 확률은 거의 없습니다.

둘째, 부동산을 양도할 때 양도차익이 많은 경우 공동등기를 하는 쪽이 훨씬 유리합니다. 양도세는 각자의 지분에 해당하는 차액을 기준으로 과세되기 때문에 중과세가 아닌 누진세율로 적용되면 세금이 많이 줄어듭니다. 누진세율이 적용되면 장기보유특별공제와 기본공제의 절세효과를 모두 누릴 수 있습니다.

셋째, 2005년부터는 각자의 지분별로 임대소득세가 과세되기 때문에 이 또한 절세할 수 있습니다.

넷째, 상속세와 증여세는 본인의 자산이 10억 원 이상일 때 공동명의의 효과를 볼 수 있습니다. '배우자공제+일괄공제'를 하게 되면 10억 원 미만의 재산에는 공동명의의 특별한 혜택을 누릴 수 없습니다. 추가적으로 종부세는 개인별로 과세하기 때문에 이때도 부부공동명의가 효과적입니다. 또한 부부공동명의 취득 시 지분은 3 대 7 또는 4 대 6으로 자유롭게 정할 수 있습니다.

Q. 최고가입찰자가 2명 이상인 경우에는 어떻게 되나요?

A. 최고가매수신고를 한 사람이 2명 이상일 경우 집행관은 그들에게 다시 입찰하도록 해 최고가매수신고인을 정합니다. 이 경우 입찰자는 이전의 입찰가격보다 많은 금액으로 입찰해야 합니다. 다시 입찰하는 경우에 입찰자 모두가 입찰에 응하지 않거나 2명

이상이 다시 최고 가격으로 동일한 경우 추첨으로 최고가매수신
고인을 정합니다.

Q. **확정일자가 전입신고일보다 빠른 경우는 어떤 경우인가요?**

A. 확정일자가 전입신고보다 빠른 경우는 네 가지를 들 수 있습니다.
첫째, 새로 입주한 아파트인 경우로 준공 후 입주할 때 전입신고
및 확정일자를 받아놓고, 등기부가 나오는 시점에서 다시 정확
하게 재전입을 하기 때문에 전입신고는 늦고 확정일자는 그대로
남아 있게 됩니다. 이 경우에 전입신고는 전출과 재전입신고가
얼마든지 가능하지만 확정일자의 경우에는 계약서 한 장당 한
개만 가능하기 때문에 날짜 변경이 되지 않습니다.

> 임차인은 아파트 신축 중에 "아파트 5호"로 전입신고 했는데, 소유자에 의한 건물보
> 존등기에 "아파트 1호"로 된 경우에, 임차인은 대항력을 취득하는가?
>
> [판결]
> 주민등록에 "아파트 5호"로 되어 있는 동안에는 그 주민등록은 유효한 공시방법으로
> 볼 수 없고, 주민등록에 "아파트 1호"로 정정된 후에 비로소 그 주민등록이 유효한
> 공시방법으로 볼 수 있다. (대법원1990.5.22선고 89다카18648판결)

둘째, 임차인으로 거주하다 보면 집주인이 대출받기 위해 임차인
이 거주하고 있는 집을 담보로 실행하는 경우가 있습니다. 이때
금융권에서는 임차인이 있는지 없는지를 확인하며 임차인이 있
다면 대출이 잘 되지 않기 때문에 집주인이 임차인에게 잠시 전

출했다가 대출이 실행된 후 재전입해달라고 부탁합니다. 이때 재전입 시 전입신고일은 변경되지만 확정일자는 변동이 없습니다.

셋째, 다른 집으로 이사할 때 집주인이 약속대로 보증금을 돌려주면 전혀 문제가 없는데 여러 가지 이유로 보증금을 주지 못하는 경우가 있습니다. 이런 경우 보증금을 받기 전까지는 전입을 할 수 없어 이사 갈 집에는 우선 확정일자만 받아놓고 보증금이 정리된 다음 전입하는 경우가 있습니다.

넷째, 업무상 다른 지역으로 장기출장을 가면 해당 지역에 임대차를 맺고 거주하는 경우가 있습니다. 이때 출장지의 부동산에 전입을 하면 기존의 집에는 전출이 되고 장기출장이 끝나고 집으로 돌아와 다시 재전입을 했다면 전입신고보다 확정일자가 더 빠르게 됩니다.

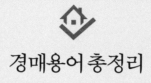

경매용어 총정리

가▶

가등기

종국등기를 할 수 있을 만한 실체법적 또는 절차법적 요건을 구비하지 못한 경우 혹은 권리의 설정·이전·변경·소멸의 청구권을 보전하려고 할 때와 그 청구권이 시한부·조건부이거나 장래에 있어서 확정할 것인 때에 그 본등기를 위해 미리 그 순위를 보존하게 되는 효력을 가지는 등기다. 예비등기의 일종이다. 가등기의 효력은 '①그 자체로는 완전한 등기로서의 효력이 없으나 후에 요건을 갖추어 본등기를 하게 되면 그 본등기의 순위는 가등기의 순위로 되므로, 결국 가등기한 때를 기준으로 해 그 본등기의 순위가 확정된다는 본등기순위보전의 효력 ②본등기 이전에 가등기가 불법하게 말소된 경우에 가등기명의인은 그 회복을 청구할 수 있는 가등기 자체의 효력(청구권보존의 효력)'이 있다.

가등기담보(담보가등기)

채권담보의 목적으로 이루어지는 가등기로 돈을 빌리면서 기일 안에 갚지 못할 경우 채무자 소유의 주택을 주겠다는 식의 대물변제 예약을 하고 가등기를 해주는 것이다. 채무자가 돈을 기일 내에 갚지 않았을 때 채권자가 예약완결권을 행사함으로써 발생하게 되는 장래의 소유권이전청구권을 보전하기 위한 것이다.

가압류

금전채권이나 금전으로 바꿀 수 있는 청구권을 위해 소송을 제기하고 강제집행을 실행하고자 할 때 소송기간 동안 채무자가 도피하거나 재산을 은닉하지 못하도록 묶어두는 보전 수단이다(소송 후 경매로 실행). 시간이 지남에 따라 원금에 대한 이자가 늘어나 채권액이 얼마가 될지 확정되어 있지 않은 일반채권자에 대한 압류를 말한다.

가처분

권리 실현이 소송의 지연이나 강제집행을 면하기 위한 채무자의 재산은닉 등으로 위험에 처하고 있는 경우에 그 보전을 위해 그 권리에 관한 분쟁의 소송적 해결 또는 강제집행이 가능하게 되기까지 잠정적·가정적으로 행해지는 처분을 말한다. 가처분에는 민사소송법상 계쟁물에 관한 가처분과 임시의 지위를 정하는 가처분이 있다.

각하

국가기관에 대한 행정상 또는 사법상의 신청을 배척하는 처분으로, 특히 소송상 법원이 당사자와 그 밖의 관계인의 소송에 관한 신청을 배척하는 재판을 말한다. 민사소송법상 소송요건 또는 상소요건을 갖추지 않은 경우 부적법한 것으로 해 사건의 일체를 심리함이 없이 배척하는 재판을 말한다.

감정인

특별한 지식 경험에 속하는 법칙이나 이를 구체적 사실에 적용해 얻은 판단을 법원이나 법관에 보고하는 자를 말한다. 감정인은 일정한 경우 감정 전에 반드시 선서해야 하는데 선서하지 않고 한 감정은 증거능력이 없다. 또한 허위감정은 처벌을 받는다.

감정평가액

집행법원은 감정인으로 하여금 부동산을 평가하게 하고 그 평가액을 참작해 최저매각가격을 정한다. 감정인의 평가액을 그대로 최저매각가격으로 정해야 하는 것은 아니지만 실무에서는 대부분 최저매각가격으로 정하고 있다. 감정평가서에는 최소한 감정가격의 결정을 뒷받침하고 응찰자의 이해를 도울 수 있도록 감정가격을 산출한 근거를 밝히고 평가요항, 위치도, 지적도, 사진 등을 첨부해야 한다. 그리고 이 감정평가서는 매각기일 1주일 전부터 매각물건명세서에 첨부해 일반인의 열람이 가능하도록 비치하게 되어 있다.

강제경매

채무자 소유의 부동산을 압류·매각해 그 대금으로 채권자의 금전채권의 만족을 얻는 강제집행 절차다.

강제집행

채권자의 신청에 의해 국가의 집행기관이 채권자를 위해 채무명의에 표시된 사법상의 이행청구권을 국가공권력에 기해 강제적으로 실현하는 법적 절차다.

개별경매(분할경매)

수 개의 부동산에 관해 동시에 경매신청이 있는 경우는 각 부동산별로 최저경매가격을 정해 경매해야 한다는 원칙이다. 법에 명문 규정은 없으나 이 원칙은

1개의 부동산의 매각대금으로 각 채권자의 채권 및 집행비용의 변제가 충분한 때는 다른 부동산에 대한 매각을 허가하지 않으며, 이 경우 채무자는 매각할 부동산을 지정할 수 있다는 규정과 일괄경매에 관한 특칙이 있음에 비추어 명백하고, 다만 법원은 수 개의 부동산의 위치·형태·이용관계 등을 고려해 이를 동일인에게 일괄매수시킴이 상당하다고 인정한 때에는 자유재량에 의해 일괄경매를 정할 수 있다.

경매개시 결정

채권자가 신청한 경매신청의 요건이 구비되었다고 판단되면, 집행법원은 경매개시결정을 한다. 이때 집행법원은 직권 또는 이해관계인의 신청에 따라 부동산에 대한 침해행위를 방지하기 위해 필요한 조치를 할 수 있다. 이와 동시에 집행법원은 부동산의 압류를 명하고, 직권으로 그 사유를 등기부에 기입할 것을 등기관에게 촉탁한다. 경매개시결정이 채무자에게 송달된 때 또는 경매신청의 기입등기가 된 때에 압류의 효력이 발생하며, 이때부터는 그 부동산을 타인에 양도하거나 담보권 또는 용익권을 설정하는 등의 처분행위를 할 수 없다.

경매신청 취하

경매부동산에 대해 경매신청 후 매각기일에서 적법한 매수의 신고가 있기까지 경매신청인은 임의로 경매신청을 취하할 수 있으나, 매수의 신고가 있은 후에 경매신청을 취하할 경우 최고가매수신고인과 차순위매수신고인의 동의가 필요하다.

공과주관 공무소에 대한 최고

법원은 경매개시결정 후 조세 기타 공과를 주관하는 공무소에 대해 목적 부동산에 관한 채권의 유무와 한도를 일정한 기간 내에 통지할 것을 최고하는데 이는 우선채권인 조세채권의 유무, 금액을 통지받아 잉여의 가망이 있는지 여부를 확인함과 동시에 주관 공무소로 하여금 조세 등에 대한 교부청구의 기회를 주는 것이다.

공동경매

여러 채권자가 동시에 경매신청을 하거나 아직 경매개시결정을 하지 않은 동안에 동일 부동산에 대해 다른 채권자로부터 경매신청이 있으면 수 개의 경매신청을 병합해 한 개의 경매개시결정을 해야 하며, 여러 채권자는 공동의 압류채권자가 되고, 그 집행절차는 단독으로 경매신청을 한 경우에 준해 실시된다.

공동입찰

하나의 경매물건에 2인 이상이 공동으로 입찰하고자 하는 경우에는 입찰표 제출 전에 미리 집행관의 허가를 받아야 한다. 공동입찰은 원칙적으로 친자·부부 등의 친족관계에 있는 자, 입찰목적물의 공동점유 사용자, 1필지의 대지 위에 수 개의 건물이 있는 경우의 각 건물 소유자, 1동 건물에 수인의 임차인·공동저당권자·공동채권자 등이 있는 경우에 한해 허가한다.

공실률

아파트나 임대빌딩에서 임대되지 않고 비어 있는 방의 비율을 말한다.

공용면적

공동주택 중 주거전용면적 이외의 2세대 이상이 공동으로 사용하는 계단, 승강기, 복도, 옥탑, 전기 및 기계실, 보일러실, 지하실, 지하주차장, 관리사무실, 경비실, 노인정 등의 면적을 말한다.

공탁

변제자가 변제의 목적물을 채권자를 위해 공탁소에 임치해 채권자의 협력이 없는 경우에도 채무를 면하는 제도다. 채무자를 보호하기 위한 제도로, 제3자를 위한 임치계약으로 보는 것이 일반적이나 판례는 공법관계(행정처분)로 본다. 공탁의 성립요건으로는 채권자가 변제를 받지 않거나 받을 수 없어야 하는바, 변제자의 과실 없이 채권자를 알 수 없는 경우도 이에 해당한다. 공탁의 목적물은 채무의 내용에 적합한 것이어야 하고, 일부공탁은 원칙적으로 무효다.

대체로 '①채권소멸을 위한 공탁, 즉 채무자가 채권자의 협력 없이 채무를 면하는 수단으로 하는 변제공탁 ②채권담보를 위한 공탁, 즉 상대방에 생길 손해배상을 담보하기 위한 수단으로 하는 담보공탁 ③단순히 보관하는 의미로 하는 보관공탁과 ④기타 특수한 목적으로 하는 특수공탁' 등이 있다.

과잉매각

한 채무자의 여러 개의 부동산을 매각할 때 일부 부동산의 매각 대금으로 모든 채권자의 채권액과 집행비용을 변제하기에 충분한 경우를 과잉매각이라고 한다. 이에 해당하면 집행법원은 다른 부동산의 매각을 허가해서는 안 된다. 다만 일괄매각의 경우에는 그렇지 않다. 과잉매각의 경우 채무자가 그 부동산 가운데 매각할 것을 지정할 수 있다.

교부청구

국세 징수법상 국세, 지방세, 징수금 등 채무자가 강제집행이나 또는 파산선고를 받은 때(법인이 해산한 때) 강제매각개시 절차에 의해 채무자의 재산을 압류하지 않고도 강제매각기관에 체납관계 세금의 배당을 요구하는 제도를 말하며, 교부청구를 하면 조세의 소멸 시효가 중단된다.

권리관계

사람 간에 있어 법률상의 의무를 강제할 수 있는 관계를 말한다.

권리능력

권리나 의무를 가질 수 있는 자격이나 지위를 말한다. 자연인은 모체로부터 전부 노출했을 때부터 권리능력을 가지는 것이 원칙이나 손해배상, 호주승계, 재산상속, 유증 등의 경우에는 이미 태어난 것으로 해 권리능력을 가지는 것으로 한다.

기각

민사소송법상 신청 내용(예: 원고의 소에 의한 청구, 상소인의 상소에 의한 불복신청 등)을 종국재판에서 이유가 없다고 해 물리치는 것을 말한다. 기각의 재판은 본안판결이며 소송·형식재판인 각하와 구별된다.

기간입찰

입찰기간은 1주일 이상 1개월 이하의 범위 안에서 정하고, 매각(개찰)기일은 입찰기간이 끝난 후 1주일 안의 날로 정한다. 입찰 방법은 입찰표에 기재사항을 기재한 후 매수신청의 보증으로 관할법원의 예금계좌에 매수신청보증금을 입금한 후 받은 법원보관금영수필통지서를 입금증명서 양식에 첨부하거나 경매보증보험증권을 입찰봉투에 넣어 봉함한 후 매각(개찰)기일을 기재해 집행관에게 제출 또는 등기우편으로 집행관에게 부치는 방법이다.

기일입찰(입찰)

부동산의 매각은 '①매각기일에 하는 호가경매 ②매각기일에 입찰 및 개찰하는 기일입찰 ③입찰기간 내에 입찰하게 해 매각기일에 개찰하는 기간입찰'의 세 가지 방법이 있다. 현재 법원에서는 입찰표에 입찰가격을 적어 제출하는 기일입찰의 방법을 시행하고 있다.

기입등기

새로운 등기원인이 발생한 경우에 그 등기원인에 입각해 새로운 사항을 등기부에 기재하는 등기다. 건물을 신축하고 그것을 등기부에 기재하는 소유권보존등기나 매매나 증여 등에 의해 부동산의 소유주가 변경된 경우에 행하는 소유권이전등기, 토지건물을 담보로 제공한 경우 담보권을 설정하는 저당권설정등기 등 새로운 사실의 발생에 입각해 새로운 사항을 기재하는 등기가 이에 해당된다.

담보물권

담보물권은 채권담보를 위해 물건이 가지는 교환가치의 지배를 목적으로 하는 물권이며 민법상 유치권·질권·저당권의 세 가지가 있다. 그 밖에 민법은 전세권자에게 전세금의 반환을 확보해주기 위해서 전세권에 대해 담보물권적인 성질을 부여하고 있다. 그리고 담보물권 중 유치권은 법률에 의해 일정한 요건이 갖추어질 때 당연히 성립하는 법정담보물권이며, 질권과 저당권은 원칙적으로 당사자의 설정행위에 의해 성립하는 약정담보물권이다.

대금지급(납부)기일

최고가매수신고인에 대해 매각허가결정이 확정되면 법원이 지체 없이 직권으로 대금지급기일을 지정하는 날이다.

대금지급기한

민사집행법이 적용되는 사건에 대해 매각허가결정이 확정되면 법원은 대금의 지급기한을 정하고, 이를 매수인과 차순위매수신고인에게 통지해야 하며, 매수인은 이 대금지급기한까지 매각대금을 지급해야 한다.

대위변제

제3자 또는 공동채무자의 한 사람이 채무자를 위해 변제하는 때 그 변제자는 채무자 또는 다른 공동채무자에 대해 구상권을 취득하는 것이 보통이다. 이때 그 구상권의 범위 내에서 종래 채권자가 가지고 있었던 채권에 관한 권리가 법률상 당연히 변제자에게 이전하는 것을 가리켜 변제자의 대위 또는 대위변제라고 한다. 변제에 이해관계가 있는 자가 다수 있는 경우에 그중의 1인이 먼저 변제를 하고 채권자를 대위하게 되면 이에 따라 당연히 혼란상태가 야기되므로(예를 들면 보증인 갑·을과 물상보증인 병이 있을 때 빨리 변제한 자가 채권자의 지위를 획득하고 타인의 재산을 집행할 수 있다), 민법은 각각 관계인에 대해 변제자 대위의 행사 방법을 합리적으로 규정하고 있다.

대지권

집합건물의 소유 및 관리에 관한 법률에서의 대지사용권과 같은 개념으로 사용된다. 대지사용권은 전유부분(건물부분)이 속하는 1동의 건물이 소재하는 토지와 그 밖의 대지에 대해 구분소유자가 가지는 권리로, 소유권·지상권·전세권·임차권 등을 포함한다. 「부동산등기법」은 대지사용권 중 전유부분과 분리해서 처분할 수 없는 것을 대지권이라 규정하고, 등기신청서에 그 권리를 표시하도록 명시하고 있다(제42조 제4항). 등기는 구분건물의 등기용지에 하는데, 대지권의 목적인 토지의 표시는 1동의 건물의 표제부에, 대지권의 표시에 관한 사항은 구분건물의 표제부에 기재한다.

대항력

주택임차인이 임차주택을 인도받고 주민등록까지 마치면 그다음 날부터 그 주택의 소유자가 제3자로 변경되더라도 그 제3자에 대해 임차권을 가지고 대항할 수 있게 된다. 이와 같이 대항할 수 있는 힘을 주택임차인의 대항력이라고 부른다. 다시 말해 임차보증금 전액을 반환받을 때까지 주택임차인이 새로운 매수인에 대해 집을 비워줄 필요가 없다는 것을 의미한다. 다만 대항요건(주택인도, 주민등록)을 갖추기 전에 등기부상 선순위의 권리(근저당권·가압류·압류 등)가 있었다면 주택이 매각된 경우 그 매수인에게 대항할 수 없다.

◼ ▶

말소등기

기존등기가 원시적 또는 후발적인 사유로 인해 실체관계와 부합하지 않게 된 경우에 기존등기 전부를 소멸시킬 목적으로 하는 등기다. 말소의 대상이 되는 등기는 등기사항 전부가 부적법한 것이어야 한다. 그 부적법의 원인은 원시적

(원인무효)이든, 후발적(채무 변제로 인한 저당권 소멸)이든, 실체적(원인무효나 취소)이든 또는 절차적(중복등기)이든 이를 가리지 않는다.

매각결정기일(경락기일)

집행법원은 경매기일의 종결 후 미리 지정된 기일에 매각기일을 열어 매각 허부에 관해 이해관계인의 진술을 듣고 직권으로 법정의 이의사유가 있는지 여부를 조사한 다음 경락의 허가 또는 불허가를 선고하는 날이다.

매각결정기일(낙찰기일)

입찰을 한 법정에서 최고가입찰자에 대해 낙찰허가 여부를 결정하는 날로 입찰법정에서 선고한 후 법원게시판에 공고만 할 뿐 낙찰자, 채권자, 채무자, 기타 이해관계인에게 개별적으로 통보하지 않는다(입찰기일로부터 통상 7일 이내).

매각기일 및 매각결정기일의 공고(경매기일공고)

경매기일 및 매각기일을 지정한 때 법원은 이를 공고한다. 공고는 공고사항을 기재한 서면을 법원의 게시판에 게시하는 방법으로 하고, 최초의 경매기일에 관한 공고는 그 요지를 신문에 게재해야 하며 법원이 필요하다고 인정할 때는 그 외의 경매기일에 관해 신문에 게재할 수 있으며, 대법원 홈페이지(www.scourt.go.kr) 법원공고란에도 게재한다.

매각기일 및 매각결정기일의 통지(경매기일통지)

법원이 매각기일과 매각결정기일을 정하면 이를 이해관계인에게 통지하는 절차로, 집행기록에 표시된 이해관계인의 주소에 등기우편으로 발송한다.

매각기일의 지정(경매기일지정)

집행법원은 공과주관 공무소에 대한 통지, 현황조사, 최저경매가격결정 등의 절차가 끝나고 경매 절차를 취소할 사유가 없는 경우에는 직권으로 매각기일을 지정한다.

매각물건명세서(경매물건명세서)

법원은 부동산의 표시, 부동산의 점유자와 점유의 권원, 점유할 수 있는 기간, 임대료 또는 보증금에 관한 관계인의 진술, 등기된 부동산에 관한 권리 또는 가처분으로서 경락에 의해 그 효력이 소멸되지 않는 것, 경락에 의해 설정된 것으로 보게 되는 지상권의 개요 등을 기재한 경매물건명세서를 작성하고, 이를 일반인이 열람할 수 있도록 경매기일의 1주일 전까지 법원에 비치해놓는다.

매각조건

경매의 목적부동산을 경락인에게 취득시키기 위한 조건으로 경매도 일종의 매매라 할 수 있지만 통상의 매매에서는 그 조건을 당사자가 자유로이 정할 수 있는 반면 강제경매는 소유자의 의사에 반해 행해지고 이해관계인도 많으므로 법은 매각조건을 획일적으로 정하고 있다.

매각허가결정(낙찰허가결정)

매각허가결정이 선고된 후 1주일 내에 이해관계인(낙찰자, 채무자, 소유자, 임차인, 근저당권자 등)이 항고하지 않으면 매각허가결정이 확정된다. 그러면 낙찰자는 법원이 통지하는 대금납부기일에 낙찰대금(보증금을 공제한 잔액)을 납부해야 한다. 대금납부기일은 통상 매각허가결정이 확정된 날로부터 1개월 이내로 지정한다.

매수신청보증금(입찰보증금)

경매물건을 매수하고자 하는 사람은 최저매각가격의 1/10에 해당하는 보증금액을 입찰표와 함께 집행관에게 제출하는 방법으로 제공해야 한다. 매각절차가 종결된 후 집행관은 최고가매수신고인이나 차순위매수신고인 이외의 매수신청인에게는 즉시 매수보증금을 반환해야 한다. 매각허가결정이 확정되고 최고가매수인이 대금지급기한 내에 매각대금을 납부하면 차순위매수신고인의 보증금을 반환하게 되고, 만일 최고가매수인이 납부하지 않으면 그 보증금을 몰수해 배당할 금액에 포함하며, 이후 차순위매수신고인에 대해 낙찰허가 여부의 결정 및 대금납부의 절차를 진행하게 되고 차순위매수신고인이 매각대금을 납부하지 않으면 역시 몰수해 배당할 금액에 포함해 배당하게 된다.

매수신고인

경매부동산을 매수할 의사로 매수신고를 할 때 통상 매수신고가격(민사집행법의 적용을 받는 사건은 최저매각가격)의 1/10에 해당하는 현금 또는 유가증권을 집행관에게 보관시킨 사람이다. 매수신고인은 다시 다른 고가의 매수허가가 있을 때까지 그 신고한 가격에 구속받고 매수신고를 철회할 수 없다.

매수청구권

타인의 부동산을 이용한 자가 그 부동산에 부속시킨 물건에 대해 이용관계가 종료할 때 타인에 대해 부속물의 매수를 청구할 수 있는 권리, 일종의 형성권이다. 민법상 인정되는 매수청구권으로는 지상권 설정자 및 지상권자의 지상물매수청구권, 전세권 설정자 및 전세권자의 부속물매수청구권, 토지임차인 및 전차인의 건물 기타 공작물의 매수청구권 등이 있다. 한편 민사소송법상으로는 부동산 공유자는 경매기일까지 보증을 제공하고 최고매수신고 가격과 동일한 가격으로 채무자의 지분을 우선 매수할 것을 신고할 수 있다.

◼ ▶

배당요구

강제집행에 있어서 압류채권자 이외의 채권자가 집행에 참가해 변제를 받는 방법으로 민법·상법·기타 법률에 의해 우선변제청구권이 있는 채권자, 집행력 있는 정본을 가진 채권자 및 경매개시결정의 기입 등기 후에 가압류를 한 채권자는 법원에 대해 배당요구를 신청할 수 있다. 배당요구는 매각결정기일, 즉 매각허가결정 선고 시까지 할 수 있다. 민사집행법이 적용되는 2002년 7월 1일 이후에 접수된 경매사건의 배당요구는 배당요구의 종기일까지 해야 한다. 따라서 임금채권, 주택임대차보증금반환청구권 등 우선변제권이 있는 채권자라 하더라도 배당요구종기일까지 배당요구를 하지 않으면 매각대금으로부터 배당받을 수 없고, 그 후 배당을 받은 후순위자를 상대로 부당이득반환청구를 할 수도 없다.

배당요구의 종기 결정

경매개시결정에 따른 압류의 효력이 생긴 때부터 1주일 내에 집행법원은 절차에 필요한 기간을 감안해 배당요구할 수 있는 종기를 첫 매각기일 이전으로 정한다. 제3자에게 대항할 수 있는 물권 또는 채권을 등기부에 등재하지 않은 채권자(임차인 등)는 반드시 배당요구의 종기일까지 배당요구를 해야 배당받을 수 있다. 법원은 특별히 필요하다고 인정하는 경우에는 배당요구의 종기를 연기할 수 있다.

배당요구의 종기 공고

배당요구의 종기가 정해진 경우 경매개시결정에 따른 압류의 효력이 생긴 때부터 1주일 내에, 채권자들이 널리 알 수 있도록 하기 위해 법원은 경매개시결정을 한 취지 및 배당요구의 종기를 공고한다.

배당이의

배당기일에 출석한 채권자는 자기의 이해에 관계되는 범위 안에서 다른 채권자를 상대로 그의 채권 또는 채권의 순위에 대해 이의를 제기할 수 있다. 이 채권자가 배당이의의 소를 제기하고 배당기일로부터 1주일 내에 집행법원에 대해 소제기증명을 제출하면 그 금원에 대해서는 지급을 보류하고 공탁을 하게 된다. 이의제기 채권자가 그 증명 없이 위 기간을 초과하면 이의에도 불구하고 배당금을 지급하게 된다.

배당절차

강제집행이나 파산절차에서 압류당한 재산이나 파산재산을 환가함으로써 얻은 금전을 배당요구신청을 한 각 채권자에게 안분해 변제하기 위한 절차다.

보증보험증권의 제출

가압류·가처분 사건에서 주로 사용되는 증권으로 일정액의 보증료를 보증보험회사에 납부한 후 경매보증보험증권을 발급받아 매수신청보증으로 제출할 수 있도록 하는 규정이다. 입찰자들의 현금소지로 인한 위험방지 및 거액의 현금을 준비하지 않고서도 손쉽게 입찰에 참가할 수 있으며, 입찰자의 선택에 따라 매수신청의 보증으로 현금 또는 경매보증보험증권을 자유롭게 활용할 수 있도록 하기 위해 새로이 입찰절차에 도입한 규정이다. 매수신청의 보증으로 보험증권을 제출한 매수인이 매각대금납부기한까지 매각대금을 납부하지 않을 경우에는 경매보증보험증권을 발급한 보증보험회사에서 매수인 대신 매수보증금을 납부하게 해 배당 시 배당재단에 포함해 배당하게 된다.

부동산인도명령

낙찰인은 낙찰대금 전액을 납부한 후에는 채무자에 대해 직접 본인에게 낙찰부동산을 인도할 것을 요구할 수 있으나, 채무자가 임의로 인도하지 않은 때 대금을 완납한 낙찰인은 대금을 납부한 후 6개월 내에 집행법원에 대해 집행관으로 하여금 낙찰부동산을 강제로 낙찰인에게 인도하게 하는 내용의 인도명령을 신청하고 그 명령의 집행에 기해 부동산을 인도받을 수 있다.

분할채권

같은 채권에 2인 이상의 채권자 또는 채무자가 있을 때 분할할 수 있는 채권을 말한다. 가분채권(분할채권)이라고도 한다. 예를 들면 갑·을·병 세 사람이 정에 대해 3만 원의 채권을 가지고 있을 때, 각각 1만 원씩의 채권으로 분할할 수 있는 경우에 그 3만 원의 채권은 분할채권이 된다(정의 입장을 기본으로 한다면 가분채무 또는 분할채무가 된다). 민법에는 채권자 또는 채무자가 여럿인 경우에 특별한 의사표시가 없으면 각 채권자 또는 채무자는 균등한 비율로 권리와 의무가 있다고 규정해 분할채권관계를 원칙으로 하고 있다.

상계

채권자가 동시에 매수인인 경우에 현금을 납부하지 않고, 채권자가 받아야 할 채권액과 납부해야 할 매각대금을 같은 금액만큼 소멸시키는 지급방법이다. 채권자는 매각대금을 상계 방식으로 지급하려면, 매각결정기일이 끝날 때까지 법원에 상계를 하겠음을 신고해야 하며, 배당기일에 매각대금에서 배당받아야 할 금액을 제외한 금액만을 납부하게 된다. 그러나 그 매수인(채권자)이 배당받을 금액에 대해 다른 이해관계인으로부터 이의가 제기된 경우 매수인은 배당기일이 끝날 때까지 이에 해당하는 대금을 납부해야 한다.

선순위 가처분

1순위 저당 또는 압류등기보다 앞서 있는 가처분등기는 압류나 저당권에 대항할 수 있으므로 경매 후 촉탁에 의해 말소되지 않는다.

소유권이전등기

양도·상속·증여·기타 원인에 의해 유상 또는 무상으로 부동산의 소유권이 이전되는 경우 부동산 등기부상에 등기하는 것을 말한다.

소유권이전등기촉탁

낙찰인이 대금을 완납하면 낙찰부동산의 소유권을 취득하므로, 집행법원은 낙찰인이 등기비용을 부담하고 등기촉탁 신청을 하면 낙찰인을 위해 소유권이전등기, 낙찰인이 인수하지 않은 각종 등기의 말소를 등기공무원에게 촉탁하는 절차다.

신경매

입찰을 실시했으나 낙찰인이 결정되지 않았기 때문에 다시 기일을 지정해 실시하는 경매다.

압류

확정판결, 기타 채무명의에 의해 강제집행(입찰)을 하기 위한 보전 수단이다(압류 후 경매 또는 환가절차로 이행).

우선매수권

공유물지분의 경매에 있어서 채무자가 아닌 다른 공유자는 매각기일까지 최저매각가격의 1/10에 해당하는 금원을 보증으로 제공하고 최고매수신고가격과 같은 가격으로 채무자의 지분을 우선매수하겠다는 신고를 할 수 있다. 이러한 다른 공유자의 권리를 우선매수권이라고 한다. 이 경우에 법원은 다른 사람의 최고가매수신고가 있더라도 우선매수를 신고한 공유자에게 매각을 허가해야 한다. 이때 최고가매수신고인은 원할 경우 차순위매수신고인의 지위를 부여받을 수 있다.

유찰

매각기일의 매각불능을 유찰이라고 한다. 즉 매각기일에 매수하고자 하는 사람이 없어 매각되지 않고 무효가 된 경우를 말한다. 통상 최저매각금액을 20% 저감한 가격으로, 다음 매각기일에 다시 매각을 실시하게 된다.

이중경매(압류의 경합)

강제경매 또는 담보권의 실행을 위한 경매 절차의 개시를 결정한 부동산에 대해 다시 경매의 신청이 있을 때 집행법원은 다시 경매개시결정(이중개시결정)을 하고 먼저 개시한 집행절차에 따라 경매를 진행한다.

이해관계인

경매 절차의 이해관계를 가진 자 중 법이 특히 보호할 필요가 있는 것으로 보아 이해관계인으로 법에 규정한 자를 말하며, 경매 절차 전반에 관여할 권리가 정해져 있다.

인도명령

채무자, 소유자 또는 압류의 효력이 발생한 후에 점유를 시작한 부동산 점유자에 대해 낙찰인이 대금을 완납한 후 6개월 내에 집행법원에 신청하면 법원은 타당하다고 판단될 경우 간단히 인도명령을 발해 그들의 점유를 집행관이 풀고 낙찰인에게 부동산을 인도하라는 취지의 재판을 한다(이때 인도명령 신청을 받은 법원은 채무자와 소유자는 부르지 않고 통상 세입자 등 제3자를 불러 심문하는 경우도 있다). 민사집행법의 적용을 받는 사건에 대해 인도명령의 상대방을 확장해 점유자가 매수인에게 대항할 수 있는 권원을 가진 경우 이외에는 인도명령을 발할 수 있도록 개선했다.

일괄매각(일괄입찰)

법원은 경매의 대상이 된 여러 개의 부동산의 위치·형태·이용 관계 등을 고려해 이를 하나의 집단으로 묶어 매각하는 것이 알맞다고 인정하는 경우에는, 직권 또는 이해관계인의 신청에 따라 일괄매각하도록 결정할 수 있다. 또한 다른 종류의 재산(금전채권 제외)이라도 부동산과 함께 일괄매각하는 것이 알맞다고 인정하는 때에도 일괄매각하도록 결정할 수 있다.

임의경매(담보권의 실행 등을 위한 경매)

채무자가 채무를 불이행할 경우 채권자가 담보권을 행사해 채권을 회수하는 강제집행절차다. 임의경매에는 저당권, 질권, 전세권 등 담보물권의 실행을 위한 이른바 실질적 경매와 민법, 상법 기타 법률의 규정에 의한 환가를 위한 형식적 경매가 있다.

입금증명서

기간입찰의 매수신청 보증방법으로 해당 법원에 개설된 법원보관금 계좌에 매수신청보증금을 납부한 후 발급받은 보관금납부필통지서를 첨부하는 양식으로 사건번호, 매각기일 및 납부자 성명, 날인을 할 수 있도록 되어 있으며 경매계 사무실 및 집행관 사무실에 비치되어 있다.

입찰기간
기일입찰과는 달리 입찰기간을 정해 지역적·시간적인 구애 없이 보다 많은 사람이 입찰에 참여할 수 있도록 정한 기간이다.

입찰기일(매각기일)
경매법원이 목적부동산에 대해 경매를 실행하는 날로 입찰시각, 입찰장소 등과 함께 입찰기일 14일 이전에 일간신문에 공고한다.

잉여의 가망이 없는 경우의 경매취소
집행법원은 법원이 정한 최저경매가격으로 압류채권자의 채권에 우선하는 부동산상의 모든 부담과 경매비용을 변제하면 남는 것이 없다고 인정한 때에는 이러한 사실을 압류채권자에게 통지하고, 압류채권자가 이러한 우선채권을 넘는 가액으로 매수하는 자가 없는 경우에는 스스로 매수할 것을 신청하고 충분한 보증을 제공하지 않는 한 경매 절차를 법원이 직권으로 취소하게 된다.

ㅈ ▶

재경매
매수신고인이 생겨서 낙찰허가결정의 확정 후 집행법원이 지정한 대금지급기일에 낙찰인(차순위매수신고인이 경락허가를 받은 경우를 포함한다)이 낙찰대금지급의무를 완전히 이행하지 않고 차순위매수신고인이 없는 경우에 법원이 직권으로 실시하는 경매다.

저당권

채권자가 물건을 점유하지 않고 채무를 담보하기 위해 등기부에 권리를 기재해두었다가 채무를 변제하지 않았을 경우 그 부동산을 경매 처분해 우선변제를 받을 수 있는 권리를 말한다.

즉시항고

일정한 불변기간 내에 제기해야 하는 항고를 말한다. 즉 재판의 성질상 신속히 확정할 필요가 있는 결정에 대해 인정되는 상소방법이다. 이는 특히 제기기간을 정하지 않고 원 결정의 취소를 구하는 실익이 있는 한 어느 때도 제기할 수 있는 보통항고와는 다르다.

지상권

다른 사람의 토지에서 건물, 기타의 공작물이나 수목을 소유하기 위해 토지를 사용할 수 있는 권리를 말한다.

집행관

집행관은 강제집행을 실시하는 자로서, 지방법원에 소속되어 법률이 정하는 바에 따라 재판의 집행과 서류의 송달 및 기타 법령에 의한 사무에 종사한다.

집행권원(채무명의)

일정한 사법상의 급여청구권의 존재 및 범위를 표시함과 동시에 법률이 강제집행에 의해 그 청구권을 실현할 수 있는 집행력을 인정한 공정의 증서. 채무명의는 강제집행의 불가결한 기초이며, 채무명의로 되는 증서는 민사소송법 기타 법률에 규정되어 있다.

집행력

협의로는 판결 또는 집행증서의 채무명의의 내용에 기초해 강제집행을 행할 수 있는 효력이고, 광의로는 강제집행 이외의 방법에 의해 재판내용에 적합한 상태를 만들어낼 수 있는 효력을 부여함을 말한다. 가령 혼인 무효 판결의 경우 그 확정판결에 기해 호적을 정정할 수 있는 효력, 토지소유권 확인판결의 경우 그 확정판결에 기해 변경의 등기를 신청할 수 있는 효력 등이다.

집행문

채무명의에 집행력이 있음과 집행당사자, 집행의 범위 등을 공증하기 위해 법원사무관 등이 공증기관으로서 채무명의의 말미에 부기하는 공증문언을 말한다. 집행문이 붙은 채무명의 정본을 '집행력 있는 정본' 또는 '집행정본'이라 한다.

집행법원

강제집행을 실시할 수 있는 권한을 가진 법원을 말한다. 강제집행의 실시는 원칙적으로 집행관이 하나, 비교적 곤란한 법률적 판단을 요하는 집행행위나 처분에 관해서는 민사소송법상 특별히 규정을 두어 법원이 이를 담당하도록 하고 있다. 또 집행관이 실시하는 집행에 관해서도 신중을 기할 필요가 있는 경우에는 법원의 협력이 필요한데, 이러한 행위를 하는 법원이 곧 집행법원이다. 집행법원은 원칙적으로 지방법원이며 단독판사가 담당한다.

ㅊ ▶

차순위매수신고인(차순위입찰신고인)

최고가매수신고인 이외의 입찰자 중 최고가매수신고액에서 보증금을 공제한 액수보다 높은 가격으로 응찰한 사람은 차순위매수신고를 할 수 있다. 차순위매수신고를 하게 되면 매수인은 매각대금을 납부하기 전까지는 보증금을 반환받지 못한다. 대신 최고가매수신고인에 국한된 사유로 그에 대한 매각이 불허 또는 허가되더라도 매각대금 지급의무를 이행하지 않을 경우 다시 매각을 실시하지 않고 집행법원으로부터 매각 허부의 결정을 받을 수 있는 지위에 있다.

채권신고의 최고

법원은 경매개시결정일로부터 3일 내에 이해관계인으로 규정된 일정한 자에게 채권계산서를 낙찰기일 전까지 제출할 것을 최고하는데, 이 역시 우선채권 유무와 금액 등을 신고받아 잉여의 가망이 있는지 여부를 확인하고 적정한 매각조건을 정해 배당요구의 기회를 주는 것이다. 민사집행법의 적용을 받는 사건은 경매개시결정에 따른 압류의 효력이 생긴 때부터 1주일 내에 배당요구의 종기를 결정하게 되고, 일정한 이해관계인에게 채권계산서를 배당요구의 종기까지 제출할 것을 최고하며, 이때까지 배당요구를 하지 않으면 불이익을 받게 된다.

채권자

채권을 가진 사람으로 곧 채무자에게 재산상의 급부 등을 청구할 권리가 있는 사람이다. 채무자가 임의로 그 행위를 이행하지 않을 때 채권자는 법원에 소를 제기해 현실적 이행을 강제할 수 있다.

최고

타인에게 일정한 행위를 할 것을 요구하는 통지를 말한다. 이는 상대방에게 일방적 의사표시이고, 최고가 규정되어 있는 경우에는 법률규정에 따라 직접적으로 일정한 법률효과가 발생한다. 최고에는 두 종류가 있다. 하나는 의무자에게 의무의 이행을 요구하는 경우고, 다른 하나는 권리자에 대한 권리의 행사 또는 신고를 요구하는 경우다.

최저경매가격

집행법원은 등기공무원이 압류등기를 실행하고 기입등기의 통지를 받은 후에는 감정인으로 하여금 경매부동산을 평가하게 하며 그 평가액을 참작해 최저경매가격을 정한다. 최저경매가격은 경매에 있어 매각을 허가하는 최저의 가격으로 평가액에 미달하는 매수신고에 대해서는 매각을 허가하지 않으므로 최초 경매기일에서의 최소 부동산 경매가격이다.

최저매각가격(최저입찰가격)

경매기일의 공고에는 경매부동산의 최저경매가격을 기재해야 한다. 최초 경매기일의 최저경매가격은 감정인이 평가한 가격이 기준이 되며 경매기일에 있어서 경매신청인이 없어 신경매기일을 지정한 때는 상당히 저감(통상 20%)한 가격이 최저경매가격이 된다. 응찰하고자 할 때는 항상 공고된 최저경매가격보다 같거나 높게 응찰해야 무효처리가 되지 않는다.

≡ ▶

토지별도등기

토지에 건물과 다른 등기가 있다는 뜻이다. 집합건물은 토지와 건(축)물이 일체가 되어 거래되도록 되어 있는 바, 토지에는 대지권이라는 표시만 있고 모든 권리관계는 전유부분의 등기부에만 기재하게 되어 있는데, 건물을 짓기 전에 토지에 저당권 등 제한물권이 있는 경우 토지와 건물의 권리관계가 일치하지 않으므로 건물등기부에 "토지에 별도의 등기가 있다."라는 표시를 하기 위한 등기를 말한다.

특별매각조건

법원이 경매부동산을 매각해 그 소유권을 낙찰인에게 이전시키는 조건을 말한다. 다시 말하면 경매의 성립과 효력에 관한 조건을 말한다. 매각조건은 법정매각조건과 특별매각조건으로 구별된다. 법정매각조건은 모든 경매 절차에 공통해 법이 미리 정한 매각조건이며, 특별매각조건은 각개의 경매 절차에 있어서 특별히 정한 매각조건이다. 어느 특정경매 절차가 법정매각조건에 의해 실시되는 경우에는 경매기일에 그 매각조건의 내용을 관계인에게 알릴 필요가 없으나, 특별매각조건이 있는 경우에는 그 내용을 집행관이 경매기일에 고지해야 하며, 특별매각조건으로 매각한 경우 매각허가결정에 그 조건을 기재해야 한다.

ㅍ ▶

표제부

토지 건물의 지번(주소)·지목·면적·용도 등이 적혀 있으며 집합건물의 경우는 표제부가 2장이다. 첫 번째 장은 건물의 전체면적, 두 번째 장에는 건물의 호수와 대지지분이 나와 있다.

필지

하나의 지번이 붙는 토지의 등록단위를 말한다(법적 개념).

ㅎ ▶

합유

공동소유의 한 형태로 공유와 총유의 중간 형태다. 공유와 다른 점은 공유에는 각 공유자의 지분을 자유로이 타인에게 양도할 수 있고, 또 공유자의 누군가가 분할할 것을 희망하면 분할해야 하는 데 반해 합유에서는 각인은 지분을 가지고 있어도 자유로이 타인에게 양도할 수 없고, 분할도 인정되지 않아 제한되어 있다. 공유는 말하자면 편의상 일시 공동소유의 형식을 가진 것으로 개인적 색채가 강하나, 합유는 공동목적을 위해 어느 정도 개인적인 입장이 구속되는 것으로 양자가 이런 점에서 근본적인 차이가 있다. 그러나 각인이 지분을 가지고 있다는 점에서 총유보다는 개인적 색채가 훨씬 강하다.

항고보증금

매각허가결정에 대해 항고를 하고자 하는 모든 사람은 보증으로 매각대금의 1/10에 해당하는 금전 또는 법원이 인정한 유가증권을 공탁해야 한다. 이것이 항고보증금인데, 이를 제공하지 않은 경우 원심법원은 항고장을 각하하게 된다. 채무자나 소유자가 한 항고가 기각된 때는 보증으로 제공한 금전이나 유가

증권을 전액 몰수해 배당할 금액에 포함해 배당하게 되며, 그 이외의 사람이 제기한 항고가 기각된 때는, 보증으로 제공된 금원의 범위 내에서 항고를 한 날부터 항고기각결정이 확정된 날까지의 매각대금에 대한 연 20%에 상당하는 금액을 돌려받을 수 없다.

행위능력

단순히 권리·의무의 주체가 될 수 있는 자격인 권리능력과는 달리, 권리능력자가 자기의 권리·의무에 변동이 일어나게 스스로 행위할 수 있는 지위를 말하며, 일반적으로 민법상 능력이라 함은 행위능력을 가리킨다. 민법상 행위능력의 개념적 의의는 적법·유효하게 법률행위를 할 수 없는 행위무능력자로부터 선의의 거래 상대방을 보호해 거래의 안전을 확립하려는 무능력자제도에서 크게 나타난다. 민법이 인정하는 무능력자에는 미성년자, 한정치산자, 금치산자가 있다.

현황조사보고서

법원은 경매개시결정을 한 후 지체 없이 집행관에게 부동산의 현상, 점유관계, 차임 또는 임대차 보증금의 수액 기타 현황에 관해 조사할 것을 명하는데, 현황조사보고는 집행관이 그 조사내용을 집행법원에 보고하기 위해 작성한 문서다.

호가경매

호가경매는 호가경매기일에 매수신청의 금액을 서로 올려가는 방법으로 한다. 매수신청을 한 사람은 보다 높은 금액의 매수신청이 있을 때까지 신청액에 구속된다. 집행관은 매수신청의 금액 중 최고액을 3회 부른 후 그 신청액의 사람을 최고가매수신고인으로 정하며, 그 이름 및 매수신청의 금액을 고지해야 한다.

환가

경매신청에서 경매실시까지의 제 절차 진행 요소들을 환가절차라고 한다.

환매

토지구획정리사업에 의해 토지구획정리를 실시할 때 필연적으로 발생하는 인접토지와의 교환분을 말한다. 넓은 의미로는 매도인이 한 번 매도한 물건을 대가를 지급하고 다시 매수하는 계약을 말한다.

※ 출처: 대법원 법원경매정보 사이트

경매 투자에 도움이 되는 사이트

경매·공매

대법원 법원경매정보 ▶ www.courtauction.go.kr

온비드 ▶ www.onbid.co.kr

스피드옥션 ▶ www.speedauction.co.kr

굿옥션 ▶ www.goodauction.com

지지옥션 ▶ www.ggi.co.kr

정부·공공기관

대법원 ▶ www.scourt.go.kr/supreme/index.html

법제처 ▶ www.moleg.go.kr

국세청 ▶ www.nts.go.kr

정부민원포털 민원24 ▶ www.minwon.go.kr

통계청 ▶ www.kostat.go.kr

국토교통부 ▶ www.molit.go.kr

건축행정시스템 세움터 ▶ www.eais.go.kr

인터넷 부동산

네이버 부동산 ▶ land.naver.com

다음 부동산 ▶ realestate.daum.net

부동산114 ▶ www.r114.com

미국 부동산 ▶ www.zillow.com

그 외 기타

KB부동산 리브온 ▶ nland.kbstar.com

한국감정원 ▶ www.kab.co.kr

UPIS 도시계획 통합 정보서비스 ▶ www.upis.go.kr

토지이용규제정보서비스 ▶ luris.mltm.go.kr

밸류맵 ▶ www.valueupmap.com

부동산지인 ▶ www.aptgin.com

앱

호갱노노

디스코

카카오맵

네이버지도

전국 법원별 입찰시간표

법원		입찰은행	입찰시작	입찰마감	저감률
서울지법	중앙	신한은행	10:10	11:10	20%
	동부	신한은행	10:10	11:20	20%
	서부	신한은행	10:00	11:10	20%
	남부	신한은행	10:00	11:10	20%
	북부	농협	10:00	11:10	20%
의정부지법	본원	신한은행	10:30	11:50	30%
	고양	신한은행	10:00	11:20	30%
인천지법	본원	신한은행	10:00	11:20	30%
	부천	신한은행	10:00	11:10	30%

법원		입찰은행	입찰시작	입찰마감	저감률
수원지법	본원	신한은행	10:30	11:40	30%
	성남	우리은행	10:00	11:10	30%
	여주	농협	10:00	11:10	30%
	평택	신한은행	10:00	11:20	30%
	안산	신한은행	10:30	11:40	30%
	안양	신한은행	10:30	11:40	20%
춘천지법	본원	스탠다드 차타드은행	10:00	11:20	30%
	강릉	스탠다드 차타드은행	10:00	11:40	30%
	원주	스탠다드 차타드은행	10:00	11:20	30%
	속초	우리은행	10:00	11:20	30%
	영월	신한은행	10:00	11:10	30%
대전지법	본원	신한은행	10:00	11:30	30%
	홍성	스탠다드 차타드은행	10:00	11:30	30%
	논산	하나은행	10:00	11:30	20%
	천안	신한은행	10:00	11:10	30%
	공주	스탠다드 차타드은행	10:00	11:30	30%
	서산	하나은행	10:00	11:30	30%
청주지법	본원	신한은행	10:00	11:30	20%
	충주	우리은행	10:00	11:30	20%
	제천	신한은행	10:00	11:30	20%
	영동	농협	10:00	11:20	20%

법원		입찰은행	입찰시작	입찰마감	저감률
대구지법	본원	신한은행 대구은행	10:00	11:10	30%
	서부	대구은행	10:00	11:10	30%
	안동	신한은행	10:00	11:10	30%
	경주	신한은행	10:00	11:10	30%
	김천	신한은행	10:00	11:40	30%
	상주	스탠다드 차타드은행	10:00	11:30	30%
	의성	농협	10:00	11:10	30%
	영덕	농협	10:00	11:00	30%
	포항	신한은행 우리은행	10:00	11:10	30%
부산지법	본원	부산은행 신한은행	10:00	11:20	20%
	동부	신한은행	10:00	11:20	20%
	서부	부산은행	10:00	11:20	20%
울산지법	본원	신한은행 경남은행	10:00	11:30	30% (2019.5.1. 진행물건부터 20%에서 30%로 변경)
창원지법	본원	스탠다드 차타드은행 경남은행	10:00	11:10	20%
	진주	농협	10:00	11:30	20%
	통영	스탠다드 차타드은행	10:00	11:20	20%
	밀양	농협	10:00	11:20	20%

법원		입찰은행	입찰시작	입찰마감	저감률
창원지법	거창	농협	10:00	11:30	20%
	마산	경남은행	10:00	11:10	20%
광주지법	본원	신한은행 광주은행	10:00	11:10	신건 30% 유찰 20%
	목포	신한은행	10:00	11:20	신건 30% 유찰 20%
	장흥	광주은행	10:00	11:30	20%
	순천	신한은행	10:00	11:30	신건 30% 유찰 20%
	해남	광주은행	10:00	11:30	신건 30% 유찰 20%
전주지법	본원	스탠다드 차타드은행	10:00	11:30	30%
	군산	신한은행	10:00	11:30	30%
	정읍	스탠다드 차타드은행	10:00	11:30	30%
	남원	스탠다드 차타드은행	10:00	11:10	30%
제주지법	본원	스탠다드 차타드은행	10:00	11:30	30%

※ 2020년 3월 1일 기준
※ 입찰시간표는 조사 시점에 따라 달라질 수 있으니 반드시 확인 후 입찰하시기 바랍니다.

무조건 이기는 부동산 경매 수업

초판 1쇄 발행 2020년 3월 20일
초판 2쇄 발행 2020년 5월 11일

지은이 | 신종승(신과장)
펴낸곳 | 원앤원북스
펴낸이 | 오운영
경영총괄 | 박종명
편집 | 이한나 최윤정 김효주 이광민 강혜지
디자인 | 윤지예
마케팅 | 송만석 문준영
등록번호 | 제2018-000146호(2018년 1월 23일)
주소 | 04091 서울시 마포구 토정로 222 한국출판콘텐츠센터 319호(신수동)
전화 | (02)719-7735   팩스 | (02)719-7736
이메일 | onobooks2018@naver.com   블로그 | blog.naver.com/onobooks2018
값 | 17,000원
ISBN 979-11-7043-065-0 03320

이 도서의 국립중앙도서관 출판예정도서목록(CIP)은 서지정보유통지원시스템 홈페이지(http://
seoji.nl.go.kr)와 국가자료종합목록 구축시스템(http://kolis-net.nl.go.kr)에서 이용하실 수 있습
니다. (CIP제어번호 : CIP2020007306)